CW01551813

Alena Nekovářová

Čeština pro život
Czech for Life
Tschechisch fürs Leben

Čeština pro život
Czech for Life
Tschechisch fürs Leben

15 moderních konverzačních témat

Alena Nekovářová

Alena Nekovářová

Čeština pro život
Czech for Life
Tschechisch fürs Leben

Lektorovala: PhDr. Lída Holá
Redakce: PhDr. Miroslav Štochl
Překlady: Cathy Mezera, Justin Mando (aj)
Antina Ittner (nj)

© Alena Nekovářová, 2006
© Illustrations Pavlína Řezníčková, 2006
© Graphic and Cover Design Filip Blažek – Designiq, 2006
© Photography Fotobanka.cz, Fotolia.com, iStockphoto.com, PhotoObjects.net, Stockexpert.com, Sxc.hu a autorka.
© Recording, post-production & sound design – Martin Hejl, 2006
© Filip Tomáš – Akropolis, 2006

Vydal Filip Tomáš – Akropolis
Na Plzeňce 2, 150 00 Praha 5
www.akropolis.info
v roce 2006 jako svoji 34. publikaci
1. vydání
264 stran
Tisk: Těšínské papírny, s. r. o.
Bezručova 212/17, 737 01 Český Těšín

ISBN 80-86903-23-0

OBSAH

Děkuju za cenné podněty a připomínky paní PhDr. Lídě Holé.

ÚVOD

Konverzační učebnice Čeština pro život / Czech for Life / Tschechisch fürs Leben je určena všem středně pokročilým až pokročilým studentům-cizincům, kteří se učí česky a chtějí se dále zdokonalit ve svém vyjadřování tak, aby mluvili jako rodilí Češi. Úspěšná práce s učebnicí předpokládá znalost češtiny na úrovni B2 podle Společného evropského referenčního rámce. Učebnice obsahuje materiál k patnácti tématům, která se týkají běžných situací každodenního života.

Názvy lekcí, k nimž patří např. Taková normální rodina, Jdeme nakupovat, Jedeme na dovolenou, Moje práce mě baví, dokazují praktické a komunikativní zaměření učebnice.

Východiskem každé lekce jsou úvodní otázky k danému tématu a úvodní text (monolog, dialog). Otázky k textu prověří porozumění textu a schopnost samostatného vyjadřování. Lekce neobsahují podrobný gramatický výklad, ale uvedená gramatická cvičení umožňují procvičovat a upevňovat vybrané gramatické jevy.

Následuje konverzační blok obohacený fotografiemi a ilustracemi, který vede studenty k samostatnému ústnímu vyjadřování, při němž se naučí správně reagovat na vzniklé situace. Nabízí velké množství podnětů jak pro týmovou práci, tak pro individuální rozšíření slovní zásoby.

Každou lekci uzavírají poslechová cvičení, která posilují zapamatování si nově osvojené frazeologie. Autentičnosti jazyka je dosaženo užitím běžně mluveného slova včetně hovorových výrazů.

Součástí učebnice je klíč se správným řešením, přepisy poslechových cvičení, přehled české gramatiky a v rámci každé lekce drilová cvičení a slovní zásoba s německým a anglickým překladem. Učebnice je doprovázena audionahrávkami na CD.

Všem studentům přeju hodně úspěchů ve studiu.

Autorka

Taková normální rodina

1. Vyprávějte o své rodině.

— Odkud jste?
— Jste ženatý / vdaná?
— Máte děti?
— Kde pracujete?
— Jak často navštěvujete své příbuzné?

— Jste svobodný / svobodná?
— Máte sourozence?

2. Čtěte text.

Jsme taková normální česká rodina. Bydlíme v rodinném domě v Táboře, v malém městě asi hodinu jízdy od Prahy.

Jmenuju se Petr, je mi osmnáct let a studuju na gymnáziu. Příští rok budu dělat maturitu a potom chci studovat práva na univerzitě v Praze. Jako snad každý kluk se zajímám o sport. Hraju fotbal a volejbal a od osmi let se věnuju veslování.

Můj táta se jmenuje Pavel. Před osmi lety založil malou reklamní agenturu a od té doby je ve dne v noci v práci. Neumí moc odpočívat, a jestli to takhle půjde dál, tak z něho bude za chvíli workoholik. Jediným místem, kde dokáže odpočívat, jsou tenisové kurty, protože hraje vášnivě rád tenis. V poslední době taky tráví hodně času nočním surfováním po internetu. Má rád dobré jídlo a občas chodí s námi do italské nebo čínské restaurace na nějakou specialitu.

Moje máma se jmenuje Alena. Pracuje jako dětská lékařka. Má soukromou ordinaci. I když musí také od rána do večera pracovat, najde si narozdíl od táty čas na své koníčky. Skoro každý den jezdí na kole. Říká, že ušetří za dopravu a ještě se udržuje v kondici. Je to pravda, protože je i při svém věku docela kočka. Babička se často zlobí, protože si myslí, že je máma kost a kůže. Táta chce, aby s ním hrála tenis, ale protože většinou prohrává, tak ji to moc nebaví. Raději si přečte hezkou knížku. Každý pátek pořádá se svými kamarádkami dámskou jízdu. Pokaždé se vrací domů v dobré náladě.

Mám starší sestru Janu. Naši příbuzní říkají, že je to hezká a chytrá holka. Myslím si ale, že je i dost pohodlná a líná. Ze všeho nejraději spí nebo někde lítá po obchodech. Chce vypadat hezky, protože pracuje jako sekretářka u jedné mezinárodní společnosti. Tady se před třemi roky seznámila se svým přítelem Jakubem. Jakub je moc fajn, dobře si s ním rozumím a sestra asi taky, protože je do něho hodně zamilovaná. Jakub na ní může oči nechat. Udělal by pro ni první poslední.

Rádi cestujeme nebo chodíme na pěší túry. O víkendu jezdíme na chalupu na Vysočinu, kde žije naše babička Hana, a příležitostně navštěvujeme všechny tety a strejdy.

3. Co znamená, když se řekne:

1. **Je kost a kůže.**
   a) Je velmi hezká.
   b) Je velmi hubená.
   c) Je velmi stará.

2. **Je v práci ve dne v noci.**
   a) Pracuje jenom ve dne.
   b) Chodí do práce jenom v noci.
   c) Pracuje neustále.

3. **Pořádá dámskou jízdu.**
   a) Jezdí s přáteli na výlet.
   b) Schází se jen s přítelkyněmi.
   c) Jezdí pravidelně na kole.

4. **Stále lítá po obchodech.**
   a) Pořád chodí nakupovat.
   b) Nabízí obchodníkům zboží.
   c) Nakupuje v cizině.

5. **Může na ní oči nechat.**
   a) Bolí ho oči.
   b) Velmi se mu líbí.
   c) Všímá si jí jen občas.

6. **Udělá pro ni první poslední.**
   a) Rád jí pomůže.
   b) Všechno jí koupí.
   c) Udělá pro ni všechno.

4. Rozhodněte, která tvrzení se shodují s textem.

1. Petr studuje na univerzitě v Praze.
2. Petr rád hraje s tatínkem tenis.
3. Petrův tatínek pracuje v reklamní agentuře.
4. Pavel občas jezdí k moři, kde rád surfuje.
5. Petrova maminka pracuje jako sekretářka.
6. Alena jezdí ráda na kole.
7. Jana má hezkou postavu.
8. Jana je stále ospalá.
9. Jakub se seznámil se svou přítelkyní v práci.
10. Rodina jezdí na chatu do Tábora.

5. Odpovězte na otázky k textu.

1. Co chce Petr dělat po maturitě?
2. O jaký sport se Petr zajímá?
3. Proč je Petrův tatínek stále v práci?
4. Kde si Petrův tatínek nejlépe odpočine?
5. Kde pracuje Petrova maminka?
6. Jaké koníčky má Petrova maminka?
7. Co dělá sestra Jana nejraději?
8. Proč chce Jana vypadat hezky?
9. Kdo je Jakub?
10. Kam jezdí rodina o víkendu a proč?

Národnost a příbuzenské vztahy

6. Doplňte tabulku.

Stát	Obyvatelé		
_____	_____	Češka	Češi
Německo	Němec	_____	_____
_____	_____	Rakušanka	Rakušané
Holandsko	Holanďan	_____	_____
_____	_____	Angličanka	_____
_____	Američan	_____	_____
Francie	_____	_____	Francouzi
_____	Japonec	Japonka	_____
Itálie	_____	_____	Italové
_____	Slovák	_____	_____
_____	_____	Švýcarka	_____
Polsko	Polák	_____	_____
_____	_____	Ruska	Rusové
_____	Číňan		

7. Najděte správné páry.

milenec	**vnučka**
manžel	**sestra**
dědeček	**švagrová**
otec	**dcera**
tatínek	**matka**
tchán	**snacha**
syn	**maminka**
bratr	**sestřenice**
strejda	**milenka**
bratranec	**babička**
švagr	**manželka**
zeť	**tchyně**
vnuk	**teta**

8. Podstatná jména ze cvičení 7 doplňte do vět.

1. Jsem vdaná. Můj manžel se jmenuje Karel. Jsem jeho _____ .
2. Pavel má jednu sestru. Je její _____ .
3. Moje dcera Jana ráda jezdí k babičce. Je to její _____ .
4. Moje maminka má bratra. Je to můj _____ .
5. Můj kamarád je nešťastně ženatý, proto si našel přítelkyni. Je to jeho _____ .
6. Moje teta má syna. Je to můj _____ .
7. Tatínek mé maminky je můj _____ .
8. Manželka mého bratra je moje _____ .
9. Matka mojí manželky je moje _____ .
10. Máme jedno dítě. Jmenuje se Petr. Je to náš _____ .

Konverzace

9. Spojte, co spolu významově souvisí.

1. Den, měsíc, rok narození	**Kdy jste přijeli do ČR.**
2. Bydliště po příjezdu do ČR	**K jakému státu patříte.**
3. Místo a země narození	**K jakému národu patříte.**
4. Účel pobytu v ČR	**Kde pracujete v ČR.**
5. Národnost	**Datum, kdy jste se narodili.**
6. Státní příslušnost	**V jakém státě a kde jste se narodili.**
7. Zaměstnání před příchodem do ČR	**Místo, kde dlouhodobě bydlíte.**
8. Zaměstnání po příchodu do ČR	**Kde jste pracovali dříve.**
9. Předchozí pobyt v ČR	**Proč jste přijeli do ČR.**
10. Příjezd do ČR	**Kdy jste byli naposledy v ČR.**

10. Doplňte osobní údaje do uvedené žádosti.

Žádost o povolení trvalého pobytu na území ČR		
Příjmení	Jméno	Dřívější příjmení
Den, měsíc, rok narození	Místo a země narození	
Národnost	Státní příslušnost	Rodinný stav
Vzdělání	Povolání	
Zaměstnání před příchodem do ČR (název podniku, úřadu)	Účel pobytu v ČR	
Zaměstnání po příchodu do ČR (adresa podniku, úřadu, školy)		
Poslední bydliště v cizině	Bydliště po příjezdu do ČR	
Předchozí pobyt v ČR delší než tři měsíce (od – do, důvod a místo pobytu)	Příjezd do ČR	Číslo cestovního pasu
		Platnost do
Svým podpisem potvrzuji úplnost a pravdivost uvedených údajů.		
V .... dne .... Podpis		

11. Láska na první pohled

Vypravujte pomocí obrázku a uvedené slovní zásoby, jak se Marcela seznámila se svým přítelem Maxem.

letní dovolená v Itálii   /   každý den s kamarádkou na pláži
dostat křeče do nohy   /   topit se v moři   /   zachráněna plavčíkem Maxem
oslava šťastného konce v malém baru   /   prožít společně hezký týden
zažít hodně legrace   /   diskotéky   /   výlety   /   plavba lodí po moři
večerní procházky po pláži   /   zamilovat se do sebe   /   po týdnu
odjezd domů   /   psát SMS a e-maily   /   Max se učit česky   /   Marcela italsky

12. Seznamka

Přečtěte si inzeráty a napište na jeden z nich odpověď.

• **Pohledná blondýnka** 22/171 hledá přítele či kamaráda pro volný čas – na tenis, na lyže, do divadla či na koncert. Smysl pro humor vítán. Nejlépe VŠ – není podmínkou. Nejdůležitější je zájem o druhého a vzájemná podpora.

• **VŠ 30/188, nekuřák** by se rád seznámil s hezkou, štíhlou, inteligentní, veselou dívkou, která nemá také mnoho příležitostí k seznamování. Rád cestuju za sluníčkem, mořem, poznáním zajímavých míst, jezdím na kole.

• **Hledám sympaťáka,** nekuřáka bez závazků, nad 178 cm, se zájmem o kino, hudbu, lyže a cestování. Jsem atraktivní 35/170. Uvítám aktuální foto.

• **VŠ 176/55, manažer**, mladistvého vzhledu, hledá z nedostatku příležitostí hodnou, milou a charakterní přítelkyni za účelem vážného seznamení. Rád cestuju, zejména do exotických zemí, sportuju, učím se cizí jazyky, chodím do kina, divadla. Velmi se těším na Tvou odpověď.

Svatba

Lucie Špátová   Jan Malík

oznamují všemu světu jednu prostou krásnou větu

„Budeme se brát"

dne 12.7. 2006 v 10 hodin
na Novoměstské radnici v Praze 2

Nedražická 8, Praha 5

Máme se rádi, tak se prostě bereme.

JANA BOHÁČKOVÁ & RADIM ŠPALEK

oznamují, že budou oddáni dne 18. 3. 2006 ve 12 hodin na zámečku v Příbrami

Školní 58   Pražská 251
Příbram   Třebíč

Láska žije z důvěry

Kamila Novotná ⌇ Martin Kubát

oznamují, že se poprvé podepíší společným jménem
dne 25. června 2006 na Městském úřadě v Děčíně.

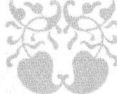   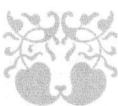 

Opatovice 1225 ⌇ Nádražní 29, Děčín

13. Doplňte do vět tato slovesa:

*vdávat / vdávat se / vdát se / ženit / ženit se / oženit / oženit se
vzít si / brát se / brát si*

1. Moje přítelkyně _____ zítra _____ dceru.
2. Víš, koho _____ Petr _____?
3. Chtěla _____ ho _____ se svou dcerou.
4. Jeho maminka _____ před rokem znovu _____ za hodného člověka.
5. Pavel _____ příští sobotu _____ .
6. Jeho známí _____ teprve loni a už se stihli rozvést.
7. Milan _____ prý _____ z rozumu, protože chtěl mít hodně peněz.
8. Proč _____ chceš _____ tak mladá?
9. Chodí s ní už tři roky, ale nechce _____ ji _____ .
10. Rodiče ho stále _____ , ale nepovedlo se jim to.

14. Napište text svatebního oznámení. Využijte uvedenou slovní zásobu. Rozhodněte, co tam nepatří.

vydáme se na společný vandr / máme se rádi / František Zronek
jsme dva / oznamují všem lidičkám / Michaela Jandová / jsme spolu šťastní
budou oddáni / hodně štěstí a lásky / zveme na svatební hostinu
dne 12. dubna 2006 / vše nejlepší / žijeme jeden pro druhého
dovolují si oznámit / v Zámecké zahradě v Brně / v 11 hodin
na zámku v Hluboké nad Vltavou / oznamují všem přátelům a známým
vydají se na společnou cestu životem

15. Vyberte si jeden svatební pár. Napište blahopřání k sňatku.

16. Vyberte vhodný svatební dar a zdůvodněte své rozhodnutí.

Pracujete ve dvojicích podle vzoru.

Nevím, co mám koupit. Můžeš mi poradit?   Kup hodiny!
Hodiny už asi má.   Tak vyber nějakou lampu!
Já nevím, lampa není moc originální.   Originální může být obraz.
Co když se jí nebude líbit?   Kup něco praktického! Třeba příbory.
To je docela dobrý nápad.

obraz / nádobí / hodiny / jídelní servis
povlečení na postel / peníze / lampa / váza / příbory
auto / rodinný dům / koberec / lustr / mixér

17. Přečtěte si blahopřání. Správně přiřaďte.

ke Dni matek / kondolence / k narozeninám
k narození dítěte / k promoci / k Valentýnovi

NEDÍVEJ SE NA TO TAK ČERNĚ.
Nezáleží na tom, kolik ti je, ale na kolik se cítíš.

Té nejkrásnější kočce, kterou znám.

Přijměte upřímnou soustrast
ve Vašem hlubokém zármutku.

Tatínku, maminko, přejeme Vám vřele,
ať se Vaše miminko na celý svět směje.

Bez tebe, mami, by svět přišel o někoho senzačního.
Všechno nejlepší k svátku všech maminek.

Jsi jednička. Všechny zkoušky máš úspěšně za sebou
a spoustu úspěchů ještě před sebou. *Hodně štěstí.*

Poslech

18. Poslechněte si výpovědi čtyř osob a doplňte text.

a) Werner je z _____ . Je mu ____ let a studuje na
univerzitě ve _____ . Je _____ . Rád hraje
_____ , plave a poslouchá _____ . Se svými
přáteli chodí na _____ , do _____ nebo do
_____ . V zimě jezdí lyžovat do _____ .

b) Elvira je z _____ . Je jí _____ let. Pracuje jako _____ . Je_____ .
Má jednoho _____ . Jmenuje se Max. Když má čas, chodí se synem na _____
nebo cvičí _____ .

c) Dave je z _____ . Je mu _____ let. Je _____
____ . Má jednu _____ a tři _____ . Jeho rodina
bydlí v _____ . Pracuje jako _____ . Ve
volném čase chodí se psem na _____ , někdy hraje
_____ . Rád vaří a griluje _____ na zahradě.

d) Aneta je z _____ . Je jí ____ let. Pracuje jako
_____ . Je _____ . Má _____ Pavla, se
kterým bydlí v Plzni. Zajímá se o _____ . Ráda cestu-
je a poznává nové _____ a nové _____ a jejich
kulturu.

19. Svatební dar

Poslechněte si rozhovor a vyberte správnou variantu.

1. **Marcela žije**   a)   s rodiči
                                             b)   s přítelem

2. **Marcela pracuje**   a)   ve škole
                                             b)   v bance

3. **Renata se rozešla s přítelem**   a)   před měsícem
                                             b)   před týdnem

4. **Lucka pozvala na svatbu**   a)   Renatu
                                             b)   Marcelu

5. **Renata daruje jako svatební dárek**   a)   kávový servis
                                             b)   obraz

Slovní zásoba

blahopřání	a greeting	Glückwunsch
bratranec	a cousin (male)	Cousin
brečet	to cry	plärren, heulen
Den matek	Mothers' day	Muttertag
golf	golf	Golf
hádat se	to argue	sich streiten
jóga	yoga	Joga
kondolence	condolences	Kondolenz
křeč (do nohy)	a cramp	Krampf
líný	lazy	faul
maminka	a mummy *a mom*	Mutti, Mama
manžel	a husband	Ehemann
manželka	a wife	Ehefrau
matka	a mother	Mutter
milenec	a lover (male)	Geliebter
milenka	a lover (female)	Geliebte
nádobí	crockery	Geschirr, Abwasch
narozeniny	a birthday	Geburtstag
naštvat se	to get angry	sich aufregen
rozejít se	to break up	sich trennen
podmínka	a condition	Bedingung
podpora	support	Unterstützung, Zuwendung
promoce	a graduation ceremony	Studienabschluss, Promotion
překvapení	a surprise	Überraschung
příbuzný	a relation (male) *a relative (male)*	Verwandter
příbuzná	a relation (female) *a relative (female)*	Verwandte
rozumět si	to understand each other	sich verstehen
sestřenice	a cousin (female)	Cousine
smysl (pro humor)	a sense	Sinn, Bedeutung
snacha	a daughter-in-law	Schwiegertochter
sňatek	a marriage	Trauung, Vermählung
sourozenci	siblings	Geschwister
strejda	an uncle	Onkel
svatba	a wedding	Hochzeit
svatební oznámení	a wedding announcement	Hochzeitsanzeige
švagr	a brother-in-law	Schwager
švagrová	a sister-in-law	Schwägerin
sympaťák	a nice guy	sympathischer Mensch
tatínek	a daddy *a dad*	Vati, Papa
teta	an aunt	Tante
tchán	a father-in-law	Schwiegervater
tchyně	a mother-in-law	Schwiegermutter
topit se (v moři)	to drown	beinahe ertrinken
vdávat se	to get married	heiraten, unter die Haube kommen

veslování	rowing	Rudern
vina	a fault	Schuld
vnuk	a grandson	Enkel
vnučka	a granddaughter	Enkelin
vzájemný	mutual	gegenseitig
závazek	a commitment	Verpflichtung
zeť	a son-in-law	Schwiegersohn
zoufalý	desperate	verzweifelt, hoffnungslos
ženit se	to get married	heiraten

Jezte a pijte! Dobrou chuť

1. Diskutujte o tom, jaký máte vztah k jídlu.

— Jaké jídlo máte rád(a)/nerad(a)?
— Co vůbec nejíte?
— Co obvykle pijete?
— Jíte zdravě?

— Máte rád(a) exotická jídla?
— Umíte vařit?
— Chodíte často do restaurace?
— Chutná vám česká kuchyně?

2. Čtěte text.

Jím úplně všechno. V jídle nejsem vybíravý. S velkou chutí sním knedlo-zelo-vepřo, smažený řízek s bramborovým salátem nebo těstoviny s tuňákem. Pak si dám jedno nebo dvě piva a za chvilku mi zase kručí v břiše. Zkoumám v lednici, co bych si dal ještě na zub, protože mám pořád velký hlad. Zaháním ho nějakou bagetou, párkem v rohlíku nebo sušenkama. Když už nemám nic jiného po ruce, tak chroupu slané tyčinky nebo arašídy. Prostě jak se říká, sežeru doma úplně všechno, na co přijdu. *(Petr)*

Můj přítel o mně říká, že jím jako vrabec. Připadám si dost tlustá, takže držím pořád nějakou dietu. Jeden den jím jenom ovoce, druhý zase rajčata a papriky. Piju jenom ovocný nebo zelený čaj a občas si dám müsli s mlékem nebo jogurtem. Po čtrnácti dnech skoro umírám hlady, ale na jídlo se nemůžu ani podívat. Jsem úplně vynervovaná, že jsem zhubla jenom pár deka. Občas mě přítel pozve do restaurace. Obvykle nemám na nic chuť, jenom piju minerálku nebo červené víno. *(Eva)*

Divím se lidem, že můžou zabíjet a jíst zvířata. Před pěti lety jsem přestala jíst maso a už bych ho v životě nevzala do pusy. Místo toho jím hodně čerstvé zeleniny a ovoce, také luštěniny, sýry a olivy. Hrozně mi chutná med. Pokaždé se mi sbíhají sliny na něco sladkého. Mám ráda palačinky se šlehačkou, ovocné knedlíky s tvarohem a zmrzlinu. Občas slyším názory, že vegetariánům chybí v těle živočišné bílkoviny, vitamíny a další látky, které způsobují zdravotní problémy. U sebe pozoruju pravý opak. Mám více energie, jsem málokdy nemocná a cítím se skvěle. *(Tereza)*

3. Co znamená, když se řekne:

1. **Dám si něco na zub.**
   a) Bolí mě zuby.
   b) Vyčistím si zuby.
   c) Mám na něco chuť.

2. **Umírám hlady.**
   a) Necítím se dobře.
   b) Nemám vůbec nic k jídlu.
   c) Mám hrozně velký hlad.

3. **Sežeru, na co přijdu.**
   a) Sním úplně všechno.
   b) Pořád kupuju něco k jídlu.
   c) Jím jako zvířata.

4. **Jím jako vrabec.**
   a) Jím hrozně rychle.
   b) Jím velmi málo.
   c) Nejím maso.

5. **Dám si knedlo-zelo-vepřo.**
   a) Dám si vepřové maso s knedlíkem a zelím.
   b) Dám si uzené maso s knedlíkem a zelím.
   c) Dám si hovězí maso s knedlíkem a zelím.

6. **Sbíhají se mi na to sliny.**
   a) Mám velký hlad.
   b) Mám na to velkou chuť.
   c) Kručí mi v žaludku.

4. Určete, která tvrzení se shodují s textem.

1. Petr je velký jedlík.
2. Petr jí pořád knedlíky a maso.
3. Petr schovává jídlo do lednice.
4. Petr má pořád hlad.
5. Eva nejí maso.
6. Eva drží stále nějakou dietu.
7. Eva chodí každý víkend do restaurace.
8. Tereza je vegetariánka.
9. Tereza má ráda sladká jídla.
10. Tereza má občas zdravotní problémy.

5. Odpovězte na otázky k textu.

1. Co jí Petr rád?
2. Proč Petr prozkoumává lednici?
3. Jak zahání hlad?
4. Co Eva většinou jí?
5. Proč jí Eva jen občas a málo?
6. Co si Eva objednává v restauraci?
7. Kdy a proč se Tereza stala vegetariánkou?
8. Co Tereze hodně chutná?
9. Jaké názory mají někteří lidé na vegetariánství?
10. Jaké změny Tereza u sebe pozoruje?

Přídavná jména

6. Spojte přídavná jména a substantiva.

A. americké / grilované / dušená / slaný / bílý / jahodová
čerstvý / smažené / moravská / skotská / milánské
vepřové / smažená / houskové / vegetariánská / dušená
bílé / zelené / mléčná / tavený / šunkový / maková
ovocný / šlehačkový / ovocné / hovězí

B. jogurt / brambory / zmrzlina / hranolky / whisky / chleba
špagety / maso / ryba / knedlíky / slivovice / pizza
rýže / víno / houska / jablko / sýr / salám / koláč
dort / müsli / polévka / kuře / rohlík / čokoláda / šunka

7. Spojte přídavné jméno s podstatným jménem.

černá   **kola**
zelený   **džus**
pomerančový   **čaj**
červené   **voda**
světlé   **káva**
studená   **víno**
minerální   **pivo**
karlovarská   **mléko**
teplé   **becherovka**

8. Odpovězte na otázky a použijte slovní zásobu ze cvičení 6 a 7.

1. Co pijete k snídani, obědu a večeři?
2. Jaké pití vůbec nepijete?
3. Jaké pití pijete na večírku?
4. Co obvykle snídáte, obědváte a večeříte?
5. Co vám nechutná?
6. Na co máte velkou chuť právě teď?

9. Doplňte správný tvar podstatného a přídavného jména.

1. Mám chuť na _____ (jogurtová zmrzlina).
2. Obědvám maso s _____ (dušená rýže).
3. Jíš rád _____ (hořká čokoláda)?
4. Objednáme si _____ (studená minerálka).
5. K večeři máme guláš s _____ (houskový knedlík).
6. Co si dáme k _____ (červené víno)?
7. Proč nepiješ _____ (zelený čaj)?
8. Chci rohlík _____ (šunkový salám).
9. Maminka vaří _____ (česneková polévka).
10. Chtějí řízek s _____ (bramborový salát).

10. Doplňte názvy jídel nebo potravin a dokončete věty.

Vzor: *vařený – vařené maso*

dušený / grilovaný / míchaný / oslazený / pečený / připálený
smažený / vařený

1. Dávej při vaření pozor! _____ mi nechutná.
2. Cestou domů si koupíme _____ .
3. Nebudu pít _____ , protože pak nemá žádnou chuť.
4. Jako přílohu si dáme _____ .
5. Už se těším na Vánoce, protože maminka připraví k obědu _____ .
6. K večeři mám hovězí maso s _____ .
7. Jsem vegetarián. Na _____ se nemohu ani podívat.
8. Chceš raději _____ , nebo hranolky?

Konverzace

11. Doplňte jídelní lístek.

Jídelní lístek

Polévky

Bramborová polévka	18,-
Gulášová polévka	19,-
_____	,-
_____	,-

Saláty

Míchaný salát	62,-
Okurkový salát	45,-
_____	,-
_____	,-

Hotová jídla

Hovězí guláš, houskový knedlík	59,-
Svíčková na smetaně, houskový knedlík	64,-
Smažené rybí filé, brambor	69,-
_____	,-
_____	,-
_____	,-

Přílohy

Smažené hranolky	27,-
Vařené brambory	15,-
_____	,-
_____	,-
_____	,-

Jídla na objednávku

Krůtí maso se zeleninou	99,-
Vepřová kotleta plněná nivou	105,-
Úhoř na roštu	130,-
_____	,-
_____	,-
_____	,-
_____	,-
_____	,-

Dezerty

Medovník	45,-
_____	,-
_____	,-

Nápoje

Pivo světlé	30,-
Minerální voda	15,-
_____	,-
_____	,-

12. Co řeknete v restauraci?

a) **Reagujte:**

1. Prosím, co si dáte?
2. Co si dáte k pití?
3. A ještě něco?
4. Už jste si vybral(a)?
5. Chutnalo vám?
6. Co takhle dezert?
7. To je všechno?

b) **Řekněte číšníkovi v restauraci, že:**

– ubrus je špinavý, chcete ho vyměnit
– nejste spokojený(á), protože obsluha je pomalá
– pivo je moc teplé a červené víno příliš studené
– chcete doporučit nějaké jídlo
– nerozumíte exotickému názvu jídla
– chcete zaplatit
– účet je moc vysoký
– chcete si objednat ještě jedno pivo
– místo rýže jste dostal(a) hranolky, které nechcete

13. Doplňte rozhovory.

Číšník: Máte už vybráno?
Milena: Ano, dám si _____ .
Číšník: A co chcete k pití?
Milena: _____ .
Číšník: Už to nesu. Jednu _____ a jednou _____ . Dobrou chuť.
Milena: Děkuju.
Číšník: Přejete si ještě něco?
Milena: _____ .
Číšník: Tady je jedna káva a _____ . Mohu vám ještě něco nabídnout?
Milena: _____ .
Číšník: Hned přinesu účet. Celkem to dělá _____ korun.
Milena: Sto osmdesát.
Číšník: Děkuju a na shledanou.
Milena: _____ .

Číšník: Prosím, co si dáte?

Klára: Dám si horkou čokoládu a nějaký dezert. Co máte?

Číšník: Máme _____ , štrúdl se šlehačkou a čokoládový dort.

Klára: Jednou _____ , prosím.

Číšník: _____ .

Klára: Ano. Jeden kopeček vanilkové, jeden kopeček jahodové a jeden kopeček

_____ .

14. Najděte správnou reakci na otázky.

1. Chceš chleba s medem, nebo se sýrem?
2. Půjdeš si vybrat něco k snídani?
3. Chtěl bys pomeranče, nebo banány?
4. Co jste ochutnali v kavárně?
5. Co mám ještě dát do zeleninové polévky?
6. Chcete nějaký dezert?
7. Můžete nám nabídnout tradiční české jídlo?
8. Chceš ještě přidat?
9. Na co máš chuť?
10. Čím si připijeme?

a) Palačinky se šlehačkou.
b) Dáme si zmrzlinu.
c) Mrkev a hrášek.
d) Jistě. Svíčkovou s knedlíkem.
e) Ne. Nemám hlad.
f) Nechci nic. Nejím ovoce.
g) Ne. Chci rohlík s marmeládou.
h) Červeným vínem.
i) Ano. Mám velký hlad.
j) Na horkou čokoládu.

15. Řekněte, co jedí a pijou. Hádejte, o čem asi mluví?

Poslech

16. Co vůbec nejíte a nepijete?

Poslechněte si rozhovor a doplňte tabulku.

	Karel	Dáša	Ivana	David
Co nejí?	_____	_____	_____	_____
Proč?	_____	_____	_____	_____
Co nepije?	_____	_____	_____	_____
Proč?	_____	_____	_____	_____

17. Jdeme na oběd.

Poslechněte si rozhovor a odpovězte na otázky.

1. Proč má Lenka málo času?
2. Na co se chce Jitka Lenky zeptat?
3. Kdy chce jít Lenka na oběd?
4. V kolik hodin chce jít Jitka na oběd?
5. Proč má Jitka hlad?
6. Proč nechce Jitka obědvat v kantýně?
7. Kam chce jít Jitka na oběd a proč?
8. Co Lenka navrhuje?
9. Jak dlouho musí Jitka na Lenku čekat?
10. Čeho se Jitka obává?

18. V restauraci

Poslechněte si rozhovor a rozhodněte, které výpovědi jsou správné.

1. Lenka si dá jedno velké světlé pivo. *ano/ne*
2. Lenka si dá pivo, protože má velkou žízeň. *ano/ne*
3. Lenka si objedná k jídlu Popelčino překvapení. *ano/ne*
4. Jídlo je připravené z vepřového masa. *ano/ne*
5. Jídlo je trochu ostré, ale bez česneku. *ano/ne*
6. Jídlo není kořeněné. *ano/ne*
7. Jako přílohu chce Lenka vařenou rýži. *ano/ne*
8. Lenka nemá chuť na dezert. *ano/ne*
9. Lenka zaplatí 136 korun. *ano/ne*
10. Lenka dává číšníkovi spropitné. *ano/ne*

Slovní zásoba

americké brambory	potato wedges	amerikanische Backkartoffeln
bílkoviny	protein	Eiweiße
bramborák	a potato pancake	Kartoffelpuffer
čerstvý	fresh	frisch
česnek	garlic	Knoblauch
dušený	braised	gedünstet
grilovaný	grilled	gegrillt
hovězí polévka	beef soup	Rindersuppe
houska	a roll	Brötchen, Semmel
houskové knedlíky	bread dumplings	Semmelknödel
hranolky	Chips French fries	Pommes frittes
chleba	bread	Brot
cholesterol	cholesterol	Cholesterol
chroupat	to nibble	knabbern
chutnat (jídlo)	to taste good	schmecken
jahodový	strawberry (adj.)	Erdbeer-
jablko	an apple	Apfel
jídelní lístek	a menu	Speisekarte
kantýna	a canteen	Kantine
kachna	duck	Ente
koláč	a cake	Kuchen
koření	spices	Gewürz
kuchař	a cook	Koch
kuře	chicken	Hühnchen
karlovarská becherovka	Karlovarská Becherovka (an alcoholic drink)	Karlsbader Becherovka
makový	poppy-seed (adj.)	Mohn-
med	honey	Honig
míchaný	mixed scrambled (when eggs)	gemischt
mléčný	milk (adj.)	Milch-
mléko	milk	Milch
müsli	muesli	Müsli
olivy	olives	Oliven
opít se	to get drunk	sich betrinken
oslazený	sweetened	gesüßt, gezuckert
ostrý	sharp	scharf
ovocný	fruit (adj.)	Obst-, Früchte-
palačinky	pancakes	Palatschinken, Pfannkuchen, Eierkuchen
párek	a frankfurter a hot dog	Würstchen
pečený	roasted	gebacken
připálený	burnt	angebrannt, verbrannt
příloha	side dish	Beilage
smažený	fried	gebraten, gebacken
svíčková na smetaně	beef sirloin in a cream sauce	Lendenbraten in Sahnesoße

rajská omáčka	tomatoes tomato sauce	Tomatensoße
rohlík	a roll	Hörnchen
rošt (na grilování)	a grill	Rost, Grill
ryba	fish	Fisch
rýže	rice	Reis
salám	salami	Wurst, Salami
sežrat	to devour	auffressen
skotská whisky	Scottish whiskey Scotch	schottischer Whisky
slaný	salty	salzig
smrdět (o jídle)	to smell	stinken
spropitné	a tip	Trinkgeld
studený	cold	kalt
světlý	light	hell
sýr	cheese	Käse
škraloup (u mléka)	skin	Haut, Kruste
šunka	ham	Schinken
tavený sýr	processed cheese	Schmelzkäse
teplý	warm	warm
těstoviny	pasta	Teigwaren
tuňák	tuna	Thunfisch
úhoř	an eel	Aal
vařený	cooked/boiled	gekocht
vegetarián	a vegetarian	Vegetarier
vepřové maso	pork	Schweinefleisch
vepřové ražniči	a pork kebab	Schweineschaschlik
vybíravý	to be picky	mäkelig
zmrzlina	ice-cream	(Speise-)Eis
zmrzlinový pohár	an ice-cream sundae	Eisbecher
žaludek	stomach	Magen

Rčení a ustálená slovní spojení

Sbíhají se mi sliny.	My mouth is watering.	Mir läuft das Wasser im Munde zusammen.
Jí jako vrabec.	She pecks at his food.	Er/Sie isst wie ein Spatz.
Kručí mi v břiše.	My stomach is rumbling.	Mir knurrt der Magen.
Dám si něco na zub.	I will eat something tasty.	Ich nehme eine Kleinigkeit/einen Snack zu mir.

Jdeme nakupovat

1. Baví vás nakupovat? Diskutujte o následujících tématech.

- Kde nejraději nakupujete?
- Jak často nakupujete?
- Šetříte si na něco drahého?
- Platíte kartou, nebo v hotovosti?

- Co kupujete pravidelně?
- Co kupujete/nekupujete rád(a)?
- Jak často využíváte slevy?

Je mi to jedno, kde nakupuju, hlavně že je to levný. Pro potraviny jezdím do supermarketu, kde dělám větší nákupy. Když něco zapomenu, tak jdu k nám do sámošky. S oblečením si nelámu hlavu, protože se dá pořídit za babku v secondhandu. Převážně platím v hotovosti. Když nemám u sebe dost peněz, tak kreditkou. *(Jirka)*

Nechápu, jak někdo může rád chodit po obchodech! Mě nakupování vůbec nebaví. Většinou si kupuju jen něco k jídlu cestou z práce v malé prodejně. Supermarkety a hypermarkety vyloženě nesnáším, mám fobii z té spousty lidí a vadí mi dlouhé fronty u pokladny. Mám dobré zkušenosti s nakupováním na internetu, kde je nabídka roz-hodně větší než v kamenném obchodě. Můžu si v klidu porovnat ceny a ušetřit dost peněz i času. Na internetu jsem si koupil mobil, lednici a gril. Pravidelně objednávám knížky. *(Tomáš)*

V nákupních centrech nakupuju docela často, protože tam mají vždycky slevy a já se snažím ušetřit na jídle. Nakoupím všechno na jednom místě a nemusím tahat každý den těžké nákupní tašky. Je tam taky hodně malých obchodů pod jednou střechou a já jsem pokaždé zvědavá, jestli mají něco nového a hlavně zlevněného. Praktické je i to, že si tam děti můžou hrát v dětském koutku a nemusím na ně pořád dávat pozor. Proto jsme často v nákupním centru celou sobotu. Odpoledne si zajdeme na oběd, někdy také do kina a večer se vracíme domů. *(Martina)*

Já se přiznám, že jsem na nakupování fakt docela závislá. Zajímám se o módu a kos-metiku a strašně ráda obcházím parfumerie a butiky. Pokaždé si musím něco koupit, i když nic nutně nepotřebuju. Nějaký parfém, lak na nehty, rtěnku nebo aspoň krém na ruce. Zjistila jsem, že to leze docela do peněz. Dost času strávím taky v butiku. Tam jsem ve svém živlu. Donekonečna si zkouším různé halenky, sukně, kalhoty nebo šaty. Mám perfektní pocit, když si koupím něco nového na sebe a všichni mi říkají, jak mi to sluší. Vždycky mi to zvedne náladu! *(Klára)*

3. Co znamená, když se řekne:

1 **Koupil jsem to za babku.**
   a) Koupil jsem to velice levně.
   b) Koupil jsem to od staré ženy.
   c) Koupil jsem to velice rychle.

2. **Jsem ve svém živlu.**
   a) Vyznám se v tom.
   b) Je to pro mě katastrofa.
   c) Jsem závislá na nakupování.

3. **Jdu nakupovat do sámošky.**
   a) Jdu nakupovat do supermarketu.
   b) Jdu nakupovat do samoobsluhy.
   c) Jdu nakupovat do secondhandu.

4. **Leze to do peněz.**
   a) Je to kvalitní.
   b) Je to zlevněné.
   c) Je to drahé.

4. Odpovězte na otázky k textu.

1. Kde nakupuje Jirka potraviny a oblečení?
2. Platí Jirka v hotovosti, nebo kartou?
3. Nakupuje Tomáš rád?
4. Proč Tomáš nakupuje na internetu?
5. Co si Tomáš koupil na internetu?
6. Kam jezdí Martina nakupovat a proč?
7. Jaké výhody má nakupování pro děti?
8. Proč stráví Martina nakupováním celý den?
9. Kam chodí Klára nakupovat a co nejraději nakupuje?
10. Z čeho má Klára radost?

5. Doplňte správné předložky.

1. Leze to _____ peněz.
2. Jedou nakupovat _____ supermarketu.
3. V parfumerii si koupím lak _____ nehty.
4. Potraviny dostaneme _____ výhodné ceny.
5. Budete platit kartou, nebo _____ hotovosti?
6. Mám dobré zkušenosti _____ nakupováním na internetu.
7. V nákupním centru je hodně obchodů _____ jednou střechou.
8. _____ hypermarketu jsme celou sobotu.
9. Chci si koupit něco _____ sebe.
10. Martina se snaží ušetřit peníze _____ jídle.

6. Spojte výrazy. Najděte víc možností.

nakupovat výhodně	**v hotovosti**
hrát si v	**na děti**
pořídit si oblečení	**ceny**
zajít si	**čas i peníze**
dávat pozor	**dětském koutku**
ušetřit	**na oběd nebo do kina**
tahat	**módu**
porovnat	**v secondhandu**
zajímat se o	**těžké nákupní tašky**
platit	**se slevou**

Množné číslo, určování množství

7. Vytvořte množné číslo.

jogurt – dva _____   čokoláda – čtyři _____   růže – sedm _____
počítač – tři _____   lednice – pět _____   taška – dvě _____
rohlík – pět _____   mobil – tři _____   vysavač – šest _____
kolo – dvě _____   pivo – deset _____   náplast – tři _____
sešit – dva _____   košile – dvě _____   mrkev – osm _____

8. Doplňte správný tvar slov a slovních spojení v závorce.

1. Měli jsme příležitost mluvit s _____ (pět prodavačů).
2. Každý musel ochutnat _____ (devět vzorků).
3. Proč piješ najednou ze _____ (dvě sklenice)?
4. O půlnoci bylo v _____ (sedm barů) ještě plno.
5. Jezdím nakupovat do _____ (dva supermarkety).
6. Byla jsem spokojena se _____ (tři barvy).
7. Alkohol se objevil ve _____ (čtyři nápoje).
8. Vše jsem vyčetl ze _____ (dvě knížky).
9. Víno jsem nalil do _____ (šest skleniček).
10. Koupili jsme _____ (deset rohlíků).

9. Doplňte správné množství.

dva kopečky / deset deka / dvacet deka / dvě deci / dvě kila
jeden kelímek / jeden půllitr / kousek / pět lahví / šest

1. Chtěl bych _____ drůbeží šunky.
2. Koupíme _____ mléka.
3. Stačí ti _____ sýra?
4. K snídani snědí _____ rohlíků.
5. V lednici mám ještě _____ bílého jogurtu.
6. Dá si _____ jahodové zmrzliny.
7. Zaplatím _____ banánů.
8. Vypijete ještě _____ červeného vína?
9. Opravdu chceš ještě _____ piva?
10. Mám chuť na _____ mléčné čokolády.

10. Doplňte číslovky dvoje, troje, čtvery, patery...

1. Koupil jsem si _____ džíny.
2. Mám doma _____ boty.
3. Zkusím si _____ kalhoty.
4. Líbí se mi _____ šaty.
5. Dostal jsem _____ šortky.
6. Na dovolenou si vezmu _____ plavky.
7. Potřebuju _____ brýle.

Konverzace

11. Řekněte, kde a co nakupují.

12. Řekněte, kde koupíte uvedené zboží.

Vzor: *Zeleninu koupím na trhu, protože je tam vždy čerstvá.*

koláč / kolo / chleba / zmrzlina / košile / slovník
pivo / televize / počítač / vysavač / cigarety / růže
kladivo / sandále / bageta / nosní kapky / salám
lyže / taška / sešit / lednice / rohlík / náplast / salát
kozačky / mrkev / čokoláda / kabelka / kravata

supermarket	**květinářství**	**lékárna**
hypermarket	**cukrárna**	**butik**
obchodní centrum	**železářství**	**pekařství**
obchodní dům	**knihkupectví**	**obuv**
internet	**papírnictví**	**bazar**
samoobsluha	**čerpací stanice**	**trh**

13. Rozhodněte, jaké zboží nemůžete koupit v uvedených obchodech.

a) **Lékárna**
   oční kapky, váza, vitamín C, kapky proti kašli, obvaz

b) **Papírnictví**
   propisovačka, balicí papír, náplast, sešit, lepidlo

c) **Klenotnictví**
   prstýnek, náušnice, nůž, řetízek, přívěsek

d) **Sport**
   stan, spacák, tepláky, lyže, kladivo

e) **Potraviny**
   jogurt, tričko, mléko, mouka, rýže

14. Najděte správné pořadí rozhovoru.

Prodavač:
Zákazník:

1.   Dobrý den. Co si přejete prosím?

_____: To je dost drahé. Nemáte něco levnějšího?

_____: Ukažte mi nějaký na sedmdesát litrů.

_____: Příští týden jedu na dovolenou a potřeboval bych nový spacák.

_____: A kolik stojí?

_____: Hm, vypadá dobře. Chci se zeptat, do kolika stupňů je vhodný?

_____: Hm. Děkuju vám. Ještě si to rozmyslím. Zatím si vezmu jenom ten spacák.

_____: Pro letní cestování bych vám mohl doporučit tento spací pytel od firmy Hannah. Je to úplná novinka na trhu. Můžete si ho prohlédnout.

_____: Do minus pěti stupňů. Určitě jste si všiml, že spacák má nový tvar, který umožňuje zaujmout libovolnou polohu, a tím minimalizovat ztráty tepla.

_____: Tenhle spacák dostanete za 1300 korun.

_____: Chtěl bych ještě nějaký batoh.

_____: 3200 korun.

_____: To jde, vezmu si ho.

_____: Bude to všechno, nebo si přejete ještě něco?

_____: Samozřejmě. Můžu vám ještě ukázat levnější spacák. Je velice lehký a zabere vám málo místa i po sbalení.

_____: A kolik stojí?

_____: Máte pravdu, je opravdu lehký, a to se mi hodí, protože jedu na dovolenou na kole.

_____: A na kolik litrů? Na šedesát pět, nebo na sedmdesát?

_____: Určitě se vám bude hodit tenhle batoh. Na boku batohu jsou praktické kapsy. Vrchní část si můžete libovolně nastavit.

15. Rozhodněte, co říká zákazník a co prodavač. Pracujte ve dvojicích.

Vzor: *Prodavač: Co si přejete, prosím?*
Zákazník: Chtěl bych nějakou broušenou vázu.

Co si přejete, prosím? — Pět set korun. — Chtěl bych stolní hodiny pro svoji babičku. — Co byste mi doporučoval? — Mně se bohužel moc nelíbí. — Nevezmu si je. Jsou moc drahé. — Ukažte mi nějakou vonnou svíčku. — Můžu vám doporučit tuhle broušenou vázu. — Ještě něco? — Vezmete si ty stolní hodiny? — Nelíbí se mi. — Bude to všechno? — Máte nějaký skleněný svícen? — Líbí se vám ta broušená váza? — Kolik stojí? — Docela se mi líbí. — Tady ten skleněný svícen je moc hezký. — Ano, vezmu si tenhle skleněný svícen a dvě vonné svíčky. — Máte ještě něco jiného?

16. Vytvořte rozhovor. Využijte tuto slovní zásobu ze cvičení 15.

Chcete koupit dárek svému příteli/své přítelkyni.
— broušená váza
— stolní hodiny
— skleněný svícen
— vonná svíčka

Poslech

17. Poslechněte si rozhovory a řekněte, kde a co lidé nakupují.

1. _____
   a) _____
   b) _____
   c) _____
   d) _____
   e) _____

2. _____
   a) _____
   b) _____
   c) _____

3. _____
   a) _____
   b) _____
   c) _____

4. _____
   a) _____

5. _____
   a) _____
   b) _____
   c) _____
   d) _____
   e) _____

18. Poslouchejte a doplňte rozhovor.

Prodavačka: Dobrý den. Co si přejete?
Zákazník: Dejte mi prosím _____ šunky, _____ rohlíky,
_____ jablek a _____ minerálku.
Prodavačka: Ještě něco?
Zákazník: Ještě _____ tady toho sýra, který je v nabídce.
Prodavačka: Za 115, nebo 130 korun?
Zákazník: Za 130 korun.
Prodavačka: A ještě něco?
Zákazník: Ano. Ještě _____ červeného vína, _____ bonboniéry
a _____ slaných mandlí.
Prodavačka: Bude to všechno?
Zákazník: Ano. Mohu zaplatit kartou?
Prodavačka: Samozřejmě.

19. Poslechněte si hlášení v hypermarketu a doplňte ceny.

1. sýr ementálského typu: _____
2. okurky hadovky: _____
3. chlazené kuře: _____
4. drůbeží párky: _____
5. kmínový chléb: _____

6. mikrovlnná trouba: _____
7. elektrický sporák: _____
8. rychlovarná konvice: _____
9. zubní pasta Elmex: _____
10. ústní voda: _____

AKČNÍ NABÍDKA – PLATÍ OD 26. 7. DO 1. 8. 2006

Celozrnná bagetka
55 g / z naší pekárny
5⁵⁰
původní cena 7,90

Karkulka Twin
60 g / jahodový nanuk
9⁹⁰

Skořicový šnek
80 g / třikrát denně čerstvý
7⁹⁰

Hovězí přední bez kosti
1 kg / pultový prodej
119,–

20. Poslechněte si hlášení ještě jednou a rozhodněte se, zda si koupíte něco z uvedené nabídky a proč.

Vzor: *Koupím si zubní pastu, protože je kvalitní a ještě dostanu ústní vodu zdarma.*
Nekoupím si drůbeží párky, protože je nejím.

21. Reklamace

Poslechněte si rozhovor a rozhodněte, která z uvedených tvrzení jsou správná.

1. Zákaznice si koupila boty přede dvěma týdny.
2. Na boty je záruka 24 měsíců.
3. Boty stály 1980 korun.
4. Zákaznice si koupila černé lodičky.
5. Zákaznice chce boty reklamovat, protože se odlepila podrážka a ulomil podpatek.
6. Zákaznice zapomněla pokladní lístek doma.
7. Prodavačka nechtěla reklamaci uznat.
8. Zákaznice bydlí v Praze 6.
9. Reklamace bude vyřízena během jednoho měsíce.
10. Zákaznice dostala kopii daňového dokladu.

22. Poslechněte si rozhovor ještě jednou a vyplňte reklamační protokol.

Reklamační protokol	
Příjmení	Jméno
Adresa	
	Telefon
Reklamovaný výrobek	
Číslo daňového dokladu při koupi zboží	
Popis závady	

V .... dne .... Podpis ....

Slovní zásoba

bonboniéra	a chocolate box *a box of chocolates*	Pralinenschachtel, eine Schachtel Pralinen
broušená váza	a cut glass vase	Kristallvase
cena (u zboží)	the price (of goods)	Preis
čerpací stanice	a petrol station *a gas station*	Tankstelle
daňový doklad	a tax document	Steuerbeleg
drůbeží párky	poultry frankfurters *poultry hot dogs*	Geflügelwiener
elektrický sporák	an electrical cooker	Elektroherd
guma (na gumování)	a rubber *an eraser*	Radiergummi
hotovost (finanční)	cash	Bargeld
kladivo	a hammer	Hammer
kmínový chléb	bread with caraway seeds	Kümmelbrot
kobliha	a doughnut	Pfannkuchen, Berliner, Krapfen
kozačky	boots	Winterstiefel, Damenstiefel
krabice	a box	Schachtel, Karton
krém na ruce	hand cream	Handkrem
květinářství	a florist's	Blumenladen
lak na nehty	nail varnish *fingernail polish*	Nagellack
lednice	a refrigerator	Kühlschrank
linkovaný sešit	a lined notebook	liniertes Heft
lodičky	high heels	Pumps
nabídka	an offer	Angebot
nosní kapky	nose drops	Nasentropfen
obálka	an envelope	(Brief-)Umschlag
odlepit se	to come unstuck	sich ablösen
papírnictví	a stationer's *a stationary store*	Schreibwarenladen
pekařství	a bakery	Bäckerei
podpatek	a heel	(Schuh-)Absatz
pravidelně	regularly	regelmäßig
propisovačka	a pen	Kugelschreiber
reklamace	a complaint	Reklamation, Beschwerde
reklamační protokol	the complaints protocol	Reklamationsprotokoll
rtěnka	a lipstick	Lippenstift
rychlovarná konvice	an electric kettle *a boiler*	Schnellkochkanne
skleněný svícen	a glass candlestick	gläserner Kerzenhalter
slané mandle	salted almonds	salzige Mandeln
sleva (u zboží)	a discount	Preisnachlass, Rabatt
spací pytel	a sleeping bag	Schlafsack
stolní hodiny	a table clock	Tischuhr
ulomit se (podpatek)	to break a heel	(sich) abbrechen
ústní voda	mouthwash	Mundwasser
uznat (reklamaci)	to acknowledge	anerkennen, einräumen

veka (pečivo)	a loaf	Weißbrot
vonná svíčka	a scented candle	Duftkerze
vysavač	a vacuum cleaner	Staubsauger
záruka (u zboží)	a guarantee	Garantie
železářství	an ironmonger's *a hardware store*	Eisenwaren(handlung)

Ukažte mi prosím cestu!

1. Orientujete se dobře na neznámém místě?
Jaké služby využíváte ve městě?
Diskutujte o následujících tématech.

— Máte dobrý orientační smysl?
— Kde se vyznáte dobře?
— Kde se vůbec nevyznáte?
— Chodíte rád(a) pěšky?
— Jaký dopravní prostředek máte nejraději a proč?
— Jak často chodíte do banky, čistírny a ke kadeřníkovi?

2. Čtěte text.

Irena: Promiňte prosím vás, jak se jmenuje tahle ulice?
Chodec: To je Nádražní ulice.
Irena: A ta druhá?
Chodec: To je myslím Pražská.
Irena: Hm, moc se tady nevyznám, před chvílí jsem přijela vlakem z Olomouce
a hledám Dlouhou ulici. Nevíte, kde to je?

Chodec:	Dlouhá ulice, to mi nic neříká. A co tam hledáte?
Irena:	V Dlouhé ulici je penzion Rondo. Rezervovala jsem si tam ubytování.
Chodec:	Aha, tak to se musíte vrátit zpátky až na tu světelnou křižovatku. Potom zahnete vpravo, přejdete přes most na druhou stranu a půjdete pořád rovně asi dvě stě metrů. Na konci ulice už uvidíte penzion Rondo.
Irena:	To je nějak daleko! A taky mám těžkou tašku. Nejede tam nějaký autobus nebo tramvaj?
Chodec:	Určitě tam jede autobus číslo 30, protože objíždí celé město.
Irena:	A kde je tady nejbližší autobusová zastávka?
Chodec:	Jedna autobusová zastávka je před hotelem Grand a další je před křižovatkou. Vidíte? Je to kousek.
Irena:	Opravdu to není daleko. Nemáte náhodou jízdenku?
Chodec:	Bohužel ne, mám průkazku na autobus. Jízdenku si můžete koupit na zastávce, je tam automat, nebo přímo u řidiče.
Irena:	Nezlobte se, že vás ještě obtěžuju, ale nemám drobné. Mohl byste mi rozměnit?
Chodec:	Moment, podívám se. Můžu vám rozměnit stovku.
Irena:	To stačí, děkuju. Moc jste mi pomohl. Na shledanou.
Chodec:	Není zač. Na shledanou.

3. Rozhodněte, která tvrzení se shodují s textem.

1. Irena přijela autobusem z Olomouce. *ano/ne*
2. Irena potkala chodce v Pražské ulici. *ano/ne*
3. Irena si rezervovala ubytování v hotelu Rondo. *ano/ne*
4. Irena jde špatným směrem, proto se musí vrátit. *ano/ne*
5. Irena má těžký kufr, proto chce jet autobusem. *ano/ne*
6. Nejbližší autobusová zastávka je za rohem. *ano/ne*
7. Autobus jezdí dost často. *ano/ne*
8. Irena si může koupit jízdenku u řidiče nebo na zastávce. *ano/ne*
9. Irena nemá peníze, proto si nemůže koupit jízdenku. *ano/ne*
10. Irena si půjčila peníze od neznámého chodce. *ano/ne*

4. Odpovězte na otázky.

1. Na co se Irena ptá chodce?
2. Odkud přijela?
3. Jakou ulici hledá?
4. Proč hledá tuto ulici?
5. Jak se dostane k penzionu Rondo?
6. Proč nechce jít pěšky?
7. Jaký autobus jede k penzionu?
8. Proč chodec nemá jízdenku?
9. Kde si může Irena koupit jízdenku?
10. Jakou částku jí chodec rozměnil?

5. Vyberte správnou variantu.

1. **Autobusová zastávka je**
   - před hotel Grand
   - před hotelem Grand

2. **Penzion Rondo je**
   - v Dlouhé ulici
   - na Dlouhé ulici

3. **Irena musí přejít.**
   - přes most
   - na most

4. **Irena se musí vrátit.**
   - na světelné křižovatce
   - na světelnou křižovatku

5. **Irena je na**
   - druhou stranu ulice
   - druhé straně ulice

6. **Chodec má průkazku**
   - na autobus
   - do autobusu

Procvičování gramatiky

6. Vytvořte rozkazovací způsob, 2. osobu plurálu.

Vzor: Jezdit každý den tramvají – *Jezděte každý den tramvají!*

1. Jít rovně touto ulicí
2. Jet dvě stanice metrem
3. Ukázat mi cestu
4. Odbočit vlevo
5. Vrátit se zpátky na náměstí
6. Zastavit na první křižovatce
7. Koupit si jízdenku na autobus
8. Projít parkem
9. Říct mi, jak se dostanu na nádraží
10. Přejít na druhou stranu ulice

7. Doplňte podle významu slovesa *jet–jezdit, jít–chodit*.

1. Ve městě můžeme _____ maximální rychlostí 50 kilometrů za hodinu.
2. Protože jsem zaspal, musel jsem _____ taxíkem.
3. Petra _____ do práce většinou pěšky.
4. Chci si koupit nový kabát. Nechceš _____ se mnou?
5. Milane, jak často _____ na kole?
6. Všichni _____ zítra na výlet.
7. Můj přítel _____ rád na koni.
8. Můžeme _____ autem nebo autobusem.
9. Neměl jsem peníze, proto _____ do banky.
10. Kdo _____ včera na letiště?

8. Doplňte vhodnou předložku nebo příslovce.

do / doleva / k / kolem / na / na / naproti
od / před / přes / rovně / za / zpátky

1. Obchodní dům je _____ tomu novému knihkupectví.
2. Půjdete _____ obchodní banky a potom zahnete _____ .
3. Počkáme na tebe _____ hotelem Malý pivovar.
4. Bohužel jedeme špatně. Musíme se vrátit _____ .
5. Jaký autobus jede _____ zoologické zahradě?
6. Půjdete touto ulicí stále _____ a _____ konci uvidíte autobusové nádraží.
7. Přejděte _____ most a pokračujte nahoru _____ kopce.
8. _____ křižovatce odbočíte vpravo a pojedete až _____ divadlu.
9. Lékárna je hned _____ rohem.
10. Moc jsme se vzdálili _____ centra.

Konverzace

9. Rozhodněte, na co se ptá turista (T) a jak reaguje chodec (Ch). Pracujte ve dvojicích.

Vzor: *Mohl byste mi říct, kde je tady hlavní nádraží?* ___ T
To bohužel nevím. Nevyznám se tady. ___ Ch

Promiňte prosím, vyznáte se tady? ___
Můžete mi říct, kde je tady nejbližší lékárna? ___
Ano, na stanici Muzeum. ___
Jdu správně na autobusové nádraží? ___
Jaký autobus jede k nemocnici? ___
Nemusíte. Můžete jet taky tramvají. ___
Jděte pořád rovně a potom doleva. ___
Bohužel ne, jsem taky cizinec. ___
Na jaké stanici mám vystoupit? ___
Mohl byste mi tu ulici ukázat na plánu města? ___
Nevím to jistě. Ale myslím, že čtyři. ___
Jdete špatně. Musíte se vrátit. ___
Jak se odtud dostanu na hlavní poštu? ___
Přejděte na druhou stranu. Je to ta žlutá budova. ___

Jednička a patnáctka. ___
Můžete, není to daleko. ___
Kde je tady opravna obuvi? ___
Na konečné. ___
To je Višňová ulice. ___
Jistě. Je to tahle ulice. ___
Můžu jít pěšky? ___
Musím jet metrem? ___
Musím přestupovat? ___
Je to daleko? ___
Tak to bohužel nevím. ___
Kolik je to zastávek? ___
Jak se jmenuje tahle ulice? ___
Není, asi sto metrů. ___

10. Pracujte ve dvojicích. Prohlédněte si plán města. Stojíte před nádražím.

Jeden student popisuje cestu a druhý hádá, kam jde. Využijte slovní zásobu ze cvičení 9.

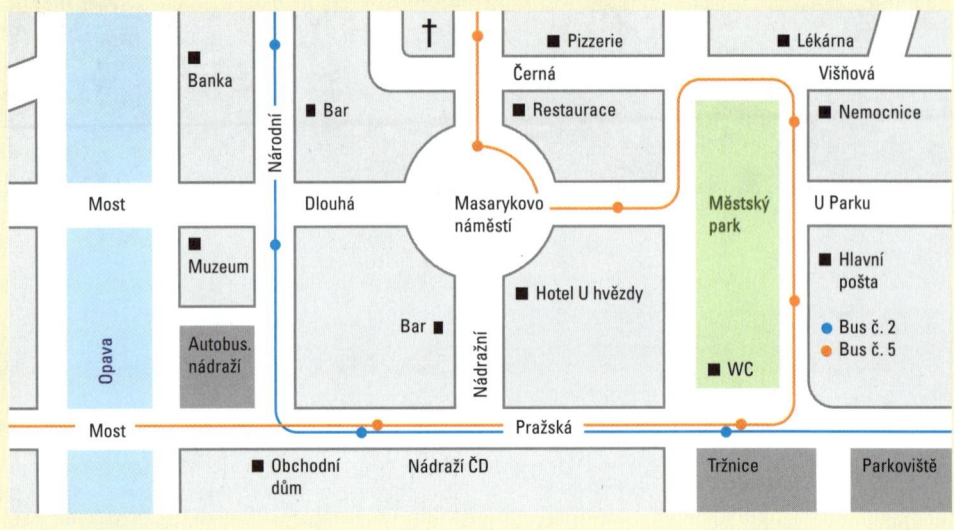

11. Prohlédněte si obrázky.
Řekněte, čím pojedete/poletíte a kam.

Vzor: Poletím letadlem do Anglie.
  Pojedu metrem do práce.

dovolená / hory / moře / Francie / škola / nádraží
Měsíc / les / výlet / Amerika / prázdniny

divadlo / letiště / Mars / večírek / koncert / město
chata / návštěva / Slovensko / Sněžka / tenis

diskotéka / přístav / statek / ostrov / řeka / park
kopec / koupaliště / Španělsko / rozhledna

12. Doplňte, co k sobě patří.

Vzor:
Místo: pokladna   **Sloveso:** koupit   **Věc:** lístky do kina

čistírna	přestěhovat	film
lékárna	vyvolat	nové kalhoty
úklidová služba	dát si opravit	lístky na koncert
oděvní služba	koupit	boty
cestovní kancelář	vyčistit	kapky proti kašli
kadeřnictví/holičství	nechat si ušít	pohřeb
předprodej vstupenek	zařídit	vlasy
opravna obuvi	cvičit	nábytek
pohřební služba	ostříhat	špinavá bunda
fotoslužba	zaplatit	okna
fitness centrum	umýt	cesta kolem světa
stěhovací služba	koupit	nářadí

Místo	Sloveso	Věc

13. Doplňte věty. Využijte slovní zásobu ze cvičení 12.

Vzor: Šla jsem do kadeřnictví, abych si nechala umýt a ostříhat vlasy.

1. Šel/šla jsem do čistírny, abych _____.
2. Šel/šla jsem do banky, abych _____.
3. Šel/šla jsem do opravny obuvi, abych _____.
4. Šel/šla jsem do cestovní kanceláře, abych _____.
5. Šel/šla jsem do hotelu, abych _____.
6. Šel/šla jsem do květinářství, abych _____.

7. Šel/šla jsem do fotoslužby, abych _____ .
8. Šel/šla jsem do lékárny, abych _____ .
9. Šel/šla jsem do předprodeje vstupenek, abych _____ .
10. Šel/šla jsem do fitness centra, abych _____ .

14. Najděte správné odpovědi.

1. Můžu vám nalakovat vlasy?
2. Do jaké řady chcete lístek?
3. Kolik fotek budete chtít přidělat?
4. Chcete zkrátit u saka i rukávy?
5. Chcete i zpáteční jízdenku?
6. Můžete mi ten podpatek opravit na počkání?
7. Kdy to bude hotové?
8. Budete chtít vyčistit i koberce?
9. Jakou chcete pleťovou masku?
10. Půjdete také do sauny?

Ne, jdu jenom do bazénu.
Ne, jenom umýt okna.
Ano, asi tak o jeden centimetr.
Do sedmé.
Celkem deset.
Ne, jenom do Jihlavy.
Samozřejmě.
Ve čtvrtek dopoledne.
Ne, stačí jen tužidlo.
Vyhovuje mi okurková.

15. Zahrajte rozhovory.

Chcete si nechat:
— ostříhat vlasy
— vyčistit zimní bundu, která má mastné fleky
— opravit ulomený podpatek
— udělat masáž zad
— uklidit byt

Poslech

16. Poslechněte si krátké rozhovory a rozhodněte, které výpovědi jsou správné.

První rozhovor

1. Řidič hledá Potoční ulici.
2. Řidič jel správným směrem.
3. Řidič se musí vrátit zpátky.
4. Řidič musí jet na první světelné křižovatce vlevo.
5. Řidič musí odbočit na druhé křižovatce vpravo.
6. Chodec ukázal řidiči na mapě, kudy má jet.

Druhý rozhovor

1. Turista chce jet k muzeu.
2. K muzeu jede autobus číslo sto devatenáct.
3. Nejbližší autobusová zastávka je na rohu.

Třetí rozhovor

1. Turista hledá autobusové nádraží.
2. Chodec ukazuje turistovi cestu.
3. Chodec nebydlí v Praze.
4. Chodec se v Praze taky nevyzná.
5. Turista se musí zeptat někoho jiného.

17. Poslechněte si krátké rozhovory a doplňte informace.

Turista: Dobrý den. Můžete mi říct, jak se dostanu k nemocnici?
Chodec: Pořad_____, na konci ulice_____.
Turista: Je to daleko?
Chodec: _____.
Turista: Tak to raději pojedu autobusem. Jaký autobus tam jede?
Chodec: _____.

Řidič: Dobrý den, pane. Promiňte, že vás obtěžuju. Mohl byste mi říct, jak se jmenuje tahle ulice?
Chodec: _____.
Řidič: Hledám ulici Fráni Šrámka. Nevíte náhodou, jak se tam dostanu?
Chodec: Půjdete _____ a pak se dáte _____.
Řidič: Děkuju, moc jste mi pomohl. Na shledanou.
Chodec: Nemáte zač. Na shledanou.

Řidič: Myslím, že jedeme špatně. Už jsme daleko od centra.

Spolujezdec: Tak někde zastav. Zeptám se někoho _____ .

Řidič: Zastavím _____ . Je tam hodně lidí.

Spolujezdec: Tam je ale _____ .

18. V autobusu

Poslechněte si rozhovor a označte správné výpovědi.

1. Cestující neměl jízdenku.   ano / ne
2. Cestující jel načerno.   ano / ne
3. Cestující si koupil jízdenku u řidiče.   ano / ne
4. Cestující si zapomněl koupit jízdenku.   ano / ne
5. Revizor zjistil, že jízdenka je neplatná.   ano / ne
6. Cestující neměl občanský průkaz.   ano / ne
7. Revizor chtěl vidět jiný platný doklad.   ano / ne
8. Cestující měl jenom řidičský průkaz.   ano / ne
9. Cestující musel vystoupit s revizorem na další stanici.   ano / ne
10. Cestující musel zaplatit pokutu.   ano / ne

19. Na vlakovém nádraží

Poslechněte si rozhovor a odpovězte na otázky.

1. Kam chce jet cestující?
2. Kdy chce jet?
3. V kolik hodin odjíždí vlak?
4. Ze kterého nástupiště odjíždí vlak?
5. V kolik hodin dorazí vlak do cílové stanice?
6. Musí si cestující koupit místenku?

20. Poslechněte si hlášení na vlakovém nádraží a doplňte údaje v tabulce.

	Hlášení I	Hlášení II	Hlášení III
Číslo vlaku			
Příjezd			
Odjezd			
Nástupiště			
Směr příjezdu			
Směr odjezdu			

Slovní zásoba

autobusová zastávka	a bus stop	Bushaltestelle
automat (na jízdenky)	a ticket machine	(Fahrkarten-)Automat
bloudit	to get lost	herumlaufen, sich verlaufen, sich verirren
cesta (kolem světa)	a journey (around the world)	Reise
cestovní kancelář	a travel agents	Reisebüro
čistírna	a laundrette *a laundromat*	Reinigung
flek (na bundě)	a stain (on a jacket)	Fleck
fotoslužba	a photo-developing shop *a camera shop*	Fotodienst
hlášení (na nádraží)	an announcement (at the station)	Durchsage, Ansage
holičství	a barber's	Herrenfriseur
chodec	a pedestrian	Fußgänger
jachta	a yacht	Jacht
jízdenka	a ticket	Fahrkarte
kadeřnictví	a hairdresser's	Damenfriseur
koupaliště	a swimming pool	Schwimmbad, Freibad
křižovatka	crossroads *intersection*	Kreuzung
lanovka	a funicular	Seilbahn
lékárna	a pharmacy *a pharmacy/a drug store*	Apotheke
masáž zad	a back massage	Rückenmassage
nalakovat (vlasy)	to put hairspray in your hair	mit Haarspray einsprühen
nástupiště (vlak)	a train platform	Bahnsteig
obtěžovat	to trouble	belästigen, nerven
objíždět	to go round *to go around*	herumfahren
odbočit	to turn	abbiegen
oděvní služba	a clothes service	Kleiderservice
odjezd	departure	Abfahrt
opravna obuvi	a cobbler's *a shoe repair shop*	Schuhreparatur
orientační smysl	a sense of direction	Orientierungssinn
ostrov	an island	Insel
ostříhat (vlasy)	to cut (hair)	schneiden
pleťová maska	a facemask	Gesichtsmaske
podpatek	a heel	(Schuh-)Absatz
pohřební služba	funeral service	Bestattungsinstitut
projít (parkem)	to go through	durchqueren, (hin)durchlaufen
předprodej vstupenek	a box office/advance booking	Kartenvorverkauf
přestěhovat	to move house	umziehen
příjezd	an arrival	Ankunft (Zug, Bus etc.)
přístav	a harbour *a harbor*	Hafen
raketa (dopravní prostředek)	a rocket	Rakete
revizor	a ticket inspector	Fahrkartenkontrolleur
roh	a corner	Ecke

rovně	straight	gerade, geradeaus, geradewegs
rozhledna	an observatory/lookout	Aussichtsturm
rozměnit	to change	wechseln (in Kleingeld umtauschen)
rychlost	the speed	Geschwindigkeit
sauna	a sauna	Sauna
směr	the direction	Richtung
statek	an estate	Gut, Hof
stěhovací služba	a removal service	Umzugsservice
světelná křižovatka	crossroads with traffic lights *intersection with traffic lights*	Ampelkreuzung
turista	a tourist	Tourist, Urlauber
ukázat	to show	zeigen, hinweisen, vorweisen
úklidová služba	cleaning service	Reinigungsservice
vlevo	left	links
vpravo	right	rechts
vrátit se	to return	zurückkommen, zurückkehren
vyčistit	to clean	putzen, reinigen, säubern
vyznat se	to know your way around	sich auskennen, Bescheid wissen
vzdálit se	to leave	sich entfernen
zahnout	to turn	einbiegen, abbiegen
zoologická zahrada	the zoo	Zoologischer Garten, Zoo

Autem, nebo letadlem?

1. Diskutujte o tom, jaké výhody a nevýhody má cestování autem nebo letadlem.

— Umíte si představit život bez auta?
— Měl(a) jste někdy dopravní nehodu?
— Jaké jsou podle vašeho názoru hlavní příčiny dopravních nehod?
— Platil(a) jste už pokutu a proč?
— Je cestování letadlem rychlé a bezpečné?

2. Přečtěte rozhovor.

Petra: Milane, jedeš dneska do práce autem nebo na kole?
Milan: Dneska jedu výjimečně autem, protože mám důležité obchodní jednání.
Petra: Můžu jet s tebou? Potřebuju být v sedm na nádraží a autobusem to už nestihnu.

Milan:	Samozřejmě, za pět minut odjíždíme. Musíme ještě někde vzít benzín.
Petra:	To jsem netušila, že tak brzy ráno bude jezdit tolik aut. Ten řidič před námi jede jako blázen, snad stovkou. Hned bych mu dala pokutu. Nechápu, jak mohl udělat řidičák. A ten v té modré škodovce vůbec nedal přednost v jízdě. Pozor, brzdi! Auto před námi zastavuje.
Milan:	No to nám ještě scházelo. Dostali jsme se do pořádné dopravní zácpy.
Petra:	S tím jsi mohl počítat. Je přece jasné, že když pojedeš přes centrum, tak budeš jenom popojíždět v koloně a pořád stát na křižovatce na červenou.
Milan:	No jo, ty zase víš všechno nejlépe. Chtěl jsem, abys byla na nádraží včas. Nemůžu ale předem vědět, co se stane. Asi je tam nějaká nehoda. Podívej, už tam jede sanitka a policie.
Petra:	Počkej, podívám se... Máš pravdu, auto srazilo na přechodu nějakého staršího pána. Snad to nebude nic vážného.
Milan:	Myslím si, že tady budeme stát hodně dlouho. Zapni rádio, abychom věděli, co se vlastně děje.
Petra:	Jsem trochu nervózní, že přijdu pozdě. Bude lepší, když teď vystoupím a dojdu ten kousek na nádraží pěšky.
Milan:	Dělej, jak myslíš. Budeš muset ale vystoupit až za křižovatkou. Tady je všude zákaz zastavení. Nechci platit zbytečně pokutu.
Petra:	Ach jo, to bude trvat dlouho. Nemůžeš se aspoň zařadit do pravého jízdního pruhu? Mohla bych pak rychleji vyběhnout na chodník.
Milan:	Teď to fakt nejde. Ta kolona se ani nehne. Musíš ještě chvíli počkat.

3. Určete, která tvrzení se shodují s textem.

1. Milan jezdí obvykle do práce autobusem, ale dneska jel autem.
2. Milan jel přes centrum, protože chtěl být včas v práci.
3. Milan musel natankovat benzín.
4. Petra vstávala pozdě, proto nestihla autobus.
5. Petra jela s Milanem na nádraží autem.
6. Petra kritizovala během jízdy chování ostatních řidičů.
7. Milan a Petra se dostali do dopravní zácpy.
8. Dopravní zácpu způsobila dopravní nehoda.
9. Při dopravní nehodě byl vážně zraněn jeden chodec.
10. Milan nechtěl zastavit na zákazu zastavení.

4. Odpovězte na otázky k textu.

1. Proč jel Milan do práce autem?
2. Proč Petra nejela na nádraží autobusem?
3. Co Petra kritizovala během jízdy autem?
4. Proč jel Milan přes centrum?
5. Proč Petra nebyla spokojená s jízdou přes centrum?
6. K jaké dopravní nehodě došlo?

7. Proč chtěl Milan poslouchat rádio?
8. Proč chtěla jít Petra na nádraží pěšky?
9. Proč chtěl Milan zastavit až za křižovatkou?
10. Proč se Milan nemohl zařadit do pravého jízdního pruhu?

5. Dokončete věty podle úvodního rozhovoru.

1. Milan jede do práce autem, protože _____ .
2. V nádrži není dost benzínu, proto _____ .
3. Petra je překvapená, že _____ .
4. Milan musel rychle zabrzdit, protože _____ .
5. Milan nemohl předem vědět, že _____ .
6. Petra je nervózní, protože _____ .
7. Petra musí být na nádraží včas, a proto _____ .
8. Milan nechce platit pokutu, a proto _____ .

Zájmena

6. Nahraďte tučně vyznačená podstatná jména zájmeny.

Vzor: Řidič zavinil **dopravní nehodu.** – *Řidič ji zavinil.*

1. Dopravní nehoda způsobila **dopravní zácpu.** Dopravní nehoda _____ způsobila.
2. Auto srazilo na přechodu **staršího pána.** Auto _____ srazilo na přechodu.
3. Nechci platit zbytečně **pokutu.** Nechci _____ platit zbytečně.
4. Letuška přivítala **cestující** na palubě letadla. Letuška _____ přivítala na palubě letadla.
5. **Petrovi** se líbí mercedes. Líbí se _____ mercedes.
6. Proč nedodržuješ **dopravní předpisy?** Proč _____ nedodržuješ?
7. Řidič chtěl předjet **nákladní auto.** Řidič _____ chtěl předjet.
8. Naložili jsme už **všechna zavazadla** do auta. Naložili jsme _____ už do auta.
9. Chci si půjčit **auto** od kamaráda. Chci si _____ půjčit od kamaráda.
10. Kdy si koupíš **letenku?** Kdy si _____ koupíš?

7. Nahraďte tučně vyznačená podstatná jména zájmeny.

Vzor: Zastavili jsme za **křižovatkou.** – *Zastavili jsme za ní.*

1. Letiště je vzdáleno 14 km od **centra.** Letiště je od _____ vzdáleno 14 km.
2. Můžete zastavit u **odletové haly.** Můžete zastavit u _____.
3. Mám problémy se **startováním.** Mám s _____ problémy.
4. Dostali jsme se do **dopravní zácpy.** Dostali jsme se do _____.
5. Policie přijela k **dopravní nehodě** za deset minut. Policie k _____ přijela za deset minut.
6. Mluvili jsme s **cestujícími** na letišti. Mluvili jsme s _____ na letišti.
7. Taxi zastavilo **před hotelem.** Taxi zastavilo před _____.
8. V letadle chci sedět u **okna.** V letadle chci sedět u _____.

8. Doplňte zájmena *ten, ta, to* ve správném tvaru.

1. Už jsi mluvil s _____ řidičem?
2. Cena _____ ojetého auta je výhodná.
3. Stále mluví o _____ dopravní nehodě.
4. Sedni si do _____ náklaďáku!
5. V _____ letadle není ani jedno místo volné.
6. S _____ zpožděním si mohl počítat.
7. Zastavíme na _____ parkovišti před hotelem.
8. Až přijedete k _____ nádraží, odbočíte vlevo.
9. Vidíš _____ tramvaj před námi?
10. _____ řidič nedodržuje dopravní předpisy.

9. Doplňte zájmena *někdo, nikdo, něco, nic* ve správném tvaru.

1. Při dopravní nehodě se _____ nic nestalo.
2. Musíme to _____ oznámit.
3. Naštěstí nebyl _____ zraněn.
4. Půjčíme si od _____ auto.
5. Už jsi o tom s _____ mluvil?
6. V té husté vánici jsme _____ neviděli.
7. Stalo se ti _____?
8. Myslím, že máš v _____ pravdu.
9. Teď už vůbec _____ nerozumím.
10. Mám poruchu, proto musím _____ požádat o pomoc.

Konverzace

10. Přiřaďte k číslům podle obrázku jednotlivé části auta.

a) dveře   _____

b) kolo   _____

c) karosérie   _____

d) poznávací značka   _____

e) kapota   _____

f) nárazník   _____

g) blatník   _____

h) dálková světla   _____

i) blinkr   _____

j) výfuk   _____

k) nádrž   _____

l) kufr   _____

m) stěrače   _____

11. Vyberte správný název dopravní značky.

Dej přednost v jízdě / Zákaz zastavení / Přikázaný směr jízdy
Jiné nebezpečí / Stůj, dej přednost v jízdě! / Křižovatka
Hlavní pozemní komunikace / Zúžená vozovka z jedné strany
Zákaz vjezdu všech vozidel (v obou směrech)

1. _____

2. _____

3. _____

4. _____

5. _____

6. _____

7. _____

8. _____

9. _____

12. Řekněte, co nepatří do řady.

Vzor: Dopravní prostředek: *auto, kolo, tramvaj, semafor*
K dopravnímu prostředku nepatří semafor.

a) **Dopravní prostředek:** autobus / koleje / letadlo / metro / lanovka
b) **Značka auta:** škoda / audi / mazda / auto / peugeot
c) **Dopravní značka:** jiné nebezpečí / zákaz zastavení / přikázaný směr jízdy pozor, sníh!
d) **Vybavení autolékárničky:** obvaz / nůžky / šroubovák / náplast
e) **Dopravní komunikace:** silnice / most / vlak / tunel

13. Využijte slovní zásobu ze cvičení 12 a doplňte věty podle smyslu.

1. Když jsem projížděl _____ , musel jsem rozsvítit světla.
2. Touto ulicí se nemůžete vrátit zpátky, protože je zde _____ .
3. Řidič vozu _____ byl při dopravní nehodě těžce zraněn.
4. Letuška přivítala cestující na palubě _____ Boeing 737.
5. Na hlavní _____ se vytvořila kilometrová kolona aut.
6. Na _____ se stala dopravní nehoda.
7. _____ přes řeku se opravuje.
8. Vezmu si obvaz z _____ .
9. Jaká _____ se ti nejvíc líbí?
10. Na letiště pojedeme _____ číslo 100.

14. Doplňte otázky. Ptejte se navzájem.

_____ ? — Řidičský průkaz mám už deset let.
_____ ? — Autem jezdím každý den do práce.
_____ ? — Musel jsem zaplatit pět set korun.
_____ ? — Ano, v zimě jsem měl vážnou dopravní nehodu.
_____ ? — Naštěstí nebyl nikdo zraněný.
_____ ? — Chtěl bych si koupit nové BMW.
_____ ? — Líbí se mi mercedes.
_____ ? — Snažím se dodržovat dopravní předpisy.
_____ ? — Chci si půjčit auto na dva dny.
_____ ? — Nesvítí levé přední světlo.

15. Řekněte, co vidíte na letišti.

16. Vysvětlete význam těchto slov a slovních spojení. Najděte dvě podstatná jména, která nepatří tematicky do skupiny, a doplňte věty.

letadlo / letiště / letní / letenka / letuška / letecká společnost
odlet / letecké spojení / letový řád / letec / letovisko / přílet

1. Kolik korun stála _____ do Londýna?
2. Cestující _____ ČSA do Bratislavy se dostaví k přepážce číslo 25.
3. _____ Ruzyně je vzdáleno asi 14 km od centra.
4. Jak často létáš _____?
5. Moje přítelkyně pracuje jako _____ .
6. Do Paříže nebo do Bruselu máme dobré _____ .
7. Letadlo do Vídně je připraveno k _____ .
8. Čekáme na _____ letadla z Varšavy.

17. Cesta na letiště

Doplňte do textu uvedená slova.

motoristy / vozidla / centra města / autobusem
případě / přepravě / terminálem / parkovišti / půlhodinu
haly / cestu / dopravu / pruhu

Letiště Ruzyně je vzdáleno asi 14 km od _____ . Cesta na terminál Sever je pro _____ značena dobře už z centra města. Svůj vůz můžete zaparkovat přímo před _____ na placených parkovištích s dostatečnou kapacitou parkovacích míst. V _____ , že se rozhodnete své vozidlo zanechat na _____ delší dobu, jsou vám k dispozici parkoviště pro dlouhodobé stání. Pokud chcete zastavit u odletové _____ jen na velmi krátkou dobu, potřebnou například pro naložení nebo vyložení zavazadel, můžete využít speciálně označeného odstavného _____ , kde je stání zdarma. Doba stání je však pečlivě sledována ochrannou službou České správy letišť a při delším stání riskujete odtažení _____ .

K dopravě můžete využít služeb taxi, mikrobusy nebo městskou hromadnou _____ .

Vozům taxislužby trvá cesta z centra Prahy asi 20 minut. Za celou _____ byste neměli zaplatit více než 500 korun. Mikrobusy jezdí z náměstí Republiky každou _____ . Na letiště se můžete také dopravit _____ číslo 100, který je přizpůsoben k _____ většího množství zavazadel.

18. Přečtěte text ještě jednou a odpovězte na otázky.

1. Jak daleko je vzdáleno letiště Ruzyně od centra Prahy?
2. Jaká parkoviště mohou využít cestující, kteří přijedou na letiště autem?
3. Na co si musí řidiči dávat pozor, pokud parkují v odstavném pruhu?
4. Kolik stojí přibližně cesta taxíkem na letiště?
5. Jak často jezdí mikrobusy na letiště?
6. Jaký autobus je vhodný pro cestující s větším množstvím zavazadel?

19. Zahrajte rozhovory. Pracujte ve dvojicích.

1. **Přijedete do autoservisu a chcete si nechat:**

zkontrolovat brzdy / doplnit brzdovou kapalinu / seřídit navigační systém
vyměnit stěrače / namontovat autorádio / vyměnit pneumatiky

2. **Reklamujte na letišti poškozený kufr.**

3. **Informujte cestujícího o době příletu letadel. Pracujte ve dvojicích podle vzoru.**

Vzor:
Cestující: Můžete mi říct, jestli už přiletělo letadlo z Paříže?
Informace: Víte, jaké je to číslo letu?
Cestující: Myslím, že AF4900.
Informace: Tak ten let je zpožděn.

Čas	Číslo letu	Destinace	Společnost	Poznámka	Přílet
11:00	QS0815	TEL AVIV	TRAVEL SERVICE	PŘEDPOKLAD	14:00
11:20	AC9667	VÍDEŇ	AIR CANADA	PŘISTÁLO	11:10
13:00	AA7783	BRUSEL	AMERICAN AIRLINES	PŘISTÁLO	12:55
10:40	OK0961	BRATISLAVA	ČESKÉ AEROLINIE	ZPOŽDĚNO	
14:20	AF4900	PAŘÍŽ	AIR FRANCE	ZPOŽDĚNO	
14:45	DL8711	BUDAPEŠŤ	DELTA AIRLINES	PŘEDPOKLAD	16:05

Poslech

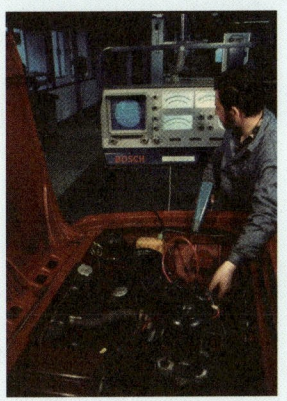

20. V autoservisu

Poslechněte si rozhovor a doplňte údaje.

Závada: _____

Příčina: _____

Odstranění závady: _____

21. Dopravní nehody

Poslechněte si zprávy a doplňte správné předložky.

1. Dvě osobní auta havarovala _____ dálnici D-1 _____ 97. a 98. kilometrem _____ směru na Prahu. Neprůjezdný je tam levý jízdní pruh. _____ dopravní nehodou se už vytvořila zhruba kilometrová kolona.

2. _____ nechráněném přejezdu železniční trati Jihlava – Luka nad Jihlavou _____ obce Předboř se dnes _____ deváté hodině srazilo osobní auto _____ rychlíkem. Vlak vlekl vůz BMW asi 300 metrů _____ kolejích. Zahynul v něm osmatřicetiletý muž _____ Jihlavy. Ten vlak nejspíš přehlédl, když vjel _____ přejezd s fungující světelnou signalizací. Cestující _____ vlaku zraněni nebyli. Doprava _____ trati byla přerušena.

22. Poslechněte si zprávy o dopravních nehodách ještě jednou a vyberte správnou variantu.

1. a) Dvě osobní auta havarovala na dálnici D-7.
   b) Dvě osobní auta havarovala na dálnici D-1.
   c) Dvě osobní auta havarovala na dálnici D-8.

2. a) Byl průjezdný jenom levý jízdní pruh.
   b) Levý jízdní pruh byl částečně průjezdný.
   c) Levý jízdní pruh byl neprůjezdný.

3. a) Osobní auto se srazilo s rychlíkem po desáté hodině.
   b) Osobní auto se srazilo s rychlíkem po deváté hodině.
   c) Osobní auto se srazilo s rychlíkem po páté hodině.

4. a) Řidič vjel na chráněný přejezd.
   b) Řidič vjel na přejezd s nefungující světelnou signalizací.
   c) Řidič vjel na přejezd s fungující světelnou signalizací.

5. a) Řidič byl těžce zraněn.
   b) Řidič byl lehce zraněn.
   c) Řidič na místě nehody zemřel.

23. Silniční kontrola

Poslechněte si tři krátké rozhovory a doplňte tabulku.

	1. řidič	2. řidič	3. řidič
důvod kontroly			
doklady			
dopravní přestupek			
pokuta			

24. Na letišti

Poslechněte si hlášení na letišti a doplňte chybějící údaje.

1. letecká společnost: _____
   linka: _____
   čas odletu: _____
   destinace: _____

2. letecká společnost: _____
   destinace: _____
   přepážka číslo: _____

3. letecká společnost: _____
   destinace: _____
   východ: _____

25. V letadle

Poslechněte si rozhovor a rozhodněte, které výpovědi jsou správné.

1. Radka a Tomáš letí dvo Antalye.
2. Letí s českou leteckou společností ČSA.
3. Cestující jsou na palubě letadla Boeing 637.
4. Radka nechce sedět u okna, protože večer stejně nic neuvidí.
5. Radka se těší na koupání v moři.
6. Cesta letadlem trvá dvě hodiny a třicet minut.
7. V letadle se nesmí kouřit během celého letu.
8. V letadle se může používat mobilní telefon jen před přistáním.
9. Letadlo se dostalo do zvýšené turbulence.
10. Teplota na letišti je 28 stupňů.

Slovní zásoba

baterie (auta)	a battery	(Auto-)Batterie
blatník	a mudguard *a fender*	Kotflügel
brzda (u auta)	a brake	Bremse
brzdová kapalina	brake fluid	Bremsflüssigkeit
blinkr	an indicator *a blinker*	Blinker
dálková světla	main-beam headlights *high-beams*	Fernlicht
dodržovat (předpisy)	to observe	einhalten, beachten, wahren
dopravní nehoda	a road accident	Verkehrsunfall
dopravní předpisy	traffic regulations	Verkehrsordnung
dopravní zácpa	a traffic jam	Verkehrsstau
chodec	a pedestrian	Fußgänger
kapota	a bonnet *a hood*	Motorhaube
karosérie	body	Karosserie
křižovatka	crossroads *an intersection*	Kreuzung
kolo (auta)	a wheel	Rad
koleje (u vlaku)	railway tracks	Gleise
kufr	a boot *a trunk*	Koffer
letadlo	an aeroplane *an airplane*	Flugzeug
letenka	a plane ticket	Flugticket
letiště	an airport	Flughafen
letuška	a flight attendant	Stewardess
nádrž (auta)	a tank	Tank
nárazník	a bumper	Stoßstange
následek	a consequence	Folge
navigační systém	a navigation system	Navigationssystem
nejvyšší povolená rychlost	the maximum speed limit	erlaubte Höchstgeschwindigkeit
odlet	a departure	Abflug
odtažení	towed	Abschleppen
paluba (letadla)	board *deck*	Bord
pokuta	a fine	Strafzettel, Bußgeld
posádka (letadla)	the crew	Besatzung
poznávací značka	a licence plate	Autokennzeichen, Nummernschild
prasknout	to burst *to pop/to blow*	platzen
předpokládaný	assumed	vorausgesetzt, angenommen
přechod pro chodce	a zebra crossing *a crosswalk*	Fußgängerüberweg
přeprava	transport	Transport, Beförderung
přejezd	a crossing	Bahnübergang
přikázaný směr jízdy	the obligatory direction of traffic	vorgeschriebene Fahrtrichtung
přílet	an arrival	Ankunft (Flug)
připoutat se	to fasten your seatbelt	sich anschnallen

řidičský průkaz	a driving licence	Führerschein
sanitka	an ambulance	Krankenwagen
silnice	a road	Landstraße
srazit se	to crash	zusammenstoßen
start	the start	Start
stěrače	windscreen wipers *windshield wipers*	Scheibenwischer (Pl.)
světlo	lights	Licht
tunel	a tunnel	Tunnel
upozornit	to brings something to someone's attention	hinweisen, aufmerksam machen
výfuk	the exhaust	Auspuff
zahynout	to die	umkommen, ums Leben kommen
zákaz zastavení	no parking	Halteverbot
zranit se	to be injured	sich verletzen
zřítit se	to crash	umstürzen, abstürzen
žárovka	a light bulb	Glühbirne
železniční trať	a railway line	Bahnlinie

Jedeme na dovolenou

1. Vypravujte, jak a kde trávíte obvykle svoji dovolenou.

— Kam jezdíte na dovolenou?
— Jaké jsou typické aktivity o dovolené?
— Jaká byla Vaše nejhezčí dovolená?
— Jezdíte s cestovní kanceláří, nebo sami?
— Plánujete dovolenou předem, nebo se rozhodujete na poslední chvíli?

2. Čtěte text.

Otec: Kam letos pojedeme na dovolenou?

Matka: To kdybych věděla! Pořád o tom mluvíme, ale nikdy se nedokážeme na ničem dohodnout. Za měsíc budu mít dovolenou a dětem začínají prázdniny, proto se musíme už konečně rozhodnout. Má někdo nějaký zajímavý nápad?

Petr: Můžeme jet na hory, do Krkonoš nebo na Šumavu.

Jana: V létě, a na hory? Kde budeme bydlet? A co tam budeme dělat? Na horách je většinou zima a prší.

Petr: Ubytování zajistíme bez problému v nějaké horské chatě. Stačí zavolat nebo napsat e-mail. Jak dobře víš, počasí se mění na horách každou minutu. Jednou je hezky, podruhé zataženo, s tím se zkrátka musíš smířit. Když bude pršet, budeme si číst nebo poslouchat hudbu. Myslím si ale, že většinu času budeme venku. Na horách je krásná příroda. Budeš celý den na čerstvém vzduchu, budeš chodit na výlety a na pěší túry. Když budeš chtít, můžeš si půjčit horské kolo nebo se můžeš učit jezdit na koni.

Jana: To bude teda zábava chodit celé prázdniny po horách, to můžeš dělat i na podzim. Pojeďme raději k moři do Itálie nebo do Řecka. Mám ráda teplo a slunce. Už to vidím! Budu se celý den vyvalovat na pláži a chytat bronz, plavat v teplém moři a večer určitě nebudu sedět jako pecka v hotelu, ale vyrazím do centra. To bude nádhera!

Petr: Blázníš? Větší nudu si nedokážu představit. U moře svítí slunce celý den a je tam hrozné vedro. Na pláži bude hlava na hlavě. Nebudeš mít vůbec žádné soukromí. A bydlet v hotelu mě vůbec neláká.

Jana: Nepřeháněj! Když budeš chtít, stín vždycky najdeš nebo si půjčíš slunečník. O prázdninách nepotřebuju mít soukromí, chci se s někým seznámit. Dovolená u moře bude lepší i pro rodiče, protože si potřebujou taky odpočinout. Dopoledne budou chodit na pláž, koupat se a opalovat. Odpoledne pojedou na výlet parníkem a večer si dají místní speciality v nějaké restauraci. No řekni, mami, mám pravdu nebo ne?

Matka: Ale děti, musíte se pořád hádat. Když půjdete o prázdninách na brigádu a vyděláte si nějaké peníze, můžeme jet jak k moři, tak na hory.

Otec: S tím absolutně nesouhlasím. Dovolená bude stát hodně peněz, a to si nemůžeme dovolit. Letos pojedeme na chalupu, budeme chodit každý den na houby a na borůvky. Dovedete si představit tu vůni smažených hub a borůvkového koláče?

3. Co znamená, když se řekne:

1. **Bude chytat bronz.**
   a) Bude chytat ryby.
   b) Bude se opalovat.
   c) Bude sbírat mušle.

2. **Bude sedět jako pecka.**
   a) Nebude nikam chodit.
   b) Bude sedět celý den u stolu.
   c) Nebude se s nikým bavit.

3. **Na pláži bude hlava na hlavě.**
   a) Na pláži bude hodně slunečníků.
   b) Na pláži bude hodně cizinců.
   c) Na pláži bude hodně lidí.

4. Rozhodněte, která tvrzení jsou pravdivá a která se neshodují s textem.

1. Petr chce jet do Krkonoš nebo na Šumavu. *ano/ne*
2. Jana chce jet do Itálie nebo Španělska. *ano/ne*
3. Matka chce zůstat doma. *ano/ne*
4. Otec chce jet na chalupu. *ano/ne*
5. Jana půjde o prázdninách na brigádu. *ano/ne*
6. Petr chce chodit na pěší túry a výlety. *ano/ne*
7. Matka nebude mít letos dovolenou. *ano/ne*
8. Petr nesnáší horko. *ano/ne*
9. Jana se chce koupat v moři. *ano/ne*
10. Otec chce ochutnat místní speciality. *ano/ne*

5. Odpovězte na otázky k textu.

1. Kam chce jet Petr na dovolenou?
2. Jaké možnosti odpočinku nabízí dovolená na horách?
3. Proč chce jet Jana k moři?
4. Proč Petr s jejím návrhem nesouhlasí?
5. Proč bude dovolená u moře lepší i pro rodiče?
6. Co lidé mohou o dovolené u moře dělat?
7. Jaký názor má maminka?
8. Co navrhuje otec?

Procvičování gramatiky

6. Doplňte podstatné jméno *dovolená* ve správném tvaru.

1. Těšíš se už na _____ ?
2. Tento rok nebudu mít žádnou _____ .
3. Vyprávěli nám o své _____ .
4. Budeme počítat s vaší _____ .
5. Pojedou na _____ do Řecka.
6. Mám ještě dva týdny _____ .
7. Byla to naše nejhezčí _____ .
8. _____ strávím s rodinou na chalupě.
9. Co budeš dělat na _____ ?
10. Věci do kufru si balím už měsíc před _____ ?

7. Převeďte věty do budoucího času.

1. Během dovolené se pohybují na zdravém vzduchu.
2. Mám dostatek času koupit některé věci na cestu.
3. Největší zájem je o ubytování v apartmánech.
4. Dovolenou v cizině si organizujeme sami.
5. V létě se můžu koupat v moři.
6. O prázdninách grilujeme na zahradě.
7. Do ciziny vyrážejí tisíce lidí.
8. Chceme jet na týden na hory.
9. Je jim jedno, kam jedou.
10. Mnoho turistů míří na hrady a zámky.

8. Doplňte věty.

plavba / plavčík / plavec / plavky / plovárna / doplavat
přeplavat / uplavat / vyplavat / zaplavat

1. Oblékni si _____ , půjdeme se koupat!
2. Musíte _____ řeku na druhou stranu.
3. O prázdninách jsem pracoval jako _____ na plovárně.
4. Můj bratr umí dobře plavat. Je to dobrý _____ .
5. Potopil jsem se a za několik minut jsem opět _____ .
6. _____ jsme až k červené bójce a plavali jsme se zpátky.
7. _____ lodí po moři se nám líbila.
8. Celé léto jsme strávili na _____ .
9. Kde si _____ (ty) raději, v moři, nebo v jezeře?
10. Neměl jsem sílu, proto jsem _____ jen 200 metrů.

Konverzace

9. Prohlédněte si obrázky a řekněte, kde jsou lidé na dovolené a co tam dělají.

10. Moje dovolená

Odpovídejte na otázky podle uvedeného vzoru.

a) Kam pojedete na dovolenou a proč?

Vzor: *Zůstanu doma, protože nemám peníze.*
Plánuju s kamarády plavbu jachtou po moři, protože chci poznat něco nového.

- zůstat doma
- jet na chalupu
- jet k moři
- stanovat u rybníka
- jet na hory
- cestovat kolem světa
- sjíždět vodu
- jet do lázní
- jízda vlakem Orient Express
- plavba jachtou po moři
- navštívit známé a příbuzné

b) Kde budete o dovolené bydlet a proč?

Vzor: *O dovolené budu spát pod širákem, protože je to nejlevnější.*
O dovolené se budu plavit po moři, proto budu bydlet v kajutě.

hotel / penzion / chata / chalupa / stan / apartmán
karavan / pod širákem / kajuta / luxusní vila

c) Jaké informace jsou pro vás před dovolenou velmi důležité, méně důležité a které nejsou vůbec důležité?

Vzor: *Nechci chodit daleko na pláž, proto je pro mne informace o vzdálenosti pláže velmi důležitá.*
Nemám domácí zvířata, proto mě nezajímá, jestli si můžu vzít s sebou psa.

- Kolik bude stát dovolená?
- Jak tam pojedu?
- Je v pokoji klimatizace?
- Můžu tam mít psa?
- Jak často tam prší?
- Je tam velké vedro?
- Je pláž daleko?
- Jsou lehátka a slunečníky na pláži zdarma?
- Je voda v moři čistá?
- Budou tam komáři?
- Kam můžu jet na výlet?

- Mají v hotelu posilovnu?
- Jsou tam palmy?
- Je v bazénu teplá voda?
- Bude mi tam fungovat můj mobil?

d) Co si nezapomenete zabalit do kufru?

Vzor: *Nechci se spálit, proto si nesmím zapomenout zabalit opalovací krém.*

Nepotřebuju společenské šaty, protože o dovolené nechodím do společnosti.

- nejlepší společenské šaty
- kreditní kartu
- parfémy
- mapu
- opalovací krém
- kameru
- léky
- ručník
- kartáček a pastu na zuby
- oblíbenou knihu
- hrací karty
- nůžky

e) Co budete dělat o dovolené? Řekněte, co je pro vás nejzajímavější, méně zajímavé a co vás vůbec nezajímá.

Vzor: *Nejzajímavější je pro mě chodit na houby.*

Nejraději chodím na houby.

Občas chytám ryby.

Někdy chytám ryby.

Vůbec necvičím aerobic.

Nezajímá mě aerobic.

prohlížet si historické památky / potápět se / dlouho spát
hrát tenis / chytat ryby / grilovat na zahradě
opalovat se na pláži / chodit na houby / jezdit na kole
koupat se v moři nebo v bazénu / sedět u táboráku / chodit na túry
jezdit na koni / luštit křížovky / jít na diskotéku / fotografovat
chodit do fitness centra / popíjet víno / cvičit aerobic

11. Odpovězte podle skutečnosti.

1. Kde jste byl(a) minulý rok na dovolené?
2. Jel(a) jste autem, autobusem, vlakem nebo jste letěl(a) letadlem?
3. Jak dlouho jste byl(a) na dovolené?
4. S kým jste byl(a) na dovolené?
5. Co se Vám nejvíce na dovolené líbilo?
6. Co jste dělal(a) na dovolené?
7. S kým jste se seznámil(a)?
8. Chtěl(a) byste mít dva roky dovolené? Co byste podniknul(a)?

Poslech

12. Poslechněte si rozhovor a vyberte správnou variantu.

1) **Hana a Jana se scházejí...**
   — každé pondělí   — každé úterý   — každou středu

2) **Hana má dovolenou...**
   — v říjnu   — v srpnu   — v červenci

3) **Petr chce, aby s ním Hana...**
   — letěla do Egypta   — jela do Řecka   — jela stanovat na Moravu

4) **Hana nerada stanuje, protože...**
   — musí vařit   — nemá all inclusive   — musí jíst z ešusu

5) **Zájezd do Egypta mimo sezónu stojí přibližně...**
   — osm tisíc   — devět tisíc   — deset tisíc

6) **Jana chce jet na dovolenou do Egypta...**
   — sama   — s přítelkyní   — s přítelem

7) **Informace o dovolené vyhledal(a)...**
   — Jana   — Hana   — Petr

8) **Hana a Jana počkají na nějaký zájezd last minute, protože je...**
   — levnější   — letecky   — mimo sezónu

13. Jak zabalit věci na dovolenou.

Balení věcí na dovolenou a cestovní horečka jsou pro každou dovolenou typické.
Poslechněte si vypravování Hany a rozhodněte, co je/není pravda.

1. Hana jezdí každý rok na dovolenou k moři.
2. Hana si nepíše seznam, protože ví, jaké věci si vezme s sebou na dovolenou.
3. Hana si chce koupit nový kufr, protože ve starém má málo místa.
4. Hana stále přerovnává věci v kufru.
5. Hana si čtrnáct dní vybírá oblečení.
6. Hana nikdy nezapomene opalovací krémy.
7. Hana má jen kopii pasu, protože jí pas někdo ukradl.
8. Hana nemá peníze u sebe, protože platí většinou kartou.
9. Hana si nikdy není jistá, jestli má všechny věci, které bude potřebovat.
10. Hana kontroluje věci v kufru ještě den před odjezdem.

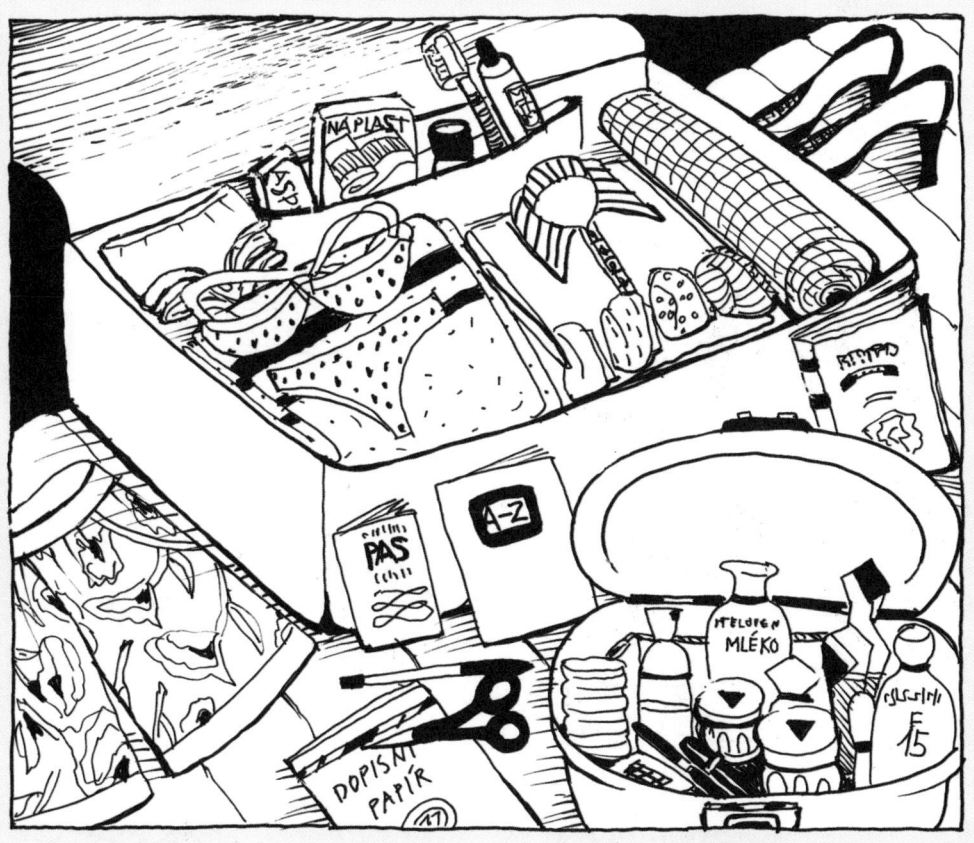

14. Reportérka Jitka Pokorná zjišťovala, kde Češi prožili svoji dovolenou. Poslechněte si tři výpovědi a doplňte text.

1) Honza byl se svojí manželkou v _____ . Jejich _____ leží na samotě. Každé ráno jezdil Honza na kole do _____ pro noviny a pro nákup. Jeho manželka připravovala dopoledne _____ . Odpoledne odpočívali na _____ . Večer si povídali se _____ u piva.

2) Eva byla s rodinou na dovolené v _____ . U moře strávili celkem _____ týdny. Každý den se opalovali a _____ v moři. Okouzlili je hlavně oblázkové _____ . Našli _____ za výhodnou cenu. Na dovolenou jeli vlastním _____ .

3) Lenka strávila dovolenou s rodinou ve _____ . Hned od začátku je ale provázela _____ . První den pobytu si manžel zvrtnul kotník u _____ a nemohl chodit. Syn Tomáš byl dlouho na _____ a spálil si celá záda. Musel potom zůstat dva dny na pokoji a byl hodně smutný, protože se nemohl koupat v moři. Lenka ochutnala nějakou místní španělskou _____ , po které měla průjem. Když se vrátili domů, nechtěli věřit svým očím, protože jim někdo vykradl _____ .

Slovní zásoba

borůvky	blueberries	Heidelbeeren
brigáda (v létě)	temporary work	Brigade/Job
cestovní kancelář	a travel agency	Reisebüro
čerstvý	fresh	frisch
doplavat	to swim to	(hin)schwimmen
dovolená	a holiday *a vacation*	Urlaub
dřevo	wood	Holz
ešus	a mess tin *a mess kit*	Blechgeschirr, Campinggeschirr
faraón	a pharaoh	Pharao
houby	mushrooms	Pilze
chalupa	a cottage	Hütte
košík (na houby)	a basket	Korb
kotník	an ankle	Knöchel
křížovka	a crossword	Kreuzworträtsel
lázně	a spa	Kurort, Bad
lehátko (na pláži)	a lilo *a cot*	Liege
liduprázdný	deserted	menschenleer
luštit (křížovky)	to solve	lösen
mešita	a mosque	Moschee
naházet (věci do kufru)	to throw	(hinein)werfen
nůžky	scissors	Schere
obytný vůz	a caravan *motor home / mobile home*	Wohnwagen
okouzlit	to enchant	verzaubern, bezaubern
plavba	a sail	Schifffahrt, Wasserpartie
plavčík	a lifeguard	Bademeister
plavec	a swimmer	Schwimmer
plavky	a swimsuit / swimming trunks *bathing suit / swimming suit /* *swimming trunks (male)*	Badeanzug, Badehose
pláž	a beach	Strand
plovárna	a swimming pool	Schwimmbad
pod širákem	in the open-air	bei Mutter Grün (schlafen)
pohodlí	comfort	Komfort, Bequemlichkeit
posilovna	a gym	Fitnesszentrum, Fitnessraum
potápět se	to dive	versinken, untergehen, tauchen
poušť	a desert	Wüste
prázdniny	holidays	Ferien
proklábosit	to chat	quatschen, plaudern
průjem	diarrhoea	Durchfall
představovat si	to imagine	sich vorstellen
přeplavat	to swim across	durchschwimmen
přikoupit	to buy	(da)zukaufen, nachkaufen
pulzovat	to pulsate	pulsieren
pyramida	a pyramid	Pyramide
romantický	romantic	romantisch

rozhodnout se	to decide	sich entscheiden
sekat (dřevo)	to cut	hacken, mähen, hauen
soukromí	privacy	Privatleben
spacák	a sleeping bag	Schlafsack
spálit se (si) (při opalování)	to get burnt/to burn oneself	sich verbrennen
specialita	a speciality	Spezialität
stín	shade	Schatten
stravování	catering	Verpflegung
táborák	a campfire	Lagerfeuer
ubytování	accommodation	Unterkunft, Quartier
uplavat	to swim	fortschwimmen, davonschwimmen
vedro	hot	Hitze
vykrást	to burgle	ausrauben, einbrechen
vyplavat	to swim up	rausschwimmen
vyrazit	to set off	aufbrechen, starten
vytoužený	longed-for	lang ersehnt
vyvalovat se	to loll around *to laze around*	auf der faulen Haut liegen
výhodný	advantageous	günstig, lukrativ, vorteilhaft
záda	a back	Rücken
zaplavat	to swim	schwimmen
zvrtnout si	to twist	sich (den Fuß) verstauchen, verrenken

Rčení a ustálená slovní spojení

– mráz běhá po zádech	to have shivers running down your spine	Es läuft mir eiskalt über den Rücken.
– vidět něco na vlastní oči	to see something with your own eyes	etwas mit eigenen Augen sehen
– věřit svým očím	to believe your eyes	seinen Augen trauen
– lámat si s tím hlavu	to worry about	sich über etwas den Kopf zerbrechen, sich einen Kopf machen

7. LEKCE

Od jara do zimy

1. Jaké roční období máte rád/ráda a proč? Diskutujte o následujících tématech.

— Máte raději teplé, nebo chladné počasí a proč?
— Jak ovlivňuje počasí vaši náladu?
— Jaké je podnebí země, ve které žijete?
— Spoléháte se na předpověď počasí?
— Zažili jste nějakou přírodní katastrofu?

2. Čtěte text.

Jaro je nevyzpytatelné – ne nadarmo se říká, že přináší aprílové počasí. Jeden den prší, druhý sněží a třetí den se můžeme opalovat. I já často měním nálady, a asi právě proto se mi jaro líbí. Sníh taje, ptáci si prozpěvují a všude kvetou stromy a kytky. Pravidelně si kupuju první sněženky nebo krokusy. Přináším si tak jaro s sebou domů. Jarní příroda ve mně vyvolává pocit něčeho nového. Možná i právě proto se na jaře vždycky zamiluju. Ráda chodím na dlouhé procházky a skládám zamilované básničky. *(Kamila)*

Miluju podzim. Ten drobný chladný deštík, který mží do vlasů a zalézá pod kabát. Rád se brouzdám jen tak po ulici a pozoruju lidi. Nebo jezdím na kole, které se většinou boří do rozbahněné půdy. Líbí se mi, že všude padá barevné listí a nad hlavami přeletují havrani. Obdivuju slunce, které se z posledních sil snaží prodrat těžkými mraky. Nevadí mi ani ranní vstávání

do tmy, ani časté mlhy, které nedovolují dohlédnout na druhý konec ulice. I když to může být pro někoho nepochopitelné, mám prostě rád pošmourno, déšť a plískanice. *(Vláďa)*

Celý rok se těším na léto. Když svítí slunce, mám hned lepší náladu. Jsem taky aktivnější. Jezdím na kole do přírody. Chodím se koupat a opalovat. Pokud je velké vedro, zalezu si někam do stínu nebo se osvěžím zmrzlinou. Nemám ráda sluncem rozpálené ulice. Pravdou je, že krásné sluníčko můžou vystřídat i studenější dny. Těch je ale méně a rozhodně mi nedokážou zkazit radost z letních dnů. Musím říct, že určité kouzlo má pro mne i babí léto. V noci a ráno je sice na můj vkus trochu chladněji, ale přes den je stále příjemně teplo a slunečno. *(Lada)*

3. Co znamená, když se řekne:

1. **Venku mží.**
   a) Venku padá listí.
   b) Venku slabě prší.
   c) Venku trochu sněží.

2. **Mám rád plískanice.**
   a) Mám rád bouřku.
   b) Mám rád mráz.
   c) Mám rád déšť se sněhem.

3. **Ulice jsou rozpálené sluncem.**
   a) Na ulicích je horko.
   b) Na ulicích je slunečno.
   c) Na ulicích je jasno.

4. **Babí léto je spojeno s…**
   a) deštivým počasím
   b) pěkným počasím
   c) nestálým počasím

4. Rozhodněte, která tvrzení se shodují s textem.

1. Kamila nemá ráda zimu.
2. Kamila si myslí, že je jaro nevyzpytatelné.
3. Kamila je náladová.
4. Vláďa má rád déšť.
5. Vláďa má špatnou náladu, když je pošmourno.
6. Vláďa rád pozoruje lidi na ulici.
7. Vláďa nevstává, když je ráno mlha.
8. Lada má ráda teplo a slunečno.
9. Lada má špatnou náladu, když prší.
10. Lada má ráda babí léto.

5. Odpovězte na otázky k textu.

1. Jaké počasí má Kamila ráda a proč?
2. Jak se mění příroda na jaře?
3. Co dělá Kamila na jaře?
4. Proč Vláďa miluje podzim?
5. Jaké podzimní počasí mu nevadí?
6. Co dělá na podzim?
7. Proč se Lada těší na léto?
8. Co dělá Lada v létě?
9. Jak se brání Lada proti vedru?
10. Proč má Lada ráda i babí léto?

Spojky a předpony

6. Doplňte spojky.

aby / *ale* / *a proto* / *až* / *i když* / *když* / *protože* / *že*

1. _____ bude zítra hezky, půjdeme se koupat.
2. _____ napadne hodně sněhu, pojedeme lyžovat na hory.
3. _____ fouká silný vítr, nemůžeme sedět na terase.
4. Venku je náledí, _____ musíš jet opatrně.
5. Teple se oblékni, _____ ti nebyla zima.
6. Přes den je ještě chladno, _____ venku svítí slunce.
7. _____ je hezky a teplo, mám hned lepší náladu.
8. Mám ráda všechna roční období, _____ musí tomu odpovídat počasí.
9. Líbí se mi, _____ všude padá barevné listí.
10. Vezmu si deštník, _____ nechci zmoknout.

7. Dokončete věty.

1. Mám ráda léto, protože _____.
2. Zapomněl jsem si doma rukavice, a proto _____.
3. Když _____, zůstaneme doma.
4. Chtěli jsme jet o víkendu na hory, ale _____.
5. Venku fouká studený vítr a _____.
6. Líbí se mi jaro, protože _____.
7. Odpoledne půjdeme lyžovat, i když _____.
8. Podle předpovědi počasí má zítra mrznout, ale _____.
9. Po dlouhé zimě si všichni přáli, aby _____.
10. Obloha se zatáhla a _____.

8. Doplňte správnou předponu.

do- / *na-* / *o-* / *pro-* / *roz-* / *u-* / *za-*

1. Okno do rána úplně ____mrzlo, protože v noci bylo 20 stupňů pod nulou.
2. Syn si zapomněl čepici, a proto mu trochu ____mrzly uši.
3. ____mrzl jsem až na kost.
4. Protože se oteplilo, led na rybníku rychle ____mrzl.
5. Na horách ____mrzli dva turisté.
6. V zimě ____padlo přes půl metru sněhu.
7. První sněhové vločky ____padaly k zemi.
8. Slunce ____padlo už před hodinou.
9. ____padl jsem na zledovatělém chodníku.
10. Listí ze stromů pomalu ____padávalo.

Konverzace

9. Popište detailně počasí na obrázcích.

10. Co můžeme dělat na jaře, v létě, na podzim a v zimě? Doplňte tabulku.

Jaro	Léto	Podzim	Zima
pracovat na zahradě	_____	_____	_____
_____	opalovat se	_____	sáňkovat
_____	_____	pouštět draka	_____
hrát fotbal	_____	_____	_____
_____	_____	_____	dívat se na televizi
_____	_____	chodit na túry	_____

11. Jaké bude zítra počasí? Odpověď naleznete v tajence.

1. Nic jsme neviděli, protože byla hustá _____ .
2. V zimě visí ze střech _____ .
3. Včera bylo –20 stupňů. Byl velký _____ .
4. Na horách padá _____ .
5. Auto dostalo smyk, protože na silnici bylo _____ .
6. Všechny stromy pokryla ráno _____ .
7. Na podzim fouká studený _____ .
8. Nemám rád prudký _____ .
9. _____ zničily střechu domu.
10. Když prší, jsou na ulicích _____ .
11. Sněhové _____ se snášejí pomalu k zemi.
12. Po bouřce se na obloze objeví _____ .
13. V létě svítí _____ .
14. Spoléháte se na předpověď _____ .

12. Najděte správné pořadí rozhovoru.

1.   Heleno, šla bys se mnou do kina?

_____ Podle předpovědi počasí dneska nemělo vůbec pršet. Myslím si, že za hodinu je po dešti.

3 _____ Klasika. To není nic pro mě. Půjdu do kina sám.

5 _____ Ty toho naděláš. Přeci nejsi z cukru. Můžeš si vzít deštník.

6 _____ A co chceš celý večer dělat?

2 _____ Deštník mi nepomůže, protože fouká i vítr. Za pět minut budu mokrá jako myš.

4 _____ Předpovědi počasí moc nevěřím. Zůstanu raději doma. Nezlob se, Honzo, ale dneska se mi fakt nikam nechce.

7 _____ Budu si číst nebo se dívat na televizi.

2 _____ V tomhle počasí? Blázníš? Podívej se z okna. Leje jako z konve.

13. Doplňte správnou koncovku podstatných jmen. Ptejte se navzájem. V odpovědích použijte jednotlivé měsíce v roce.

leden   v _____ od _____   červenec   v _____ od _____

únor   v _____ od _____   srpen   v _____ od _____

březen   v _____ od _____   září   v _____ od _____

duben   v _____ od _____   říjen   v _____ od _____

květen   v _____ od _____   listopad   v _____ od _____

červen   v _____ od _____   prosinec   v _____ od _____

— *V jakém měsíci slavíte narozeniny?*

— *Kdy máte svátek?*

— *Kdy jsou Velikonoce?*

— *V jakém měsíci jezdíte na dovolenou?*

— *Kdy hodně sněží?*

— *Kdy je velké sucho?*

— *V jakém měsíci kvetou stromy?*

— *Kdy jezdíte na hory?*

— *Kdy zraje ovoce?*

— *Odkdy se učíte česky?*

— *Odkdy máte dovolenou?*

— *Odkdy jste v ČR?*

Poslech

14. Předpověď počasí

Poslechněte si předpověď počasí a doplňte text.

Dnes bude zpočátku _____, ojediněle _____ nebo nízká oblačnost.
Odpoledne a večer očekáváme od západu přibývání frontální _____. Nejvyšší
denní teploty 4 až 8 °C. Vát bude jižní až _____ 2 až 5 m/s.

Zítra bude většinou _____ až zataženo se sněžením, místy _____
na horách i polojasno. Noční teploty –2 až –8 °C, odpolední teploty _____.
V horských oblastech se mohou tvořit sněhové jazyky nebo místy i _____.

Během pátku bude ještě _____ až polojasno, k večeru však od západu dojde
k přibývání oblačnosti. Nejvyšší teploty se budou pohybovat mezi _____
stupni Celsia. V sobotu už očekáváme oblačno až _____, občas déšť nebo
_____ ojediněle bouřky. Během dne dojde od západu k ubývání oblačnosti
a ustávání _____. Nejvyšší teploty vystoupí na 18 až 22 stupňů.

15. Lavina

Poslechněte si vypravování a vyberte správnou variantu.

1. **Roman byl se svými kamarády o zimních prázdninách…**
   a) v Západních Tatrách
   b) v Nízkých Tatrách
   c) ve Vysokých Tatrách

2. **Kamarádi jezdili na horách…**
   a) na lyžích
   b) na snowboardu
   c) na běžkách

3. **Na horách…**
   a) foukal studený vítr
   b) padal sníh
   c) svítilo slunce

4. **Roman se dostal do...**
   a) sněhové bouře
   b) padající laviny
   c) husté mlhy

5. **Roman hledal...**
   a) své lyže
   b) své kamarády
   c) svůj mobil

6. **Pod lavinou zůstal...**
   a) Karel
   b) Samuel
   c) Pavel

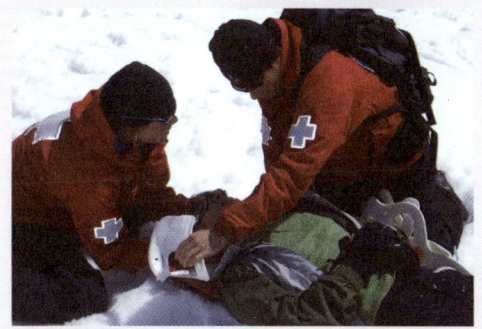

7. **Do záchranné akce se zapojilo...**
   a) dvanáct záchranářů
   b) třináct záchranářů
   c) čtrnáct záchranářů

16. Povodeň

Poslechněte si Helenino vypravování a rozhodněte, co je a není pravda.

1. Povodeň byla v červenci o letních prázdninách.   *ano / ne*
2. Proti povodni pomáhaly různé zábrany.   *ano / ne*
3. Voda odnášela nejen stromy, ale také auta, chaty a zvířata. *ano / ne*
4. Helena bydlela v rodinném domku na vesnici.   *ano / ne*
5. V některých postižených oblastech dosahovala voda výšky
   čtyř až pěti metrů.   *ano / ne*
6. Helenin dům byl také zaplaven.   *ano / ne*
7. Helena musela přespávat se svojí
   rodinou u příbuzných a známých.   *ano / ne*
8. Helena se vrátila s rodinou domů
   a začala zaplavený dům vyklízet.   *ano / ne*
9. Helenin dům byl poškozený,
   proto musel být zbourán.   *ano / ne*
10. Helenina rodina přišla o veškerý
    majetek.   *ano / ne*

Slovní zásoba

babí léto	an Indian summer	Altweibersommer
bouřka	a storm	Gewitter
brouzdat se	to paddle	patschen, (durch)waten
denní teploty	the daily temperature	Tagestemperaturen
deštník	an umbrella	Regenschirm
drát se	to shove	sich vordrängen
foukat	to blow	wehen, blasen
havran	a crow	Rabe
hladina (řeky)	the level/surface (of the river)	Pegel, Wasserspiegel
horská služba	mountain rescue	Bergwacht
chladno	cool	kühl, kalt
jaro	spring	Frühling
jasno	light and bright	klar, heiter, hell
kvést	to bloom	blühen
lavina	an avalanche	Lawine
lavinový pes	a mountain rescue dog	Lawinenhund
léto	the summer	Sommer
listí	leaves	Laub, Blätter
mlha	fog	Nebel
mrak	a cloud	Wolke
mrznout	to freeze	(ge)frieren
náledí	icy ground	Glatteis
nevyzpytatelný	unpredictable	unerfindlich, unergründlich
oblačno	cloudy	bewölkt, bedeckt
obloha	the sky	Himmel
omráčený (pocit)	stunned (feeling)	ohnmächtig, bewusstlos
padat (sníh)	to fall (snow)	fallen
plískanice	sleet	Schlackerwetter, schlechtes Wetter mit Regen und Schnee
počasí	the weather	Wetter
podzim	Autumn *Autumn / Fall*	Herbst
polojasno	somewhat cloudy	halb bedeckt
pošmourno	dreary	trüb, düster, wolkig
povodeň	a flood	Flut, Hochwasser
pršet	to rain	regnen
předpověď počasí	the weather forecast	Wettervorhersage
přeháňky	scattered showers	Schauer
přírodní katastrofa	a natural disaster	Naturkatastrophe
pučet (stromy)	to bud	ausschlagen, treiben
roční období	the seasons	Jahreszeit
slunce	the sun	Sonne
sněhové podmínky	snow conditions	Schneebedingungen
sněhové jazyky	snow drifting onto the road	Schneezungen
sněhové vločky	snowflakes	Schneeflocken
sníh	snow	Schnee
sněžit	to snow	schneien
stín	shade	Schatten

svítit	to shine	scheinen
vítr	wind	Wind
zapadat (slunce)	to set (the sun)	untergehen
zataženo	overcast	dicht bewölkt, bedeckt
závěj	a snowdrift	Wehe, Verwehung
zima	winter	Winter, kalt
zledovatělý	icy	vereist
zmoknout	to get wet	nass werden

Jak ten čas letí

1. Porovnejte, co děláte o víkendu a ve všední den.

— V kolik hodin vstáváte?
— Odkdy dokdy pracujete/studujete?
— Co děláte odpoledne a večer?
— Kdy chodíte většinou spát?
— Stalo se vám v poslední době něco neobvyklého?

2. Čtěte text.

Jakub: Co je s tebou, Pavle? Sedíš tady už hodinu nad jedním pivem jako hromádka neštěstí, a jindy je s tebou taková legrace.

Pavel: Ále, ani se neptej. Jsem rád, že jsem se ještě nezbláznil. Nebudeš věřit, co se mi stalo. Včerejší den začal skoro jako každý jiný. V šest hodin ráno mě probudil hluk budíku, který jsem shodil z nočního stolku. Ospale jsem otevřel jedno oko, potom druhé, pomalu jsem se protáhl, oblékl a zamířil do kuchyně. Chtěl jsem si uvařit svou oblíbenou kávu, ale nějak jsem se asi přehmátl v poličce. Vroucí vodou zalité kakao jsem vylil do dřezu. Druhá káva už byla lepší. Na snídani jsem ale neměl vůbec pomyšlení, a proto jsem vyrazil hned do práce.

Když jsem přišel na zastávku, autobus mi zrovna odjížděl před nosem. Za patnáct minut jel naštěstí další. Nastoupil jsem, cvakl si jízdenku, a než jsem stačil dosednout, už mě kontroloval revizor. Nevím, jak se to mohlo stát, ale jízdenku jsem špatně označil a od revizora jsem dostal pokutu. To mě tak naštvalo, že jsem vystoupil a šel do práce pěšky.

Na přechodu stál vedle mě nějaký kluk, který mi najednou vyrval moji tašku z ruky a utíkal pryč. Stál jsem tam jako omráčený. Najednou jsem nevěděl, co mám dělat. Zloděj mi ukradl peněženku, řidičák, občanku a platební karty. Běžel jsem na policii a potom do banky, abych ohlásil krádež. Mezitím jsem měl na svém účtu o třicet tisíc méně. Jak se tohle mohlo stát, mi zatím nikdo nedokázal vysvětlit.

Úplně jsem zapomněl, že mám být v osm hodin ráno na poradě. Samozřejmě jsem přišel pozdě. V práci byl hotový blázinec. Jeden telefonát za druhým, schůzky s klienty, spousta korespondence. Ani jsem nestihl jít na oběd. V půl šesté večer jsem odcházel z práce totálně vyčerpaný. Cestou jsem si koupil něco k večeři a byl jsem rád, že jsem přišel v sedm hodin domů.

Neměl jsem na nic náladu. Přečetl jsem si noviny a potom jsem se díval na televizi, u které jsem jako vždycky pomalu usínal a jakoby z velké dálky jsem

slyšel, jaká čísla byla tažena v loterii. Znovu jsem si sám pro sebe opakoval čtyři, devět, dvanáct. Najednou mi to došlo. Už pět let sázím stejná čísla. Byla to moje čísla. Stal jsem se milionářem. Vyhrál jsem dvacet pět melounů. Skákal jsem štěstím sto metrů vysoko. Konečně se mi splnil můj velký sen. Okamžitě jsem ti taky volal, ale pořád bylo obsazeno.

Moje radost netrvala dlouho. Chtěl jsem se přesvědčit, jestli je to pravda. Hledal jsem svůj tiket snad celou noc. Dodnes ho nemám, protože zůstal v ukradené tašce.

3. Odpovězte na otázky k textu.

1. V kolik hodin Pavel vstával?
2. Proč mu první káva nechutnala?
3. Proč musel čekat na další autobus?
4. Proč musel zaplatit pokutu?
5. Co se mu stalo na přechodu?
6. Jak na vzniklou situaci reagoval?
7. Proč byl z práce vyčerpaný?
8. Co dělal večer?
9. Z čeho měl večer velkou radost?
10. Proč měl nakonec velkou smůlu?

4. Nahraďte tučně vytištěné výrazy synonymy.

1. Sedí jako **hromádka neštěstí**.
2. Je s ním **legrace**.
3. Autobus **odjížděl před nosem**.
4. To ho **naštvalo**.
5. Stál tam **jako omráčený**.
6. V práci byl **blázinec**.
7. Vyhrál dvacet pět **melounů**.
8. Najednou **mu to došlo**.
9. **Skákal štěstím sto metrů vysoko**.
10. Hledal svůj **tiket**.

5. Doplňte správné spojky.

1. Běžel na policii, _____ ohlásil krádež.
2. Volal jsem ti, _____ stále bylo obsazeno.
3. _____ přišel na zastávku, autobus právě odjížděl.
4. Úplně jsem zapomněl, _____ mám ještě jednu poradu.
5. Káva mi nechutnala, _____ jsem ji vylil do dřezu.
6. Přečetl jsem si noviny _____ díval jsem se na televizi.
7. Chtěli se přesvědčit, _____ je to pravda.
8. Zaplatil jsem pokutu, _____ jsem špatně označil jízdenku.

6. Co dělal Pavel? Doplňte správný tvar sloves.

čekat / odcházet / koupit si / ohlásit / probudit se / přijít
uvařit si / vyhrát / zaplatit / zapomenout

1. Pavel _____ v šest hodin.
2. V kuchyni _____ oblíbenou kávu.
3. Na autobusové zastávce _____ patnáct minut.
4. V autobuse _____ pokutu.
5. Na policii _____ krádež tašky.
6. Pavel _____ na ranní poradu.
7. V půl šesté večer _____ z práce domů.
8. Cestou _____ něco k večeři.
9. Domů _____ v sedm hodin.
10. Pavel _____ dvacet pět milionů korun.

7. Co jste dělali o víkendu?

Poslechněte si rozhovor a doplňte tabulku.

	Michal	Karel	Johana
Kde byl(a) o víkendu?	_____	_____	_____
S kým mluvil(a)?	_____	_____	_____
Co bylo pro něho/ni nové, nečekané?	_____	_____	_____

8. Poslechněte si rozhovor ještě jednou a vyberte správnou variantu.

Michal jel k přítelkyni na návštěvu v sobotu dopoledne.
Michal zaparkoval auto na parkovišti.
V sobotu odpoledne jel Michal s přítelkyní na výlet.
V neděli ráno někdo ukradl Michalovi auto.
Michal musí jezdit do práce vlakem.

Karel byl v pátek večer na diskotéce.
Karel šel sám po diskotéce do baru.
Karel pozval novou přítelkyni na rande.
Karel se setkal s Katkou v neděli odpoledne.
Karel jel s Katkou autem na výlet.

Johana pracovala v sobotu na zahradě.
Johana pila na terase kávu a pivo.
Večer seděla Johana se sousedy u táboráku.
Johana šla se sousedem v neděli do lesa na houby.
Johana byla v nemocnici, protože se otrávila houbami.

9. Co znamená, když se řekne:

1. Padla mu do oka.
- a) Líbila se mu.
- b) Poranila ho.
- c) Nebyla mu sympatická.

2. Pozval ji na rande.
- a) Pozval ji na návštěvu.
- b) Pozval ji na schůzku.
- c) Pozval ji na utkání.

3. Jsem z toho jelen.
- a) Jsem z toho unavený.
- b) Jsem z toho zoufalý.
- c) Jsem z toho zmatený.

4. Auto bylo fuč.
- a) Auto bylo ukradeno.
- b) Auto bylo odtaženo.
- c) Auto bylo prodáno.

5. Seděli jsme u táboráku.
- a) Seděli jsme u krbu.
- b) Seděli jsme u ohně.
- c) Seděli jsme u kamen.

6. K obědu jsme měli smaženici.
- a) Měli jsme smažený řízek.
- b) Měli jsme smažený sýr.
- c) Měli jsme smažené houby s vejcem.

Časové výrazy

10. Seřaďte podle času, kdy to děláte.

_____ Obědvám v poledne v restauraci.

1. Vstávám v půl osmé.

_____ Jdu do práce.

_____ Oblékám se.

_____ Pracuju do pěti hodin.

_____ O půlnoci už spím.

_____ Během cesty domů telefonuju s přáteli.

_____ Odpoledne po práci jdu nakoupit něco k večeři.

_____ Před spaním asi dvacet minut čtu nějakou zajímavou knihu.

_____ Asi deset minut se myju a čistím si zuby.

_____ Po večeři se dvě hodiny dívám na televizi.

_____ Večeřím v šest hodin zeleninový salát a chleba se šunkou.

_____ Rychle snídám housku s máslem a piju kakao.

_____ Celé dopoledne pracuju v kanceláři.

_____ Ve čtvrt na sedm se vracím z práce domů.

11. Doplňte otázky k uvedeným odpovědím.

1. _____ ? Ve tři čtvrtě na sedm.
2. _____ ? Od půl deváté do půl páté odpoledne.
3. _____ ? V půl jedné odpoledne.
4. _____ ? Ve čtvrt na šest odpoledne.
5. _____ ? V osm hodin večer.
6. _____ ? O půlnoci.
7. _____ ? Zítra dopoledne.
8. _____ ? O víkendu.
9. _____ ? V úterý večer.
10. _____ ? Deset minut.

12. Co dělá Irena celý den?

Poslechněte si rozhovor a doplňte, co dělá Irena celý týden.

V pondělí   _____ .

V úterý   _____ .

Ve středu   _____ .

Ve čtvrtek   _____ .

V pátek   _____ .

V sobotu   _____ .

V neděli   _____ .

13. Doplňte dny v týdnu a řekněte podle tabulky, co jste dělali a nedělali.

Den	Ano	Ne
_____	hospoda	televize
_____	volejbal	doktor
_____	brzy spát	sauna
_____	večeře v restauraci	číst knihu
_____	dovolená	internet
_____	nákupy	uklízet
_____	výlet	návštěva

Konverzace

14. Co kdy dělají? Popište obrázky.

15. Reagujte podle vzoru.

restaurace
Kam jdeš? – Jdu do restaurace, protože mám hlad.
Kde jsi? – Jsem v restauraci, protože obědvám.
Odkud jdeš? – Jdu z restaurace, protože jsem tam obědval.

banka / kavárna / cukrárna / koupelna / náměstí / vinárna
obrazárna / pivnice / nádraží / restaurace / ložnice / nemocnice
hotel / penzion / pokoj / letiště / pošta / obchod

16. Doplňte do kalendáře, co budete dělat celý týden, jeden večer nechte volný. Zahrajte ve dvojici rozhovor. Využijte tuto slovní zásobu.

— Co děláš dneska večer?
— Máš zítra čas?
— Šla bys (šel bys) do _____?
— Co plánuješ na _____?
— Chtěl(a) bys jít _____?
— A co pozítří?
— Hodí se ti _____?

— Půjdeš se mnou?
— Chtěl(a) bych tě pozvat _____ .
— To je škoda a co zítra?
— Můžeme se sejít v sedm hodin. Co ty na to?

Den	Činnost
_____	_____
_____	_____
_____	_____
_____	_____
_____	_____
_____	_____

17. Převeďte věty do minulosti.

1. Dneska nejdu do práce, protože mám dovolenou.
2. O víkendu nemusím brzo vstávat a můžu spát déle.
3. Ve středu pojedeme na výlet do Brna.
4. Odpoledne zavolám přítelkyni a pozvu ji na večeři.
5. Petr se nedívá na televizi, protože tam není nic zajímavého.
6. Koupíš jí k narozeninám květiny?
7. Sejdeme se v sauně a popovídáme si.
8. Čteš noviny, nebo píšeš e-mail?
9. Nejí koláč, ale vezme si kousek dortu.
10. Myslím, že na to zapomene.

18. Doplňte věty v 1. osobě plurálu.

1. Před pěti lety _____ .
2. Vloni _____ .
3. Minulý týden _____ .
4. Předevčírem _____ .
5. Včera _____ .
6. Dneska dopoledne _____ .
7. Dneska večer _____ .
8. O víkendu _____ .
9. Zítra odpoledne _____ .
10. Pozítří _____ .

Poslech

19. Poslechněte si rozhovory, které výpovědi jsou správné.

1. Maminka budí Honzu za deset minut půl sedmé.   *ano / ne*
2. Honza vstává v půl sedmé.   *ano / ne*
3. Hodinky ukazují stále čtvrt na tři odpoledne.   *ano / ne*
4. Ilona půjde s Tomášem k Martě na návštěvu.   *ano / ne*
5. Cestující chce jet dopoledne do Prahy.   *ano / ne*
6. Jana a Lenka jdou do divadla.   *ano / ne*
7. Jana a Lenka mají ještě patnáct minut čas.   *ano / ne*

20. Poslechněte si rozhovory ještě jednou. Doplňte informace.

1.

Maminka:	Honzo, vstávej!
Honza:	Kolik je hodin?
Maminka:	Za _____ minut půl _____ .
Honza:	To je dobrý, můžu ještě _____ minut spát.

2.

Pán:	Dobrý den. Prosím vás, kolik je hodin? Asi se mi zastavily hodinky. Mám pořád 14.15.
Paní:	Je _____ .
Pán:	Děkuju, na shledanou.
Paní:	Není zač. Na shledanou.

3.

Ilona:	Ahoj, Marto. Tady Ilona.
Marta:	Ahoj, Ilono. Proč voláš?
Ilona:	Chtěla jsem se jenom zeptat, jestli přijdete s Tomášem _____ na návštěvu?
Marta:	Samozřejmě, počítáme s tím. V kolik máme přijít?
Ilona:	Ve _____ odpoledne.
Marta:	To se nám hodí. Budeme u vás přesně na _____ .

4.

Paní: Dobrý den.

Pán: Dobrý den.

Paní: Můžete mi prosím říct, kdy jede autobus do Prahy?

Pán: _____ nebo _____ ?

Paní: _____ .

Pán: Ve čtvrt na _____ a _____ minut.

Paní: Děkuju, na shledanou.

Pán: Na shledanou.

5.

Jana: Lenko, pospěš si, jinak přijdeme do divadla pozdě.

Lenka: A kolik je vlastně hodin?

Jana: _____ na osm.

Lenka: To máme ještě _____ času, jsme tam za _____ hodiny.

Slovní zásoba

bezva	great	cool, toll
budík	an alarm clock	Wecker
diskotéka	a disco *a dance club*	Disko
dovolená	a holiday *a vacation*	Urlaub
finanční poradce	a financial advisor	Finanzberater
fuč	gone	futsch
hodit se	to go with	passen
legrace	fun	Spaß
narozeniny	a birthday	Geburtstag
náročný	difficult	anstrengend
opékat	to barbeque	backen, braten, rösten
oslavovat	to celebrate	feiern
ospalá	sleepy	schläfrig, verschlafen
otrava	poisoning	Vergiftung
podniknout	to undertake	unternehmen
podrážděný	cross	gereizt
pospíchat	to be in a hurry	sich beeilen, hetzen
pozítří	the day after tomorrow	übermorgen
probouzet se	to awaken	erwachen
protokol	protocol	Protokoll
předevčírem	the day before yesterday	vorgestern
přestávat	to stop	aufhören
rande	a date	Treffen, Verabredung
sanitka	an ambulance	Krankenwagen
sauna	a sauna	Sauna
sepsat	to make a list	verfassen, abfassen, niederschreiben
služební cesta	a business trip	Dienstreise
smaženice	fried eggs and mushrooms	gebratene Pilze mit Ei
stresující	stressful	stressig
táborák	a campfire	Lagerfeuer
ukrást	to steal	stehlen, klauen
užít si	to have fun	viel Spaß haben, genießen
úžasný	brilliant	ausgezeichnet, fabelhaft
vloni	last year	letztes Jahr
vnímat	to perceive	wahrnehmen
vracet se	to return	zurückkommen
zastavit se	to stop	stehen bleiben, vorbeikommen
zívat	to yawn	gähnen
zlobit se	to be naughty	sich ärgern, böse sein
zvědavý	nosy	neugierig
zvonit	to ring	klingeln, klingen

Rčení a ustálená slovní spojení

Připadat si jako sardinka v oleji.   To feel like you are packed like sardines.   Sich wie eine Ölsardine fühlen/vorkommen.

Jsem z toho jelen.   I am confused.   Von etwas ganz wirr im Kopf sein.

Padnout do oka.   To take a liking to someone or something.   Jemandem ins Auge fallen.

Co s načatým večerem?

1. Porovnejte, jak se liší vaše představy o volném čase od reality.

— Co vám zabírá nejvíce času?
— Jaké máte koníčky?
— Jak často sportujete?
— Jak si představujete příjemně strávený večer?
— Jak často se díváte na televizi?
— Mohl(a) byste žít bez televize?

2. Čtěte text.

Na televizi se dívám každý den. Jakmile přijdu večer z práce domů, sednu si k televizi, otevřu si pivo a dívám se na zprávy. Sleduju je na všech programech, abych měl dobrý přehled o všem, co se děje. Potom přepínám z jednoho kanálu na druhý a vybírám si kriminálku nebo akční film. Většinou ale u televize usínám, protože jsem z práce utahanej jak pes. *(Milan)*

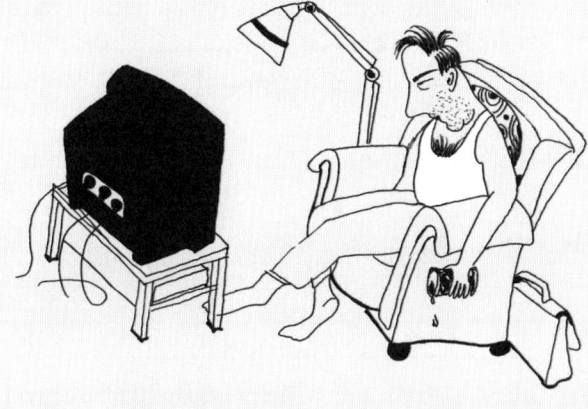

Mám málo času, jsem aktivní člověk, a pořád sedět doma a koukat na bednu není nic pro mě. Televizní pořady jsou dost nudné. Nedovedu pochopit, jak se někdo může dívat na reality show. Je to úplná blbost. Zajímám se jenom o sport. Když chci vidět nějaký dobrý film, tak jdu raději do kina, protože mě štve, že film v televizi pětkrát nebo šestkrát přeruší reklamy. Na televizi absolutně nejsem závislý. *(Pavel)*

Bez televize si svůj život už neumím představit. Jsem celý den doma, proto zapínám televizi už ráno a vypínám ji večer kolem desáté hodiny. Přesně vím, co, kdy a na jakém programu hrajou. Mám ráda soutěže, romantické filmy, seriály, komedie a pohádky. Škoda jen, že všechny programy dávají pořád dokola to samé. Některé filmy jsem viděla už nejmíň stokrát. *(Marcela)*

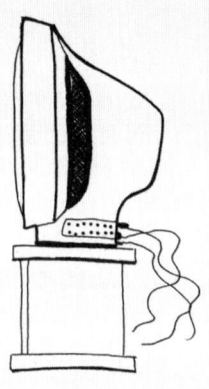

Já nemám televizi už pět let. Když se nám stará televize rozbila, vyhodili jsme ji a novou už nekoupili. Nechtěli jsme, aby děti věčně ležely u nějakých hloupých seriálů. Nejdřív mi televize chyběla, ale teď jsem si zvykla a už nikdy bych ji nechtěla. Bez ní máme na sebe víc času, víc si povídáme, víc čteme. Když chci vidět nový film, jdu do kina nebo si půjčím DVD. Jeden film za měsíc je pro mě větší zážitek, než když jsem jich viděla pět za týden. Teď už je pro mě televize jenom žroutem času. *(Lída)*

3. Co znamená, když se řekne:

1. Zase budeš koukat celý večer na bednu.
- a) Celý večer budeš sedět u piva.
- b) Celý večer budeš sedět u počítače.
- c) Celý večer budeš sedět u televize.

2. Jsem utahanej jako pes.
- a) Jsem hodně naštvaný.
- b) Jsem hodně unavený.
- c) Jsem hodně nešťastný.

3. Přepínám z jednoho kanálu na druhý.
- a) Vybírám si dobré programy.
- b) Střídám jeden program za druhým.
- c) Hledám dobrý signál.

4. Televize je žrout času.
- a) Sledování televize stojí hodně peněz.
- b) Sledování televize zabere hodně času.
- c) Sledování televize šetří čas a peníze.

5. Dávají pořád dokola to samé.
- a) Televizní pořady se pořád opakují.
- b) Televizní pořady jsou nudné.
- c) Televizní pořady jsou staré.

6. Štvou mě reklamy.
- a) Reklamy mě ovlivňují.
- b) Reklamy se mi líbí.
- c) Reklamy mě rozčilují.

4. Určete, která tvrzení se shodují s textem.

1. Milan se dívá na televizi hlavně večer.
2. Milan chodí brzo spát, proto sleduje v televizi jen zprávy.
3. Pavel si myslí, že pořady v televizi jsou nudné.
4. Pavel chodí na filmy do kina.
5. Pavel je na televizi nezávislý.
6. Marcela se dívá na televizi celý den.
7. Marcela má dobrý přehled o televizních pořadech.
8. Lída má rozbitou televizi, proto se na ni nemůže dívat.
9. Lída má více času na rodinu.
10. Lída je ráda, že nemá televizi.

5. Odpovězte na otázky k textu.

1. Proč se někteří lidé vůbec nedívají na televizi?
2. Proč Milan sleduje zprávy na všech programech?
3. Proč Milan u televize většinou usíná?
4. Co si Pavel myslí o televizních pořadech?
5. Proč je Pavel na televizi nezávislý?
6. Proč se Marcela dívá na televizi celý den?
7. Na co se Marcela dívá v televizi?
8. Čeho Marcela lituje?
9. Proč Lída nechce novou televizi?
10. Kde se Lída dívá na nové filmy?

6. Poslechněte si rozhovor a doplňte chybějící slova.

Jana: Co dávají dneska v televizi?

Petr: Nevím, ale podívám se do _____ _____. Kolik je hodin?

Jana: Sedm hodin a _____ .

Petr: Ve čtvrt na osm se můžeš dívat na _____ na ČT1 a v půl osmé jsou na Nově. V osm hodin dávají tvůj _____ Rodinná pouta.

Jana: Ten si nesmím nechat ujít. Už se těším na jeho pokračování.

Petr: Na ČT2 je přímý přenos z _____ v ledním hokeji. To musím vidět.

Jana: Ale Petře, na mistrovství se můžeš dívat s kamarády v hospodě. Chci vidět _____ .

Petr: No dobře, ale já chci být s tebou doma.

Jana: Opravdu? Ty mě překvapuješ. Nejdřív se budeme dívat na seriál a pak na

_____ .

Petr: Na Nově dávají ve 20.40 _____ Tři mušketýři, na Primě ve 21.50 _____ Hráči nebo na ČT 1 _____ Láska s rizikem ve 20.00.

ČT 1	ČT 2	NOVA	Prima
19:00 Večerníček Příhody kocourka Damiána **19:15 Události** **19:35 Události v kultuře** **19:40 Předpověď počasí** **19:45 Branky, body, vteřiny** **19:55 Sportka a Šance** **20:00 O zvířatech a lidech (3/13)** Konkurz. Populární seriál ČR (1994) z prostředí veterinární kliniky. Zvířecí pacienti a lidé kolem nich. Hrají: I. Chýlková, K. Heřmánek, J. Bohdalová a další. Režie H. Bočan (50 min) **20:55 ...a teď srandičky!** **21:00 Banánové rybičky** Halina Pawlowská a její hosté Tatiana Vilhelmová a Marek Eben o tom, jak využít nástrahy (2005) **21:35 Ally McBealová II (20/23)** Samotáři. Úspěšný seriál USA (1997–2000) o ženě plné sexu a paragrafů. Je skvělá ve službách práva, ale občas si příliš komplikuje život. Hrají: C. Flockhartová, C. Thorne-Smithová, G.Germann a další. Režie V. Misano (43 min) **22:30 Události, komentáře** **22:55 Předpověď počasí** **22:57 Branky, body, vteřiny** **23:05 Losování Sportky a Šance**	**19:05 M ČR horských kol ve sjezdu** Ohlédnutí za průběhem závodu ve Špindlerově Mlýně **19:25 MS superbiků Brno** Ohlédnutí za průběhem závodu na brněnském autodromu **19:50 Rekordy a kuriozity** Hlavy pod vodou a mezi noži (1998) **20:00 Tři barvy: Červená** Film Fr./Pol. (1993) nominovaný na Oscara. O podivuhodné hře osudu. Hrají: I. Jacobová, J.-L. Trintignant, F. Federová a další. Režie K. Kieślowski (95 min) **21:35 Zprávy z Letní filmové školy v Uherském Hradišti 2006** **21:45 Concerto Grosso** Záznam pantomimy B. Hybnera na téma potopení Titaniku (1983). Účinkují: B. Hybner a J. Knot **22:50 Osm dní zdraví v Evropě (3/8)** Ten blázen odvedle. O síti tzv. komunální psychiatrie, metodě, která je od roku 2005 na základě doporučení SZO považována za prioritu v otázkách duševního zdraví. Prioritu, kterou se řada psychiatrů snaží převést do praxe a dokonce se kvůli tomu spojuje v evropskou síť	**17:50 Columbo** Ve hře je všechno. Seriál USA (1993). Samotářský a svérázný inspektor Columbo ve zmačkaném baloňáku, s věčně nedokouřeným doutníkem. Hrají: P. Falk a další (91 min) **19:30 Televizní noviny, Sportovní noviny, Počasí** **20:00 Slavnosti sněženek** Film ČR (1983) podle předlohy B. Hrabala. Ani hon na zatoulaného kance nebyl tak náročný, jako se rozhodnout, zda bude připraven na šípkové omáčce, nebo se zelím! Hrají: R. Hrušínský, J. Hanzlík, J. Somr a další. Režie J. Menzel (83 min) **21:25 Na vlastní oči** Letní cyklus toho nejlepšího, co jsme natočili **22:20 Nebezpečný útěk** Thriller USA (1990). Právník Harry Caulfield musí dostat jedinou svědkyni vraždy z Kanady zpět do San Franciska. Potřebuje, aby u soudu usvědčila mafiánského bosse, po kterém už dlouhá léta pase. Jenže její stopu objevila i mafie. Hrají: G. Hackman, A. Archerová, J. Sikking a další. Režie P. Hyams (93 min)	**18:55 Počasí** **19:00 Zpravodajský deník** **19:15 EXTRA** Bulvárně-zpravodajský magazín. Příběhy, kuriozity, dramatické situace, celebrity **19:55 Vylomeniny** Když soutěžit, tak pořádně! Energie, napětí i humor! Zábavná reality show **21:10 Bar** Nová reality show plná emocí, napětí a stresu během pracovní směny **22:10 Polibek draka** Thriller USA/Fr. (2001). Elitní čínský policista přijíždí do Francie pomoci místní tajné službě odhalit drogový kartel. Je na něj ale nastražena past a on je považován za vraha. Podaří se mu očistit své jméno? Hrají: J. Li, T. Karyo, B. Fondová a další. Režie Ch. Nahon (94 min)

7. Z televizního programu vyberte pořady, které vás zajímají, zdůvodněte proč a doplňte do tabulky.

	Čas	Program
ČT 1	_____	_____
ČT 2	_____	_____
NOVA	_____	_____
PRIMA	_____	_____

Předložky

8. Pracujte ve dvojicích. Reagujte podle vzoru.

Na co se díváš v televizi a proč? – Dívám se na kriminálky, protože mám rád(a) napětí.
Na jaké filmy chodíš do kina a proč? – Chodím na komedie, protože mám rád(a) legraci.
O čem rád(a) čteš v novinách? – Čtu rád(a) o politice, protože se o ni zajímám.

časopis / román / komedie / akční filmy / kriminálky
dobrodružné filmy / romantické filmy / soutěže / sport
talk show / předpověď počasí / zprávy / pohádky
cestopisy / seriály / horory / reality show / reklama

9. Doplňte správný tvar podstatného jména a předložku, pokud je to nutné.

na / **do** / **v**
kino / kniha / televize / kůň / kytara
obraz / příroda / kolo / bazén / zahrada

1. Když mám čas, jdu _____ .
2. Když mám čas, čtu _____ .
3. Když mám čas, dívám se _____ .
4. Když mám čas, jezdím _____ .
5. Když mám čas, hraju _____ .
6. Když mám čas, maluju _____ .
7. Když mám čas, fotografuju _____ .
8. Když mám čas, jezdím _____ .
9. Když mám čas, plavu _____ .
10. Když mám čas, pracuju _____ .

10. Doplňte správné předložky.

1. V zimě rád lyžuju, proto jezdím _____ hory.
2. V létě ráda plavu, proto jezdím _____ moři.
3. Když je hezké počasí, sedím _____ parku _____ lavičce.
4. Když prší, dívám se _____ televizi.
5. _____ víkendu nemusím jít _____ práce, proto budu dlouho spát.
6. Protože mám dneska málo času, nemůžu jít _____ ples.
7. Když mám dovolenou, opaluju se _____ pláži.
8. _____ zimních prázdninách rád jezdím _____ snowboardu.
9. Když nesvítí slunce, koupu se _____ bazénu.
10. Chci jít _____ kina, ale nemám lístky.

Konverzace

11. Jaké mají zájmy? Popište obrázky.

12. Doplňte do tabulky letní a zimní aktivity a vyberte vhodné aktivity pro sebe.

Léto	Zima

jezdit na lyžích / koupat se v rybníce / jezdit na snowboardu
plavat v moři / stavět sněhuláka / jezdit na běžkách / sáňkovat
opalovat se / hrát squash / jít na procházku / jít na diskotéku / běhat
plavat v bazénu / jít na koncert / jezdit na kolečkových bruslích
hrát tenis / jezdit na kole / jít na ples / bruslit / číst knihu
surfovat / hrát fotbal / hrát golf / hrát lední hokej / hrát na kytaru
hrát karty / hrát bowling

13. Doplňte věty. Reagujte podle vzoru.

Když prší, …
Když prší, spím nebo se dívám na televizi.

Když prší, _____ .
Když svítí slunce, _____ .
Když padá sníh, _____ .
Když je zataženo, _____ .
Když fouká vítr, _____ .
Když je velké horko, _____ .

14. Najděte správné pořadí vět. Seřaďte rozhovor.

1.   Ahoj, Lucie!
_____ V půl osmé.
_____ Ahoj.
_____ Dobře, budu tam přesně. Potom můžeme jít ještě do vinárny.
_____ Ahoj, Markéto! To je ale náhoda! Jak se máš?
_____ Kde se teda sejdeme?
_____ A v kolik hodin?
_____ Jde to. Dlouho jsme se neviděly. Nemám teď moc času, ale chtěla bych si s tebou popovídat. Co děláš dneska večer?
_____ Mám se dobře a ty?
_____ Jdu s Lenkou do kina. Nemůžu to odříct, už jsem jí to slíbila. Nechceš jít s námi?
_____ Ještě ne, koupíme je až večer.
_____ Já nevím. Je to tak narychlo. A co hrají v kině?
_____ Myslím, že nějakou českou komedii. Snad dokonce premiéru. Lenka slyšela, že je to sranda.
_____ Tak to půjdu ráda. Potřebuju vidět a slyšet něco legračního, abych měla lepší náladu. Máte už lístky?
_____ Sejdeme se před kinem Alfa.
_____ Domluvíme se později. Zatím ahoj.

15. Doplňte rozhovor.

Petr: Co budeme dělat _____ ?

Jana: Myslíš o tomto víkendu? Můžeme jít do _____ .

Petr: Do divadla? Nemáš nějaký jiný _____ ?

Jana: Tak můžeme jít na _____ .

Petr: Na koncert? Já nevím. Nemáme _____ .

Jana: To je pravda. Tak můžeme jít na _____ .

Petr: Na diskotéku? Nerad tancuju.

Jana: Tak víš co, zůstaneme doma a budeme se dívat na _____ .

Petr: Paráda! Zase budeme sedět _____ a koukat se na bednu.

16. U pokladny.

Je půl osmé večer. Chcete jít se svými přáteli do kina. Nejprve musíte koupit lístky. Doplňte rozhovor.

Pokladní: Dobrý večer.

Zákazník: _____ .

Pokladní: A na jaký film?

Zákazník: _____ .

Pokladní: Tři místa vedle sebe, to bude problém, už je skoro vyprodáno. Máme volnou druhou řadu v přízemí nebo první řadu na balkóně, ale na stejný film od půl desáté je ještě dost volných míst.

Zákazník: _____ .

Pokladní: Chcete sedět ve druhé řadě uprostřed, nebo na kraji?

Zákazník: _____ .

Pokladní: Tady jsou vaše vstupenky. Dohromady to dělá 358 korun. Chcete program kina na příští týden?

Zákazník: _____ .

Pokladní: Na shledanou.

17. Naplánujte program na víkend. Rozhodněte, s kým z uvedených osob byste ho chtěl(a) strávit a proč?

Klára, *24 let*
hraje tenis, ráda cestuje vlakem, občas chodí do kina na komedie, zajímá se o historii

Honza, *33 let*
rád jezdí na motorce, pravidelně chodí do fitness centra, zajímají ho hezké ženy, poslouchá rock

Lukáš, *28 let*
rád plave, rád jezdí na kole, hraje na kytaru, rád chodí na pivo

Marcela, *47 let*
ráda chodí do kavárny, ráda chodí na procházky, o víkendu jezdí na chatu, má ráda psy a kočky

Romana, *39 let*
ráda vaří, ráda čte kriminálky, ráda chodí do divadla, ráda jezdí na hory

Poslech

18. Poslouchejte a doplňte krátké rozhovory.

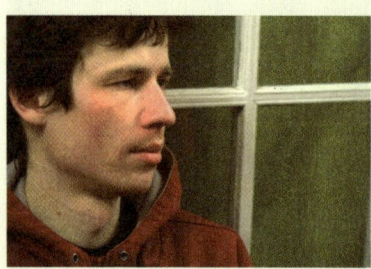

1.

Pavel: Miláčku, už jsem doma, mám pro tebe velké překvapení.

Jitka: _____

Pavel: Sehnal jsem dva lístky na fotbal. Rychle se oblékni, za chvíli odjíždíme.

Jitka: _____

2.

Karel: Hele, Jakube, půjdeš dneska na pivo?

Jakub: _____

Karel: To jsem nevěděl, že tvoje manželka slaví narozeniny. Tak ji ode mne pozdravuj.

Jakub: _____

3.

Jana: Petře, budeš u toho počítače sedět celý večer?

Petr: _____

Jana: Děláš si legraci? Dneska je tak nádherně! Myslela jsem, že půjdeme na procházku a potom někam na večeři.

Petr: _____

19. Co děláte ve volném čase?

Poslechněte si anketu a určete, která tvrzení jsou správná.

a) Marie jezdí každý pátek vlakem na chatu.
b) Marie pracuje ve volném čase na zahradě.
c) Marie chodí do lesa na procházku nebo na houby.

a) Jirka ve volném čase rád cestuje a fotografuje.
b) Jirka fotografuje jenom historické památky.
c) Jirka se rád seznamuje s novými lidmi.

a) Zdeněk má málo času, protože jezdí často na služební cesty.
b) Zdeněk rád hraje počítačové hry a surfuje na internetu.
c) Zdeněk hraje občas fotbal.

Slovní zásoba

bazén	a swimming pool	Schwimmbecken
blbost	a stupidity	Blödsinn, Quatsch
bruslit	to skate	Schlittschuh laufen
historické památky	historical monuments	historische Denkmäler
komedie	a comedy	Komödie
kraj (konec řady v kině)	the end	Rand
kriminálka	a detective programme	Krimi
kytara	a guitar	Gitarre
legrace	fun	Spaß
načatý (večer)	unfinished	angefangen, begonnen, angebrochen
nahrávat	to record	aufnehmen, aufzeichnen
navazovat kontakty	to make contacts	Kontakte knüpfen
nudný	boring	langweilig
opalovat se	to sunbathe	sich sonnen
plavat	to swim	schwimmen
pobavit se	to have fun	sich unterhalten
pohádka	a fairytale	Märchen
pokračování (seriálu)	a continuation	Fortsetzung
pořad	a programme *a program*	Programm, Sendung
předpověď počasí	the weather forecast	Wettervorhersage
překvapení	a surprise	Überraschung
přerušit (vysílání)	to interrupt	unterbrechen
přestávat	to stop	aufhören
přitažlivý	attractive	anziehend, attraktiv
recept	a recipe	Rezept
reklama	an advert *an advertisement*	Werbung
romantický	romantic	romantisch
řada (v kině)	a row	Reihe
sáňkovat	to sleigh *to sled*	Schlitten fahren
sehnat	to get	auftreiben, besorgen
seriál	a soap opera	Serie
seznamovat se	to meet	sich bekannt machen, kennen lernen
sledovat (film)	to watch	(ver)folgen
služební cesta	a business trip	Dienstreise
sněhulák	a snowman	Schneemann
televize	the television	Fernsehen
uprostřed	in the middle	mitten in
vstupenka	an entrance ticket *an admission ticket*	Eintrittskarte
vypínat	to switch off	abschalten, ausschalten
vyprodáno	sold out	ausverkauft
zahrada	a garden	Garten
zapínat	to switch on	anschalten, einschalten
zázrak	a miracle	Wunder
zprávy (v televizi)	the news	Nachrichten
ztráta	a waste	Verlust

10. LEKCE

Všechno nejlepší!

1. Diskutujte o následujících tématech.

— Máte rád(a) večírky?
— Jak oslavujete narozeniny nebo svátky?
— Dáváte přednost velkolepým oslavám?
— Oslavujete jen doma?
— Čím se na oslavách bavíte?

Krásný je život, krásný je svět, vždyť je Ti teprve 25 let. Všechno nejlepší, hodně štěstí a zdraví. Dostalovi

K narozeninám Ti přeju, jak to zvykem bývá, aby se ti splnilo, co Tvé srdce skrývá. Jana

Milá Radko, přeju Ti všechno nejlepší k narozeninám. Honza

2. Čtěte text.

Když jsem se dneska probudila, hned jsem se podívala na displej mobilu. A hele! Přišlo mi šest esemesek. Potěšilo mě, že si na mě kamarádi a příbuzní vzpomněli a popřáli mi všechno nejlepší k narozeninám. Ach jo, zase o rok starší. Ještě před pár lety jsem se nemohla dočkat, až mi bude osmnáct, a teď bych ten čas nejraději zastavila. Nějak moc rychle to utíká. I když mi bylo trochu smutno, měla jsem fajn pocit, protože jsem věděla, že se večer sejdu s bezvadnými lidmi, které jsem pozvala na oslavu svých narozenin. Chtěla jsem připravit velkou párty. Dopoledne jsem jela nakupovat do supermarketu. Nakoupila jsem spoustu dobrot k jídlu a pití.

Doma jsem potom připravila obložené chlebíčky, zeleninové a ovocné saláty a grilovaná kuřata. Upekla jsem velký čokoládový dort se šlehačkou, který se mi opravdu povedl. Na stůl jsem dala slané mandle, tyčinky, arašídy a brambůrky. Po bytě jsem rozvěsila lampiony a v krbových kamnech rozdělala oheň.

Po páté hodině začali přicházet první přátelé a potom další a další. Dostala jsem od nich k narozeninám velkou kytici růží a hodně krásných dárků. Tolik věcí jsem ani nečekala! Nejvíc mě překvapil velký plyšový medvěd a velkou radost jsem měla z poukazu na masáže. Všichni mi přáli hodně štěstí a lásky. Připili jsme si šampaňským na zdraví a nakonec jsem sfoukla všechny svíčky na narozeninovém dortu. Měli jsme dobrou náladu. Popíjeli jsme víno a pivo. Přejídali jsme se chlebíčky, poslouchali jsme muziku, někteří také tancovali a strašně moc jsme se nasmáli.

Naše veselí se asi nelíbilo sousedovi, který bydlel o patro výš a přišel nám vynadat. Vysvětlila jsem mu s úsměvem, že slavím narozeniny a pozvala jsem ho na skleničku. To odmítl, ale popřál mi všechno nejlepší. Byla jsem ráda, že to takhle dobře dopadlo. Ostatně přátelé už byli také na odchodu, protože někteří přebrali a viděli mě dvakrát. A jak se říká, v nejlepším se má přestat. Když odjížděli taxíkem domů, hodiny právě odbíjely půlnoc.

3. Rozhodněte, která tvrzení se shodují s textem.

1. Radku probudilo zvonění telefonu. *ano / ne*
2. Přátelé poslali Radce deset esemesek. *ano / ne*
3. Radka oslavovala osmnácté narozeniny. *ano / ne*
4. Radčini přátelé přinesli na oslavu hodně jídla a pití. *ano / ne*
5. Radka koupila velký čokoládový dort. *ano / ne*
6. Radka dostala od přátel květiny a dárky. *ano / ne*
7. Radka se se svými přáteli dobře bavila. *ano / ne*
8. Radčin soused neměl pochopení pro hlučnou oslavu. *ano / ne*
9. Radka si připila se sousedem šampaňským na zdraví. *ano / ne*
10. Někteří z Radčiných přátel se trochu opili. *ano / ne*

4. Odpovězte na otázky k textu.

1. Z čeho měla Radka brzy ráno radost?
2. Proč byla trochu smutná?
3. Co dělala Radka dopoledne?
4. Jaké pohoštění připravila pro své přátele?
5. Jaké dárky dostala k narozeninám?
6. Na co si připila s přáteli?
7. Jak se mladí lidé na večírku bavili?
8. Proč přišel na oslavu i soused?
9. Kdy se Radka rozloučila s přáteli a proč?
10. Proč se říká, že v nejlepším se má přestat?

5. Přečtěte si ještě jednou článek a doplňte souvětí podle smyslu.

1. Když se Radka ráno probudila, _____ .
2. Přátelé na Radku nezapomněli a _____ .
3. Radka si uvědomila, že _____ .
4. Radka se těšila na večer, protože _____ .
5. Radka chtěla koupit spoustu dobrot k jídlu a pití, a proto _____ .
6. Radka byla dojatá, protože _____ .
7. Radka si připila se všemi na zdraví a _____ .
8. Radka vysvětlila sousedovi, že _____ .
9. Říká se, že _____ .
10. Když hodiny odbíjely půlnoc, _____ .

Přídavná jména přivlastňovací

6. Doplňte do vět slovní spojení *Radčiny narozeniny*.

1. Proč jsi nepřišel na oslavu _____.
2. Víš, kde budeme oslavovat _____?
3. Babička nám vyprávěla o _____.
4. Stalo se to v den _____.
5. Už se těšíme na _____.
6. Od _____ uteklo už hodně času.
7. Nedělej si starosti s _____!
8. Všichni zapomněli na _____.
9. Chci ještě něco připomenout k _____.
10. Na _____ bylo hodně lidí.

7. Doplňte do vět slovní spojení *Pavlova přítelkyně*.

1. Na večírku jsme se seznámili s _____.
2. Ty ještě neznáš _____?
3. Můžeš mi napsat adresu _____.
4. Celý večer se bavili o _____.
5. Jak se ti líbí _____?
6. Musíme to ještě říct _____.
7. Proč se stále zajímáte o _____?
8. Zítra chtějí jít na návštěvu k _____.
9. Nemůžeme odejít bez _____.
10. Máš něco proti _____?

8. Doplňte do vět slovní spojení *bratrův večírek*.

1. Jak se bavíte na _____?
2. Přijdete v sobotu na _____?
3. Všichni byli nadšeni _____.
4. Líbí se vám _____?
5. Poznal jsem ji na _____.
6. Zaujal nás program _____.
7. Stále vzpomínám na poslední _____.
8. Na _____ na nás čekalo velké překvapení.
9. Včera se mi zdálo o _____.
10. Mí přátelé nebyli spokojeni s _____.

Konverzace

9. Vytvořte správné páry.

1. Jak se máš?   To je škoda.
2. Bav se dobře!   Děkuju, jsou nádherné.
3. Přeju ti hezký víkend.   To jsem ráda.
4. Přijdu o něco později.   To nevadí.
5. Bohužel nemůžu v pátek přijít.   Díky, dobře.
6. Už musím jít.   Jsme rádi, že se vám tady líbilo.
7. Moc se mi tady líbilo.   Tobě taky.
8. Děkujeme za hezký večer.   Zůstaň ještě chvilku.
9. Ty růže jsou pro tebe.   Nápodobně.
10. Chtěli bychom se s vámi rozloučit.   Děkujeme, že jste přišli a brzy
                                             na shledanou.

10. Dárek k narozeninám

Vyberte přátelům dárek k narozeninám. Svou volbu zdůvodněte. Pracujte ve dvojicích s údaji v tabulce.

Vzor: **Jana** – *tričko* – zajímá se o módu – *vonná svíčka* – má hodně triček

— Koupíme Janě tričko, protože se zajímá o módu.
— *Myslím si, že Jana má hodně triček. Koupíme jí raději vonnou svíčku, protože Jana je romantická a udělá jí to větší radost.*

	Dárek	Zájmy	Jiný návrh	Zdůvodnění
Milena	*kniha*	ráda čte	*květiny*	má hodně knih
Pavel	*kolo*	rád sportuje	*činky*	chce mít velké svaly
Jirka	*cédéčko*	poslouchá hudbu	*láhev vína*	pije rád víno
Marie	*parfém*	zajímá se o kosmetiku	*bonboniéra*	jí ráda sladké
Petr	*mapa*	rád cestuje	*budík*	chodí pozdě

11. Zahrajte ve dvojicích rozhovory a využijte uvedenou slovní zásobu.

a) Nemůžete přijít na oslavu narozenin, proto se chcete omluvit.

Nezlob se, ale...

Je mi to líto, ale...

Cítím se trapně, ale...

Bohužel nemůžu...

Mrzí mě, že...

Přišel/Přišla bych rád(a), ale...

b) Přivítejte své přátele nebo známé, kteří přišli na návštěvu. Nabídněte jim občerstvení.

Pojďte dál.

Odložte si. V předsíni je věšák.

Pijete raději bílé, nebo červené víno?

Ochutnejte ještě tady ten dort. Je moc dobrý.

Jsem rád(a), že jste přišli.

Mohu vám nabídnout kávu nebo čaj?

Dáte si ještě chlebíčky?

Jen si berte, je toho dost.

12. Přečtěte krátké rozhovory. Ke každému rozhovoru přiřaďte správnou charakteristiku.

A. **recepce** B. **zahradní párty** C. **posezení v hospodě**

D. **diskotéka** E. **ples** F. **firemní večírek**

1.

— Prosím tě, nevíš, kde je hořčice?

— Tamhle pod stromem na tom malém stolku. Ty grilované klobásy jsou výborné, že?

2.

— Prosím, madam, dáte si šampaňské?

— Ne, děkuju. Možná později, až dojím ten kaviár.

3.

— Tak, milé kolegyně a milí kolegové, dovolte, abych připil na naše další společné úspěchy! Byli jste skvělí a všem vám děkuju!

— Šéfovi to dneska sluší, že jo?

4.

— Dáte si ještě pivečko?

— Jasně!

5.

— Dámy a pánové, a teď vyhlašuju dámskou volenku.

— Smím prosit?

6.

— Ten kluk u vedlejšího stolu se mi fakt líbí. Hned bych si s ním šla trsnout.

— Jakej? Ten v těch plandavejch kalhotách?

13. Jak se lidé baví?
Popište obrázky a odpovězte na otázky.

1. Kde se tyto akce obvykle pořádají?
2. Jací lidé je navštěvují?
3. Jaké oblečení je vhodné?
4. Jaká je tam obsluha?
5. Jaká tam hraje hudba?

Poslech

14. Na návštěvě

Poslechněte si rozhovor a odpovězte na otázky.

1. Kdo přišel k Heleně na návštěvu?
2. Jaké pití nabídla Helena své kamarádce?
3. Co kamarádka pila, když chtěla „turka"?
4. Proč nechtěla kamarádka cukr?
5. Jaké další pohoštění Helena pro kamarádku připravila?
6. Jaký dárek dostala Helena od kamarádky?
7. Co Helenu překvapilo?
8. Proč musela kamarádka odejít domů?

15. Poslechněte si rozhovor a doplňte text.

Petr potkal náhodou svoji kamarádku _Renatu_ na ulici. Nejdřív si jí vůbec nevšiml, protože pospíchal k Amandě na _večeři_ . Cestou musel ještě koupit nějaký _dárek_ . Kamarádka byla zvědavá. Chtěla vědět, jestli _ji_ také zná. Petr odpověděl, že je to ta nová _studentka_ , která přijela z _Anglie_ . Renata byla hezky oblečená, protože šla s Karlem do _divadla_ . Také pospíchala, protože _představení_ začínalo už za dvacet minut. Ještě se dozvěděla, že má Petr příští _sobotu potom_ volno, a proto ho pozvala na _oslavu_ svých narozenin. Petr pozvání přijal a slíbil, že přijde v _šest hodin_ .

16. Poslechněte si rozhovor. Doplňte, z jakého důvodu nemohou přátelé přijít na oslavu narozenin a jak Radka reaguje.

 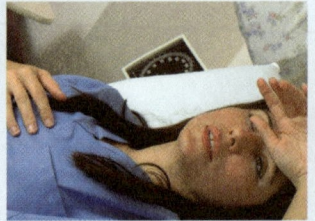 

	Důvod	Radčina reakce
Jana		
Lucie		
Honza		

17. Jak oslavujete narozeniny?

Poslechněte si vypravování čtyř osob: Mileny, Pavla, Jirky a Marie. Rozhodněte, které výpovědi jsou správné.

1. **Milena**
   a) Oslavuje ráda narozeniny.
   b) Bude slavit narozeniny se zubařem.
   c) Bude jí dvacet let.

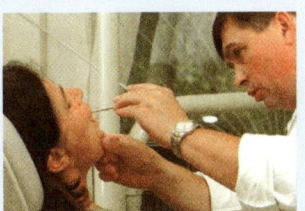

2. **Pavel**
   a) Slaví narozeniny se svými přáteli.
   b) Na oslavě narozenin jí pečené prase.
   c) Když má kocovinu, může se napít piva.

3. **Jirka**
   a) Už měl narozeniny.
   b) Oslavoval své narozeniny s kamarády v hospodě.
   c) Pil hodně alkoholu.

4. **Marie**
   a) Neslaví ráda narozeniny.
   b) Je abstinentka.
   c) Nesnáší cigarety a marihuanu.

18. Co znamená, když se řekne:

1. **Ráno jsem měl kocovinu.**
   a) Ráno jsem měl hlad.
   b) Ráno jsem se cítil ještě opilý.
   c) Ráno jsem měl službu v práci.

2. **Na večírku jsem přebral.**
   a) Na večírku jsem se opil.
   b) Na večírku jsem se přejedl.
   c) Na večírku jsem zůstal dlouho.

3. **Dávali jsme si jednoho panáka za druhým.**
   a) Kouřili jsme jednu cigaretu za druhou.
   b) Jedli jsme jednu jednohubku za druhou.
   c) Pili jsme jednu skleničku za druhou.

4. **Je to perfektní mejdan.**
   a) Je to perfektní představení.
   b) Je to perfektní večírek.
   c) Je to perfektní zápas.

Slovní zásoba

arašídy	peanuts	Erdnüsse
bábovka	a marble cake	Gugelhupf, Napfkuchen
bavit se	to have fun	sich unterhalten, sich amüsieren
bezvadný	great	einwandfrei, tadellos
bonboniéra	chocolate box *a box of chocolates*	Pralinenschachtel, eine Schachtel Pralinen
brambůrky (chips)	crisps *potato chips*	(Kartoffel-)Chips
budík	an alarm clock	Wecker
cítit se	to feel	sich fühlen
činky	weights	Hanteln
dámská volenka	ladies' choice	Damenwahl
dobrota (jídlo)	something tasty	Leckerbissen
dojatý	moved	ergriffen, bewegt
firemní večírek	a work party	Firmenabend
jednohubka	a canapé	Häppchen
kámoš	a friend (colloquial)	Freund, Kumpel
kocovina	a hangover	Kater
kosmetika	cosmetics	Kosmetik
krbová kamna	a fireplace	Kaminofen
lampion	a lantern	Lampion
marcipán	marzipan	Marzipan
mejdan	a party	Party
mrzet	to regret	verdrießen, Leid tun
nálada	a mood	Laune, Stimmung
nápodobně	likewise	gleichfalls, ebenfalls
nateklý (pusa)	swollen	angeschwollen
narozeniny	a birthday	Geburtstag
narozky	a birthday (colloquial)	Geburtstag
obložené chlebíčky	open sandwiches *open-faced sandwiches*	belegte Brötchen
odložit si	to take your coat off	ablegen
ochutnat	to taste	kosten, probieren
opít se	to get drunk	sich betrinken
oslavovat	to celebrate	feiern
panák (alkoholu)	a shot (of alcohol)	ein Gläschen Schnaps
parfém	perfume	Parfüm
plandavý	baggy	schlotterig
plyšový medvěd	a teddy bear	Plüschteddy
pořádat	to throw	veranstalten, abhalten, organisieren
posadit se	to sit down	sich setzen, Platz nehmen
představení	a performance	Vorstellung
překvapení	a surprise	Überraschung
přejíst se	to eat too much	sich überessen
přestat	to stop	aufhören
příbuzný	relations	Verwandter
rozloučit se	to say goodbye	sich verabschieden
růže	rose/roses	Rose

sfouknout	to blow out	ausblasen
sladký	sweet	süß
slané mandle	salted almonds	salzige Mandeln
svíčka	a candle	Kerze
sval	muscle	Muskel
šampaňské	champagne	Sekt, Champagner
tyčinky	bread sticks	Salzstangen
trapně	embarrassed	peinlich
trsat	to dance (colloquial)	zupfen
úsměv	a smile	Lächeln, Schmunzeln
večírek	party	Party, Feier, Unterhaltungsabend
veselí	merry-making	Heiterkeit, Lustigsein
veselý	happy	lustig, fröhlich
všechno nejlepší	all the best	Alles Gute
všimnout si	to notice	beachten, bemerken
vynadat	to tell someone off	ausschimpfen
vysvětlit	to explain	erklären
vztah (k někomu)	relationship to someone	Beziehung, Verhältnis
zahradní párty	a garden party	Gartenparty
zapomenout	to forget	vergessen
zlobit se	to be angry	sich ärgern, böse sein
zub moudrosti	a wisdom tooth	Weisheitszahn

11. LEKCE

U doktora. Další, prosím…

1. Žijete zdravě? Diskutujte!

— Co děláte pro své zdraví?
— Jíte hodně vitamínů?
— Jak často chodíte k lékaři?
— Jak předcházíte nemocem?
— Necháváte se očkovat proti chřipce?
— Které nemoci jsou v dnešní době rozšířené?

2. Čtěte rozhovor.

Zdravotní sestra: Dobrý den. Další, prosím. Váš průkaz pojištěnce.
Pacient: Tady je.
Zdravotní sestra: Pane Horáku, můžete jít hned k panu doktorovi.

Pacient:	Dobrý den.
Lékař:	Dobrý den. Posaďte se. Tak co vám schází?
Pacient:	Pane doktore, už tři dny se necítím ve své kůži. Jsem unavený, vyčerpaný a bolí mě úplně všechno. Hlava, svaly a klouby. Chvíli se potím, chvíli se mnou lomcuje zimnice. Vůbec se nevyspím, protože se dusím kašlem. Už mě z toho bolí na prsou.

Lékař:	Máte teplotu?
Pacient:	Dneska ráno jsem měl 38.
Lékař:	Zvracel jste?
Pacient:	To ne. Když něco sním, začne mě bolet břicho. Pak se mi zvedá žaludek, ale nezvracím. Už vlastně nemám vůbec chuť k jídlu
Lékař:	Lehněte si prosím tady. Vyšetřím vás. Kdy jste byl naposledy v práci?
Pacient:	Ještě dneska ráno, protože jsem měl důležitou poradu.

Lékař:	Měl jste zůstat doma. Máte typické příznaky chřipky. Zřejmě jste ji trochu přechodil.
Pacient:	Je to vážné? Můžu dostat zápal plic?
Lékař:	No podívejte se, nepodceňujte to. Chřipka není rozhodně banální onemocnění. Pokud se nebudete léčit, tak z toho může být i ten zápal plic. Vezměte si něco na horečku, třeba paralen. Předepíšu vám pro jistou ještě brufen. Ten působí zároveň proti bolesti. Budete brát tablety třikrát denně. Proti kašli si můžete koupit kapky nebo pastilky v lékárně. Jezte hodně vitamínu C! Při horečce musíte hodně pít. Třeba čaj s medem a citrónem. A hlavně zůstaňte v teple.

Pacient:	Myslíte si, že by mi pomohlo očkování proti chřipce?
Lékař:	Já to většinou pacientům doporučuju, ale musíte být úplně zdravý. Můžete se nechat očkovat před začátkem epidemie. Teď vám napíšu neschopenku. Za týden přijdete na kontrolu.

3. Co znamená, když se řekne:

1. **Necítím se ve své kůži.**
   a) Jsem zraněný.
   b) Jsem velmi rozčilený.
   c) Není mi dobře.

2. **Zvedá se mi žaludek.**
   a) Nemám chuť k jídlu.
   b) Chce se mi zvracet.
   c) Mám pořád hlad.

3. **Lomcuje se mnou zimnice.**
   a) Potím se.
   b) Mám mrazení po těle.
   c) Je mi horko.

4. **Dusím se kašlem.**
   a) Nemůžu dýchat.
   b) Nemůžu spát.
   c) Nemůžu mluvit.

4. Rozhodněte, která tvrzení se shodují s textem.

1. Pan Horák má vysokou horečku.
2. Pan Horák má rýmu a kašel.
3. Pan Horák má zápal plic.
4. Pan Horák má pořád hlad.
5. Pan Horák často zvrací.
6. Pan Horák má velké bolesti.
7. Pan Horák musí hodně pít.
8. Pan Horák není očkovaný proti chřipce.
9. Pan Horák se obává chřipkové epidemie.
10. Pan Horák musí zůstat týden doma.

5. Odpovězte na otázky k textu.

1. Jaké zdravotní problémy má pan Horák?
2. Jak vysokou teplotu má?
3. Proč může jíst jen málo?
4. Proč nešel hned k lékaři?
5. Jakou diagnózu stanovil lékař?
6. V jakém případě může pan Horák dostat zápal plic?
7. Jaké léky musí pan Horák užívat?
8. Jaká lékařská doporučení by měl pan Horák dodržovat?
9. Za jakého předpokladu se může pan Horák nechat očkovat proti chřipce?
10. Kdy musí přijít na kontrolu?

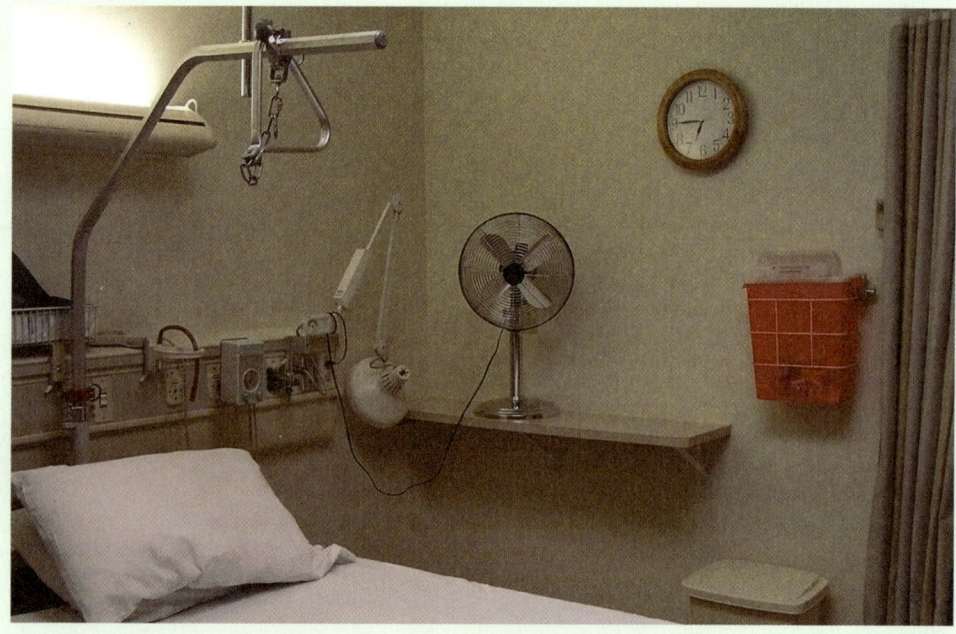

Podstatná jména
označující části lidského těla

6. Doplňte do vět podstatné jméno *ruce*.

1. Po každé zmrzlině se natáhlo několik dětských _____ .
2. Zapomněla jsem si rukavice. Je mi zima na _____ .
3. Maminka se vracela z nákupu a v obou _____ měla tašky.
4. Akrobaté dokáží chodit po _____ .
5. Běž si umýt _____ .
6. Nemůžeš jíst špinavýma _____ .
7. Slíbil jí, že ji bude nosit na _____ .
8. Chlapec se bránil _____ nohama.
9. Můžete si podat _____ .
10. Proč se ti třesou _____ ?

7. Doplňte do vět podstatné jméno *oči/oka*.

1. V polévce plavala mastná _____ .
2. Všimni si té dívky s modrýma _____ .
3. Modrá barva ti sluší a jde ti k _____ .
4. Nepoznal jsem ho, protože měl na _____ brýle.
5. Promluvíme si o tom mezi čtyřma _____ .
6. Řekli si to z _____ do _____ .
7. Dívala se mu stále do _____ .
8. Viděl jsem to na vlastní _____ .
9. Ten obraz mám stále před _____ .
10. Nechám si odstranit kuří _____ .

8. Doplňte do vět podstatné jméno *nohy*.

1. Myslel si, že mu celý svět bude ležet u _____ .
2. Jsem moc unavený, protože jsem od rána na _____ .
3. Chlapci vylezli na strom a pohupovali _____ .
4. Lež má krátké _____ .
5. Ztráceli půdu pod _____ .
6. Šel, kam ho _____ nesly.
7. Pavouk má osm _____ .
8. Celý byt jsme obrátili vzhůru _____ .
9. Proč sedíš na židli s rozviklanými _____ .
10. Moje přítelkyně má dlouhé _____ .

Konverzace

9. Pojmenujte jednotlivé části lidského těla.

brada / břicho / čelo / hlava / koleno / kotník
krk / loket / lýtko / noha / oko / pata / prst
pusa / nos / rameno / stehno / tváře / ucho
vlasy / záda / zadek / tělo / obočí / řasy / ruka

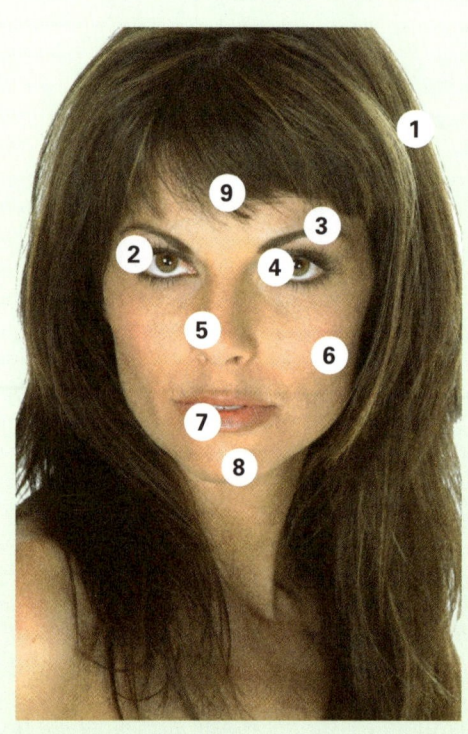

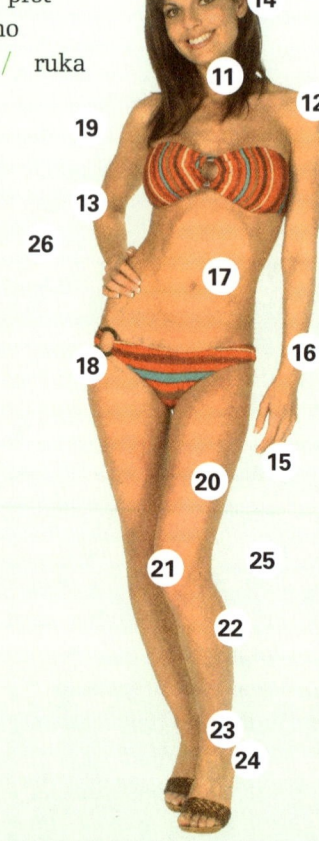

10. Doplňte do vět části lidského těla ze cvičení 9.

1. Vůbec mi to nejde do _____.
2. Pořád mám hodně práce. Už mi to leze _____.
3. Co říkáš, nemá hlavu ani _____.
4. Slyšel jsem to na vlastní _____.
5. Pavel o mě ani _____ nezavadí.
6. Celou dobu mě vodil za _____.
7. Dej si před ní pozor na _____.
8. Přítel žije na volné_____.
9. Všechno jí padá z _____.
10. Otočila si ho kolem _____.

11. K větám ze cvičení 10 přiřaďte správné ekvivalenty.

Slyšel jsem to osobně. / Nechápu to. / Nemá trvalé zaměstnání.
Úplně ho ovládla. / Vůbec si mě nevšímá. / Je mi to protivné.
Buď opatrný ve vyjadřování. / Je to nesmysl. / Klamal a podváděl mě.
Nic se jí nedaří.

12. Označte křížkem, zda se jedná o nemoc nebo zranění.

nemoc	zranění		nemoc	zranění	
x	___	obezita	___	___	omrzliny
___	___	angína	___	___	cukrovka
___	___	zlomená noha	___	___	průjem
___	___	chřipka	___	___	rakovina
___	___	infarkt	___	___	žloutenka
___	___	vysoký krevní tlak	___	___	vymknutý kotník
___	___	popáleniny			

13. Řekněte, jaké mají zdravotní problémy.

14. Poraďte nemocnému. Pracujte podle vzoru.

Měl by/Měla by... / Musí... / Nesmí...

Syn má teplotu. – *Měl by jít k lékaři. Musí brát léky. Musí ležet v posteli. Musí pít teplý čaj s citrónem. Nesmí chodit ven.*

Přítelkyni bolí hlava. / Dcera má silný kašel. / Manžela bolí zub.
Sestra zvrací. / Kolega se říznul do prstu. / Babičku bolí záda.
Kolegyně si zvrtla nohu v kotníku. / Bratr má průjem.
Sestra chraptí. / Synovi teče krev z nosu. / Přítel má zimnici.

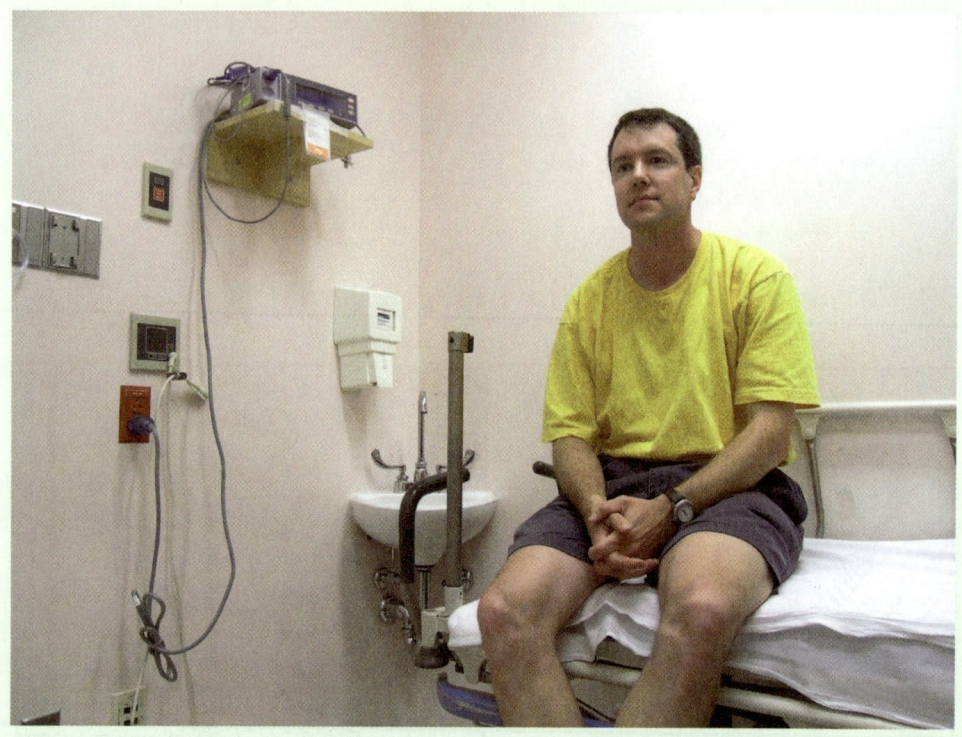

Poslech

15. Poslechněte si rozhovory a řekněte, jaká zdravotnická zařízení lidé navštívili.

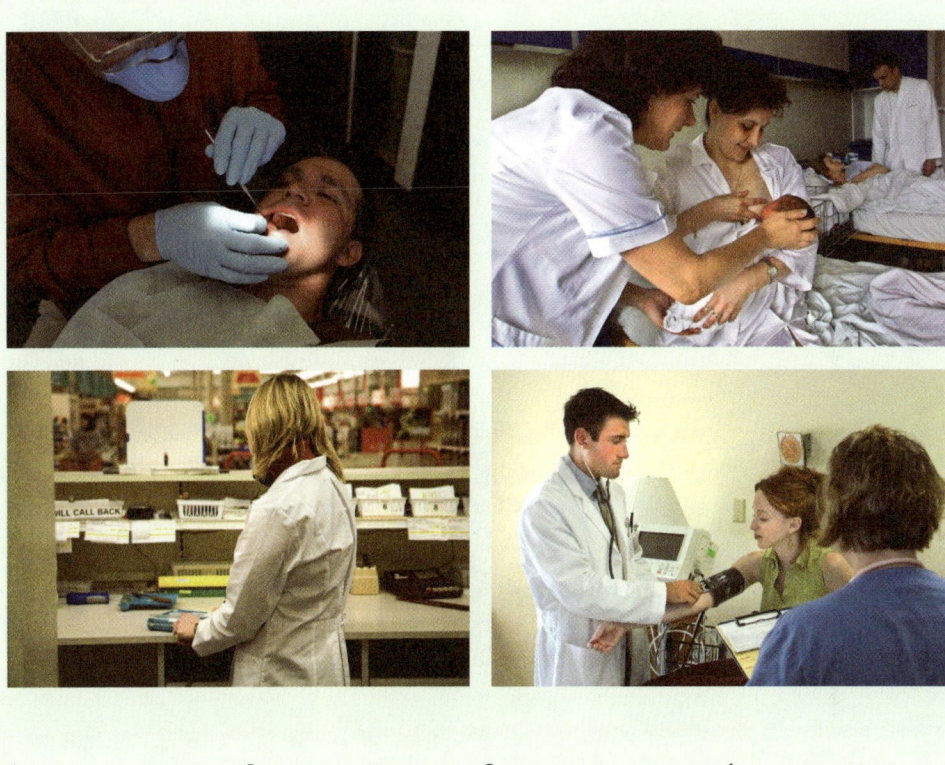

1. _____ 2. _____ 3. _____ 4. _____

16. Poslechněte si rozhovory ještě jednou a řekněte, proč lidé navštívili tato zdravotnická zařízení a s jakým výsledkem.

	Proč?	Výsledek
Pan Kratochvíl	_____	_____
Pan Čanda	_____	_____
Zákazník	_____	_____
Paní Šejnohová	_____	_____

17. Poslechněte si rozhovory. Které výpovědi jsou správné?

1. Honza volá Tomášovi.   *ano*/*ne*
2. Honza zavolá Tomášovi příští týden.   *ano*/*ne*
3. Honza nechce hrát fotbalový zápas.   *ano*/*ne*
4. Honza má chřipku a horečku.   *ano*/*ne*
5. Honza je už zdravý.   *ano*/*ne*

1. Milena se řízla do ruky.   *ano*/*ne*
2. Milena strčila do Martina.   *ano*/*ne*
3. Mileně teče krev z prstu.   *ano*/*ne*
4. Milena jde do lékárny pro obvaz.   *ano*/*ne*

1. Petr srazil na přechodu malou holku.   *ano*/*ne*
2. Petr spadnul z kola.   *ano*/*ne*
3. Petr měl otřes mozku.   *ano*/*ne*
4. Petr si zlomil nohu.   *ano*/*ne*

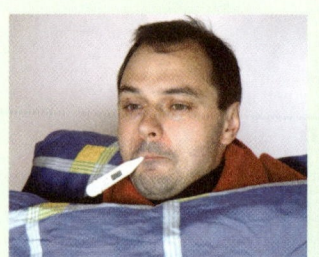 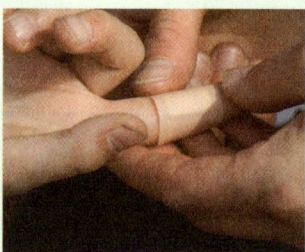 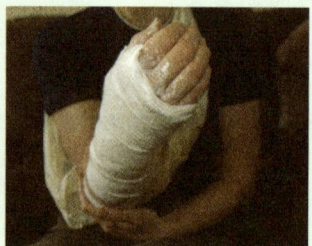

Slovní zásoba

angína	tonsillitis	Angina
brada	a chin	Kinn
břicho	a stomach	Bauch
cukrovka	diabetes	Diabetes
čelo (lidské)	a forehead	Stirn
epidemie	an epidemic	Epidemie
hlava (lidská)	a head	Kopf
horečka	a temperature	Fieber
chraptět	to be hoarse	heiser sein
chřipka	flu	Grippe
infarkt	a heart attack	Infarkt
kašel	a cough	Husten
kloub (lidský)	a joint (human)	Gelenk
koleno	a knee	Knie
kopřivka	a rash	Ausschlag
kotník	an ankle	Knöchel
krevní tlak	blood pressure	Blutdruck
krk	a throat	Hals
loket	an elbow	Ellbogen
lýtko	a calf	Wade, Unterschenkel
mast	an ointment	Salbe
náplast	a plaster	Pflaster
	a band-aid	
noha	a leg	Fuß, Bein
nos	a nose	Nase
obezita	obesity	Korpulenz, Dickleibigkeit, Übergewicht
obočí	eyebrows	Augenbraue
obvaz	a bandage	Verband, Binde
očkování	inoculations	Impfung
oko (lidské)	an eye	Auge
omrzliny	chilblains	Erfrierungen, Frostbeulen
	frostbite	
onemocnění	a disease	Erkrankung
otřes mozku	concussion	Gehirnerschütterung
pata (u nohy)	a heel	Ferse
popáleniny	burns	Verbrennung
porod	labour	Geburt, Entbindung
	labor	
porodnice	a maternity hospital	Entbindungsklinik, -station
potit se	to sweat	schwitzen
prst	a finger	Finger, Zehe
průjem	diarrhoea	Durchfall
pusa	a mouth	Mund
nos	a nose	Nase
rakovina	cancer	Krebs
rameno	a shoulder	Arm, Schulter, Achsel, Ärmel
rána	a wound	Wunde, Schlag, Stoß

rýma	a cold	Schnupfen
senná rýma	hay feaver	Heuschnupfen
slzet	to have runny eyes	tränen
stehno	a thigh	(Ober-)Schenkel
sval	a muscle	Muskel
svědit	to itch	jucken, kribbeln
tělo	a body	Körper
tváře	a face	Gesicht, Wange
řasy (u oka)	eyelashes	Wimpern
ucho (lidské)	an ear	Ohr
vlasy	hair	Haare
vyrážka	a rash	Ausschlag, Ekzem
vymknutý kotník	a dislocated ankle	verstauchter Knöchel
záda	a back	Rücken
zadek	a backside	Gesäß
zaplombovat	to fill	plombieren
zimnice	a chill	Schüttelfrost
zlomený	broken	gebrochen
zranění	wounded	Verletzung, Verwundung
zvrtnout si (kotník)	to twist (an ankle)	sich (den Knöchel) verrenken/verstauchen
zub	a tooth	Zahn
zubní kaz	a cavity	Karies
zvracet	to vomit	sich übergeben
žaludek	a stomach	Magen
žloutenka	jaundice	Gelbsucht

Vlastní střecha nad hlavou

1. Porovnejte, jaké podmínky máte pro bydlení a jaké byste chtěli mít.

— Je lepší bydlet ve městě, nebo na venkově?
— Máte vlastní byt nebo dům?
— Jak vycházíte se svými sousedy?
— Chcete si koupit nějakou nemovitost a proč?
— Je výhodné vzít si hypotéku?

2. Čtěte text.

Bydlím se svou rodinou v rodinném domku na venkově. Když jsme dům před pěti lety zdědili, byla to taková malá barabizna. Líbilo se nám ale okolí domu, proto jsme se pustili do rekonstrukce. Bylo to jako noční můra! Nakonec se to ale vyplatilo, protože skutečně žijeme uprostřed přírody. Pro naše dvě děti je to opravdový ráj. Jsou celý den na čerstvém vzduchu. Můžou kdykoliv vyběhnout do lesa, jezdit na koni nebo chytat ryby. Na malé vesnici se všichni lidi znají navzájem. Naše sousedka je hodně zvědavá a upovídaná. Nejdřív mi dost vadilo, že je taková drbna, ale potom jsem si zvykla, protože jsem zjistila, že je to docela hodná ženská. Občas s ní posedím u kafe nebo jedu nakupovat. Kdo na vesnici nemá auto, musí se spoléhat jen na pár autobusů nebo na pomoc souseda. *(Ivana)*

Už si ani nevzpomínám, kolikrát jsem se musel stěhovat. Teď bydlím se svými rodiči v třípokojovém bytě v paneláku na sídlišti. Doufám, že je to jen na přechodnou dobu, protože tady nemám žádné soukromí. Když se vracím v noci domů, musím se plížit jako kočka, abych nevzbudil rodiče. Netušil jsem, že v paneláku můžou mít i stěny uši. Přesně vím, kdy je soused nad námi na záchodě, kdy se sprchuje nebo jakou poslouchá hudbu. Už několik měsíců přemýšlím o tom, že si najmu byt v centru města, protože mám rád noční život, mejdany a koncerty. *(Jirka)*

Kdysi jsem bydlel v krásné přepychové vile. Potom jsem ale přišel o práci, manželka se se mnou rozvedla a začalo to se mnou jít z kopce. Začal jsem pít a nakonec jsem skončil na ulici. Od té doby nemám vlastní střechu nad hlavou, žiju jako bezdomovec. Přespávám u kamarádů, někdy na ubytovně nebo venku v parku na lavičce. V zimě je to zlé, snažím se aspoň trochu vyspat v tramvaji nebo na nádraží. Chtěl bych to změnit, ale nějak už na to nemám sílu. *(Milan)*

3. Co znamená, když se řekne:

1. **Plíží se jako kočka.**
   a) Jde velice pomalu.
   b) Jde velice tiše.
   c) Jde velice opatrně.

2. **Byla to malá barabizna.**
   a) Byl to ošklivý barák.
   b) Byl to malý dům.
   c) Byla to malá vila.

3. **Byla to noční můra.**
   a) Byla to hezká představa.
   b) Byl to děsný sen.
   c) Byl to dobrý nápad.

4. **Začalo to jít z kopce.**
   a) Cesta rychle ubíhá.
   b) Má se dobře.
   c) Vede se mu čím dál tím hůř.

5. **Stěny mají uši.**
   a) Všechno je cítit.
   b) Všechno je vidět.
   c) Všechno je slyšet.

6. **Sousedka je drbna.**
   a) Sousedka je upovídaná.
   b) Sousedka pomlouvá lidi.
   c) Sousedka je nepříjemná.

4. Rozhodněte, která tvrzení se shodují s textem.

1. Ivana zdědila dům před šesti lety.
2. Dětem se na venkově líbí.
3. Ivana zná své sousedy.
4. Všichni lidé na venkově musí mít auto.
5. Jirka se musel mnohokrát stěhovat.
6. Jirka nechce bydlet natrvalo na sídlišti.
7. Jirka chce mít své soukromí.
8. Milan prodal přepychovou vilu.
9. Milan je nezaměstnaný.
10. Milan nemá vlastní domov.

5. Odpovězte na otázky k textu.

1. Kde bydlí Ivana a s kým?
2. Proč se rozhodla pro rekonstrukci starého domu?
3. Jak je spokojená se svým bydlením?
4. Jak vychází se svojí sousedkou?
5. Má život na vesnici podle Ivany nějaké negativní stránky?
6. Kde bydlí Jirka a s kým?
7. Proč si Jirka myslí, že stěny v paneláku mají uši?
8. Kam by se chtěl Jirka odstěhovat a proč?
9. Jak žije Milan jako bezdomovec?

6. Převeďte věty do podmiňovacího způsobu.

1. Bydlím v rodinném domku na venkově.
2. Musí se spoléhat na pomoc sousedů.
3. V paneláku nemáte soukromí.
4. Jirka si najme byt v centru města.
5. Děti jsou každý den na čerstvém vzduchu.
6. Líbí se nám okolí domu.
7. Milan nemá vlastní střechu nad hlavou.
8. Milan musí přespávat v parku na lavičce.

Příslovce a předložky

7. Doplňte správnou předložku.

doprostřed / mezi / na / na / nad / pod / u / v / vedle / za

1. Obraz visí _____ bílé stěně.
2. Novou lampu postavím _____ psací stůl.
3. _____ konferenčního stolku stojí dvě křesla.
4. Tu hezkou fotografii pověsíme _____ novou postel.
5. Knihovna stojí _____ velkou skříní a _____ květinovou stěnou.
6. Polička visí _____ malého plakátu.
7. Palma stojí _____ červeným gaučem.
8. Kulatý stůl postavíme _____ obývacího pokoje.
9. Noviny leží _____ dřevěnou židlí.
10. Pračka stojí _____ koupelně.

8. Doplňte věty podle vzoru.

Vzor: Jana sedí venku na terase. Sedni si také... *ven na terasu!*

1. Obraz visel vlevo vedle okna. Pověs obraz _____!
2. Počkám na tebe nahoře v ložnici. Přijď za mnou _____!
3. Kniha ležela dole v poličce. Polož je opět _____!
4. Na gauči sedím uprostřed. Sedni si také _____!
5. Lampa stála vpravo v rohu. Postav ji zase _____!
6. Jsem už venku. Pojď také _____!
7. Psací stůl byl vzadu. Postav ho zase _____!
8. Všichni už jsou uvnitř v pokoji. Běž také _____!

9. Popište význam uvedených slov. Pracujte se slovníkem.

jídelní stůl / psací stůl / servírovací stolek / skříň / židle
křeslo / sedací souprava / polička / knihovna / noční stolek
konferenční stolek / pohovka / válenda / gauč / lampa
lustr / postel / květinový stolek / věšák / zrcadlo
koberec / botník / lednice / myčka / odpadkový koš
sporák / počítač / pračka / záclony / závěsy / obraz

10. Jak byste zařídili tyto pokoje? Pracujte ve dvojicích. Reagujte podle vzoru.

Kam bys postavil(a) psací stůl? – Psací stůl bych postavil(a) do pracovny k oknu.
Kam bys pověsil(a) zrcadlo? – Zrcadlo bych pověsil(a) do koupelny nad umyvadlo.

obývací pokoj / pracovna / ložnice / hala / dětský pokoj
koupelna / kuchyň / předsíň

Konverzace

11. Kde bydlí? Popište obrázky.

12. Přečtěte si inzeráty a odpovězte na otázky.

1. Co znamenají zkratky: 3+kk, OV, tram, WC, kabelová TV, tel., cca., vč.?
2. O jaké nabídce se můžete okamžitě telefonicky informovat?
3. Jakou nabídku využijete, pokud budete chtít podnikat?
4. Jaká nabídka je vhodná pro početnější rodinu?
5. Jaká nabídka je vhodná pro studenty?
6. Kolik stojí byt v Brně?
7. Jakou nabídku využijete, pokud budete chtít bydlet na vesnici?
8. Jakou nabídku využijete, pokud budete chtít bydlet na Moravě?
9. Jaký inzerát nabízí nájem nemovitosti?
10. Jaký inzerát umožňuje výměnu bytu?

Prodám 3+kk v Praze 6-Dejvice, 102 m², po rekonstrukci, OV. Prostorná vstupní hala, balkon, komora, sklep, WC oddělené, koupelna s vanou. Neprůchozí pokoje, kuchyňský kout s oknem, na podlahách parkety a dlažba. V blízkosti zeleň, dětská hřiště, obchody. Vynikající dopravní spojení do centra, tram a metro. DD 765459

Pronajmu nezařízený byt v Brně. Součástí bytu je nová kuchyňská linka včetně spotřebičů a zařízená koupelna. Po dohodě možnost zavedení kabelové TV, telefonní linky vč. internetu. Ve dvoře k bytu vyhrazené parkovací místo. Cena: 8000 + inkaso 1500.
RK 128

Prodám větší rodinný dům 6+kk, v klidné oblasti Krkonoš, v blízkosti vleků, v místě turistického centra. Dům je z roku 1993, možnost bydlení nebo podnikání (penzion). K domu náleží zahrada cca 450 m, s pergolou a krbem. Dům je perfektně udržován, k dispozici ihned po zaplacení. Informace o ceně na tel. +420 604 849 456.

Vyměním státní byt 2+1 v Havířově, v hezkém prostředí, za podobný nebo i menší v Opavě a okolí kdekoliv. Spěchá, kontakt: Janová M. tel. 737 831 377

Dvojlůžkový pokoj s vlastním příslušenstvím a samostatným vchodem v rod. domku v Jindřichově Hradci pronajmu k ubytování na dobu delší než 1 měsíc. Cena dohodou.
606 784 567

Poslech

13. Jste se svým bydlením spokojeni?

Poslechněte si rozhovor a doplňte tabulku.

	Mirek	Kamila	Erik
Kde bydlí?			
Jak dlouho bydlí?			
Jsou s bydlením spokojeni?			
Jak vycházejí se sousedy?			

14. Poslechněte si rozhovor ještě jednou a vyberte správnou variantu.

1.

a) Mirek si nechal postavit dům na klíč.
b) Mirek bydlí se svojí manželkou ve velkém domě.
c) Manželka se bála chodit do lesa, protože jsou tam lišky.
d) Mirek je romantický, má rád přírodu a klid.
e) Manželka už nechce bydlet ve městě.

2.

a) Kamila bydlí v jedné malé místnosti.
b) Kamila platí za podnájem přes šest tisíc měsíčně.
c) Kamila je nešťastná, protože nemá vlastní dům.
d) Kamila se seznámila se svými sousedy na večírku.
e) Kamila nemá se svými sousedy problémy.

3.

a) Erik bydlí se svojí rodinou na zámku.
b) Erik má saunu, bazén, fitness, velkou zahradu, tenisové kurty.
c) Erik závidí sousedům, že pořádají večírky.
d) Sousedům vadí hluk z večírků.
e) Erik o sobě tvrdí, že má hodně peněz.

15. Poslechněte si rozhovor a odpovězte na otázky.

1. Jak se jmenují noviny, ve kterých pan Hartman četl inzerát?
2. Kolik lidí má zájem koupit ten dům?
3. Kde dům leží?
4. Kolik místností má dům a jak jsou velké?
5. Kolik dům stojí?
6. Kdy si chce pan Hartman dům prohlédnout?
7. Kde se sejde pan Hartman s panem Čermákem?

16. Stěhování

Poslechněte si rozhovor a vyberte správnou variantu.

1. Johana je unavená, protože:
    a) je nemocná
    b) hodně pracuje
    c) se stěhuje

2. Johana se stěhuje do:
    a) řadového domu
    b) rodinného domu
    c) činžovního domu

3. Johana bude bydlet:
    a) v centru města
    b) na sídlišti
    c) na venkově

4. Zuzana má problémy se sousedkou. Vadí jí:
    a) kňučení a štěkání psů
    b) hádky sousedů
    c) hlasitá hudba

5. Johana si vzala na dům hypotéku.
   Měsíčně splácí:
    a) dva tisíce
    b) tři tisíce
    c) čtyři tisíce

Slovní zásoba

barabizna	an ugly house	(Bruch-)Bude
bezdomovec	a homeless person	Obdachloser
bordel (nepořádek)	a mess	Chaos, Unordnung
botník	a shoe cabinet	Schuhregal
dlažba	a tile	(Straßen-)Pflaster
drbna	a gossip	Klatschtante
hádat se	to argue	sich streiten
hluk	a noise	Lärm
hypotéka	a mortgage	Hypothek
kňučení	whining	Gewinsel
krabice	a box	Schachtel, Karton
kuchyňský kout	a kitchenette	Küchenecke
lokalita	locality	Lokalität
místnost	a room	Raum, Zimmer
myčka	a dishwasher	Spülmaschine
nabídka	an offer	Angebot
nemovitost	property	Liegenschaft, Immobilie
neprůchozí pokoje	a room with only one exit	Nichtdurchgangszimmer
odpadkový koš	a bin	Abfalleimer
	a trashcan/garbage can	
podlaha	the floor	Fußboden
podnájem	rented accomodation	Untermiete
pořádat večírky	to have parties	eine Feier ausrichten, eine Party organisieren
přechodná doba	a temporary period	Übergangszeit
přespávat	to sleep over	übernachten
rekonstrukce	to sleep over	Rekonstruktion
samota (místo k bydlení)	an isolated place	einsames Gehöft
sedací souprava	a three-piece suite	Sitzgarnitur
servírovací stolek	a tea-trolley	Serviertisch, Beistelltisch
	a tray table	
splácet	to pay off	abzahlen
soused	a neighbour	Nachbar
	a neighbour	
spoléhat se	to rely on	sich verlassen
sporák	a stove	Herd
stěhovat se	to move house	umziehen
stěžovat si	to complain	sich beschweren
střecha	a roof	Dach
štěkání (psa)	barking	Gebell
ubytovna	a hostel	Herberge, Unterbringung
venkov	the countryside	Land
věšák	a hatstand	Kleiderständer
	a coatrack	
vlek (lyžařský)	a ski lift	Skilift
vydělávat	to earn	verdienen
zadlužit se	to get into debt	in Schulden geraten
záminka	an excuse	Vorwand, Deckmantel
závidět	to envy	beneiden

zdědit	to inherit	erben
záclony	curtains	Gardinen
závěsy	blinds	Vorhänge
zrcadlo	a mirror	Spiegel

Rčení a ustálená slovní spojení

Nasadit někomu brouka do hlavy.	To get someone to think about something.	Jemandem einen Floh ins Ohr setzen.
Byla to noční můra.	It was a nightmare.	Das war ein Alptraum.
Tam, kde lišky dávají dobrou noc.	The back end of beyond.	Dort, wo sich Fuchs und Hase gute Nacht sagen.
Jde to s ním z kopce.	It is going downhill with him.	Es geht mit ihm bergab.

13. LEKCE
Móda a lidé kolem nás

1. Zajímáte se o módu? Diskutujte o následujících tématech.

— Co nejraději nosíte?
— Co je pro vás při výběru oblečení rozhodující?
— Jaká barva se vám líbí?
— Kupujete si značkové oblečení?
— Sledujete módní trendy?

2. Čtěte text.

Při výběru oblečení je pro mě rozhodující krásný střih a kvalitní materiál. Potrpím si na značkové oblečení, za které utrácím hodně peněz. Líbí se mi podzimní barvy, hlavně zelená a žlutá. Vzhled je pro mě dost důležitý, proto si pečlivě vybírám nejen různé kostýmky, halenky a večerní šaty, ale i boty a kabelky. Jak v práci, tak ve společnosti chci vypadat stále hezky a elegantně. Když si vezmu na sebe něco, o čem nejsem přesvědčená, cítím se celý den nepříjemně. *(Milena)*

Móda je o náladě, ne o drahých značkách a penězích. Mám ráda, když jsem vidět. Radši riskuju s výraznějším oblečením, než abych nestála nikomu za pohled. Nosím často krátké sukně se širokými pásky a k tomu vzorované punčocháče. Cítím se dobře i v džínách s rozšířenými nohavicemi a v přiléhavém tričku s nápisy. Ráda kombinuju zdánlivě neladící vzory, třeba různé pruhy a puntíky. Mám ráda světle modrou a bílou barvu. Když mám dobrou náladu, obléknu si květovanou halenku nebo růžové šaty. *(Zuzana)*

Oblékám se hekticky. Ráno nemám moc času, tak většinou popadnu džíny a k tomu nějaké modré nebo černé tričko. Nosím několik oblíbených věcí, ale nemám rád zmačkané kalhoty a oprané košile. Oblečení musí být hlavně pohodlné a praktické a umožňovat mi pohyb. V létě jsou pro mne nenahraditelné šortky. Ve volném čase sportuju, hraju tenis nebo volejbal. Na sebe si vezmu tričko, mikinu, tepláky, při nepříznivém počasí nepromokavou bundu. Do společnosti moc nechodím. Obléknout si tmavý oblek, bílou košili a upnutou kravatu je pro mne utrpením. *(Martin)*

3. Určete, která tvrzení se shodují s textem.

1. Milena ráda nosí značkové oděvy.
2. Milená má plnou skříň oblečení.
3. Milena kupuje ráda různé módní doplňky.
4. Milena má ráda zelenou a žlutou barvu.
5. Zuzana utrácí za oblečení hodně peněz.
6. Zuzana chodí nápadně oblečená.
7. Zuzaně sluší jen bílá barva.
8. Martin nosí většinou vytahané tričko a staré džíny.
9. Martin má rád praktické a pohodlné oblečení.
10. Když jde Martin sportovat, oblékne si tričko, mikinu, tepláky, někdy i bundu.

4. Odpovězte na otázky k textu.

1. Co je pro Milenu při výběru oblečení rozhodující?
2. Proč Milena utrácí za oblečení hodně peněz?
3. V jakém oblečení se Milena necítí dobře?
4. Jaké oblečení nosí Zuzana?
5. Proč Zuzana při výběru oblečení ráda experimentuje?
6. Co si myslí Zuzana o módě?
7. Jaké oblečení nosí Martin?
8. Jaké oblečení se Martinovi nelíbí?
9. Proč Martin nechodí rád do společnosti?

5. Spojte výrazy. Najděte víc možností.

potrpět si na	různé pruhy a puntíky
vybírat si	tmavém obleku
nosit	bílou barvu
cítit se dobře v	černou mikinu
kombinovat	značkové oblečení
obléknout si	růžové šaty
mít rád(a)	krátké sukně
vzít si na sebe	boty a kabelky
vypadat elegantně v	džíny
popadnout	přiléhavém tričku

Přídavná jména, stupňování přídavných jmen

6. Doplňte správný tvar podstatného a přídavného jména v závorce.

1. Při výběru oblečení jsou rozhodující _____ (kvalitní materiály).
2. Ve skříni mám pár _____ (zajímavé modely).
3. Ke _____ (společenské šaty) mi chybí správné boty.
4. Mám plnou skříň _____ (černé kalhoty).
5. Líbí se mi _____ (červené svetry).
6. Černou sukni nosím ke _____ (květované halenky).
7. Zaměřuji se spíše na _____ (módní doplňky).
8. Nosím několik _____ (oblíbené věci).
9. Koupím si pět _____ (modrá trička).
10. Udělám si radost _____ (pastelové barvy).

7. Doplňte slovní spojení v závorce ve správném tvaru.

1. Jaké doplňky se hodí k _____ (večerní šaty)?
2. Petře, proč máš díru na _____ (nové kalhoty)?
3. Koupíš si jednodílné, nebo _____ (dvojdílné plavky)?
4. V těch _____ (společenské šaty) vypadáš elegantně.
5. Nejraději nosím tričko a _____ (černé kalhoty).
6. Léto bude ve znamení _____ (krátké květované šaty).
7. Chtěl jsem jít na ples, ale nevejdu se do _____ (modré šaty).
8. Jak se cítíš v _____ (nové plavky)?
9. Líbí se ti barva mých _____ (letní šaty)?
10. Oblékněte se všichni do _____ (jednodílné plavky).

8. Doplňte druhý stupeň přídavných jmen.

1. Moje kamarádka je čím dál tím víc _____ (tlustý).
2. Jsi _____ (starý), nebo _____ (mladý) než jeho sestra?
3. Manželka drží dietu, protože chce být _____ (štíhlý).
4. Roman nemůže mít stejné brýle jako ty, protože má _____ (kulatý) obličej.
5. Ten kabát je moc dlouhý. Potřebuju _____ (krátký).
6. Jeho přítelkyně je _____ (hezký) a _____ (atraktivní), než jsem si myslela.
7. Nevěděla jsem, že Jakub je o pár centimetrů _____ (malý) než Karolína.
8. Koupím si nějaké _____ (levný) tričko.
9. Ta kravata se hodí ke _____ (světlý) oblek.
10. Moje dcera má _____ (dlouhý) vlasy.

Konverzace

9. Spojte podstatná jména s vhodnými přídavnými jmény.

bunda	**společenský**
čepice	**večerní**
halenka	**tmavý**
kabát	**světlý**
kalhoty	**krátký**
košile	**dlouhý**
oblek	**teplý**
plavky	**široký**
pyžamo	**úzký**
sukně	**volný**
šaty	**přiléhavý**
šortky	**sportovní**
tepláky	**nový**
tričko	**starý**

10. Doplňte věty. Využijte slovní zásobu ze cvičení 9.

1. V létě jsou pohodlné _____ .
2. Do divadla si obléknu _____ .
3. Do společnosti dávám přednost _____ .
4. Sportuju v _____ a _____ .
5. Do práce nosím _____ a _____ .
6. V zimě mám na sobě _____ nebo _____ .
7. Když jdu spát, obléknu si _____ .
8. Venku mrzne, proto si vezmu _____ .
9. Chci si koupit _____ , protože pojedu k moři.
10. Pracuju jako sekretářka, proto nosím často _____ a _____ .

11. Doplňte rozhovor.

Poraďte kamarádce, co si má obléknout, když jde do divadla.

Šárka: Ahoj, Pavlo. Už jsem tady.

Pavla: Ahoj, Šárko. To jsem ráda, žes přišla.

Šárka: Ty ještě nejsi oblečená? Koncert začíná v osm hodin.

Pavla: _____

Šárka: Jak to, že nevíš? Vždyť máš plnou skříň oblečení!

Pavla: _____

Šárka: Ukaž, všechno není staromódní. Tak třeba tahle modrá sukně je docela hezká.

Pavla: _____

Šárka: Máš pravdu, je ti malá. Oblékni si černou sukni, ta se hodí ke všemu.

Pavla: _____

Šárka: Je úplně jedno, jakou halenku si vezmeš na sebe, všechny jsou hezké.

Pavla: _____

Šárka: Myslím si, že nejvíc ti sluší tady ta červená.

Pavla: _____

Šárka: Už je půl osmé. Půjdeme?

Pavla: _____

12. Řekněte, jaký dojem na vás dělají osoby na obrázku.

Martin

Eva

Petr

Simona

Filip

Šárka

Pracujte podle vzoru:

Martin je ...	starý (á) / sympatický (á) / nervózní
Martin není ...	mladý (á) / atraktivní / hubený (á)
	malý (á) / veselý (á) / smutný (á)
	vysoký (á) / inteligentní / tlustý (á)
	štíhlý (á) / hezký (á) / optimistický (á)

Martin má ...	kulatý obličej / dlouhé vlasy / brýle
Martin nemá ...	oválný obličej / krátké vlasy / vousy
	hranatý obličej / kudrnaté vlasy / knír
	podlouhlý obličej / rovné vlasy / pleš

13. Srovnejte osoby na obrázcích ze cvičení 12. Uveďte první a druhý stupeň přídavných jmen.

Martin je stejně sympatický *jako Eva.*
Martin není tak sympatický *jako Eva.*
Eva je sympatičtější *než Martin.*
Nejsympatičtější *je Petr.*

14. Odpovězte podle obrázků ze cvičení 12.

Kdo je nejmladší?	Kdo je nejveselejší?	Kdo je nejoptimističtější?
Kdo je nejstarší?	Kdo je nejsmutnější?	Kdo je nejpesimističtější?
Kdo je nejmenší?	Kdo je nejsympatičtější?	Kdo je nejtlustší?
Kdo je nejvyšší?	Kdo je nejhezčí?	Kdo je nejštíhlejší?

15. Řekněte, které z vlastností uvedených v tabulce mají tyto osoby.

Jaká je vaše ...

kolegyně	sousedka
sekretářka	sestra
maminka	dcera
manželka	přítelkyně
dívka	teta

Jaký je váš ...

ředitel	kolega
manžel	přítel
soused	učitel
bratr	syn
tatínek	strýc

chytrý(á) / inteligentní / hloupý(á) / pracovitý(á)

aktivní / líný(á) / smutný(á) / drzý(á) / společenský(á)

hodný(á) / lakomý(á) / závistivý(á) / žárlivý(á)

odpovědný(á) / trpělivý(á) / spolehlivý(á) / sebevědomý(á)

upovídaný(á) / spravedlivý(á) / ochotný(á) / pyšný(á)

16. Vypadáš skvěle!

Romana si už dlouho neřekla, že vypadá k světu. Proto se přihlásila do televizní soutěže Vypadáš skvěle! Prohlédněte si kresby a řekněte, jak Romana vypadala před proměnou a po ní.

17. Diskutujte!

1. Jste se svým vzhledem spokojen(a)?
2. Přihlásil(a) byste se do podobné soutěže a proč?
3. Z jakého důvodu chtějí podle vašeho názoru lidé vypadat jinak?
4. Sledujete podobné pořady v televizi a proč?

Poslech

18. Co na sebe?

Poslechněte si rozhovor a určete, které výpovědi jsou správné.

1. Lenka a Pavel chtějí jít do kina.
2. V půl sedmé mají čekat na kamarádku Janu.
3. Jana se musí ještě osprchovat.
4. Jana bude čekat v půl osmé před divadlem.
5. Lenka a Pavel nechtějí přijít pozdě, proto si vezmou taxi.
6. Pavel si oblékne bílou košili.
7. Pavel si vezme na sebe tmavě modrý oblek.
8. Lence se líbí červená kravata.
9. Lence sluší černé šaty.
10. Taxi přijede za pět minut.

19. Poslechněte si odpovědi na dotazy a doplňte chybějící údaje v textu.

Módní hity

a) Módní svět se vrací k _____ . Léto je tedy ve znamení krátkých _____ a šatů s odhalenými rameny, _____ _____ zády či pupíkem. Veliké i drobné květy zaplavují nejen šaty, ale i _____ nebo _____ . Květinové jsou také doplňky – _____ a _____ . Pokud by vás květy omrzely, můžete je zaměnit za ovocné plody – jahody, _____ , melouny. Velmi mladistvě vypadá kombinace ostře _____ s bílou. Rezavým mladým dámám sluší _____ . Blondýnky se budou báječně cítit v trávově zelené či _____ . Brunetkám svědčí smaragdová a _____ barva.

b) Pokud jde o tvar klobouku, je _____ velmi tolerantní a můžete si koupit to, co vám sluší a v čem se cítíte dobře. Až budete _____ vybírat, pozorujte se v zrcadle ze všech stran. O barvě nerozhoduje pouze _____ , ke kterému jej budete nosit, ale také _____ obličeje. V obchodě tedy musíte jít i na denní světlo, abyste zkontrolovala, zda vám zvolený _____ vyhovuje. Nezapomeňte také na to, že ke klobouku patří vzpřímená chůze.

c) Patrně nemáte zájem na sebe upozorňovat, vyhovuje vám zůstávat v pozadí. Zastáváte _____ názory a rovněž nelze předpokládat, že máte nějaké zvláštní ambice. Zato jste neuvěřitelně _____ , pracovitá, _____ a umíte podat pomocnou ruku. Doporučovala bych Vám tmavě modré oblečení oživit _____ _____ doplňky, třeba výrazným šátkem, _____ knoflíky nebo páskem.

20. Poslechněte si text ještě jednou a odpovězte na následující otázky.

1. V jakém oblečení budou ženy vypadat v létě moderně?
2. Jaké vzory jsou hitem léta?
3. Jaké barvy budou převládat?
4. Jaké barvy sluší zrzkám, blondýnkám a brunetkám?
5. Jaké zásady platí při výběru klobouku?
6. Co rozhoduje o barvě klobouku?
7. Jaké vlastnosti mají lidé, kteří si oblékají převážně tmavě modré oblečení?
8. Čím můžeme oživit tmavě modré oblečení?

21. Poslechněte si rozhovor a doplňte údaje v tabulce.

	Lucie	Marta	Pavel
Postava			
Vlasy			
Obličej			
Oči			
Uši			
Nos			
Ústa			
Vlastnosti			

Slovní zásoba

anketa	a questionnaire	Umfrage
bunda	a jacket	Jacke
cítit se	to feel	sich fühlen
doplněk	an accessory	Zusatz, Ergänzung, Anhang
drzý	rude	frech
džíny	jeans	Jeans
elegantní	elegant	elegant
halenka	a blouse	Bluse
hloupý	stupid	dumm, plump, ungeschickt
hranatý	square	kantig
chytrý	clever	klug
kapsa	a pocket	(Jacken-)Tasche
klobouk	a hat	Hut
knír	a moustache	Schnurrbart
kostým	a suit	Kostüm
košile	a shirt	Hemd
kravata	a tie	Krawatte
kudrnatý	curly	lockig, kraus
květovaný	floral	geblümt
lakomý	mean *stingy / cheap*	geizig
líný	lazy	faul
materiál	material	Material
móda	the fashion	Mode
nepromokavý	water resistant	wasserdicht
nohavice (u kalhot)	trouser leg *pant leg*	(Hosen-)Bein
nos	a nose	Nase
oblečení	clothes	(Be-)Kleidung
oblek (pánský)	a suit	Anzug
oblíbit si	to take a liking to	Gefallen finden an, lieb gewinnen
obličej	face	Gesicht
odpovědný	responsible	verantwortlich
odstín	a shade	Schattierung, Abstufung
oko/oči	an eye/eyes	Auge/Augen
oválný	oval	oval
ozdobný	decorative	Schmuck-, Zier-
pásek	a belt	Gürtel
plavky	a swimming costume / swimming trunks *a swimming suit / bathing suit / swimming trunks (male)*	Badeanzug, Badehose
pleš	a bald head	Glatze
podlouhlý	elongated	länglich
pohodář (o lidech)	a relaxed person	gemütlicher Mensch
pohodlí	comfort	Komfort, Bequemlichkeit
pohyb	movement	Bewegung
popadnout	to grab	(er)greifen, (an)fassen, schnappen

potrpět si	to be particular	sich halten an, eine Vorliebe haben für
přiléhavý	closefitting	(eng) anliegend, passend
punčocháče	tights	Strumpfhose
pyšný	proud	stolz
sebevědomý	self-confident	selbstbewusst
skříň	a cupboard	Schrank
slušet	to suit	(gut) passen, stehen
spolehlivý	reliable	zuverlässig, verlässlich
sportovní	sporty	sportlich
spravedlivý	fair	gerecht
starý (oblečení)	old	alt
střih (oblečení)	the cut	Schnitt
sukně	a skirt	Rock
svetr	a jumper *a sweater*	Strickjacke
šatník	a wardrobe	Kleiderschrank
šaty	a dress	Kleid, Klamotten
široký	wide	breit, weit
tričko	a T-shirt	T-Shirt
trpělivý	patient	geduldig
ucho/uši	an ear/ears	Ohr/Ohren
upnutý	closefitting	gebunden
upovídaný	talkative	redselig, geschwätzig
utrpení	suffering	Leiden
ústa	a mouth	Mund
úzký	narrow	eng, schmal
vlasy	hair	Haare
volný	loose	frei, lose, locker
výběr	an assortment	Auswahl
zásada	a principle	Grundsatz
závistivý	envious	neidisch
zrzka (vlasy)	a ginger woman *a redhead*	Rotschopf
žárlivý	jealous	eifersüchtig

Moje práce mě baví

1. Jaké je vaše povolání? Diskutujte o následujících tématech.

— Kde pracujete?
— Co děláte rád(a) / nerad(a)?
— Za co jste v práci zodpovědný(á)?
— Jak často máte porady?
— Musíte pracovat přesčas?
— Jezdíte na služební cesty?
— Pracujete často na počítači?

2. Čtěte text.

Když mi bylo čtrnáct, našla jsem starý foťák po dědečkovi. První fotky se mi moc nepovedly, ale nevzdala jsem to. Fotila jsem úplně všechno, co jsem potkala a viděla: kamarády, rodiče, krajinu a různá zátiší. Focení mě chytlo ještě víc, když jsem dostala nový foťák. O fotografování jsem ale začala víc přemýšlet až na vysoké škole. Hledala jsem nová témata. Zajímalo mě a stále ještě zajímá dokumentární focení. Měla jsem nádherný pocit, když se objevily moje první fotky v časopisech. Teď už to beru trochu s nadhledem. Fotka v časopise má krátkou životnost. Hodnotnější je výstava. Dá se říct, že dělám práci, která mě nekonečně baví. *(Blanka)*

Pracuju jako zdravotní sestra v nemocnici. Moje práce je fyzicky dost vyčerpávající a náročná. Kromě toho vyžaduje velkou odpovědnost. Mám služby v noci a o víkendu. Starám se o pacienty, pícham jim injekce a nosím léky. Jako každá zdravotní sestra musím pacienty i umývat a převlékat. Přicházím dennodenně do styku s lidským utrpením v různých podobách. Málokdo v životě viděl tolik smrti jako já. I po sedmi letech mě práce v nemocnici baví, i když je mizerně placená. Jsem ráda, že mi pacienti důvěřují a že jim můžu pomáhat. *(Alžběta)*

Už jako malý kluk jsem se motal v kuchyni mamince pod rukama. Vaření mě moc bavilo. Vyučil jsem se proto kuchařem. Pak jsem vyjel do zahraničí, abych se naučil ještě něco nového. Zpátky jsem se vrátil nadšený s novými nápady a zkušenostmi. Teď pracuju jako šéfkuchař ve velké hotelové kuchyni. Spolu se mnou je tady dalších 25 kuchařů a deset lidí, kteří se starají o úklid kuchyně. Naše hotelová kuchyně je vyhlášená rybami a mořskými plody. Já osobně vařím ryby hrozně rád. Připravuju samozřejmě i další jídla. K nejdražším patří třeba bílá kachní játra nebo langusty. Cizincům hodně chutná i česká svíčková. Vím to, protože často chodím po restauraci a ptám se hostů, jak jsou spokojeni. Kromě toho sestavuju jídelní lístek, který se obměňuje podle sezóny. Pochopitelně máme také speciální týdenní a denní nabídky. *(Jirka)*

3. Co znamená, když se řekne:

1. **Focení mě chytlo ještě víc.**
   a) Fotografování mě více bavilo.
   b) Přepadli mě při fotografování.
   c) Fotografování bylo náročné.

2. **Práce je mizerně placená.**
   a) Nechci tu práci dělat.
   b) Práce není zajímavá.
   c) Vydělávám málo peněz.

3. **Česká svíčková je:**
   a) smetanová omáčka,
      hovězí maso, brusinky
   b) smetanová omáčka,
      vepřové maso, zelí
   c) smetanová omáčka,
      hovězí maso, žampióny

4. **Motá se mi pod rukama.**
   a) Je opilý.
   b) Překáží mi.
   c) Pomáhá mi.

4. Rozhodněte, která tvrzení se shodují s textem.

1. Blanka začala fotografovat, když jí bylo 14 let. *ano / ne*
2. První Blančiny fotografie byly nádherné. *ano / ne*
3. Blančiny fotografie byly zveřejněny i v časopisech. *ano / ne*
4. Blanka má ráda svoji práci. *ano / ne*
5. Alžběta má náročnou a zodpovědnou práci. *ano / ne*
6. Alžběta je smutná, když lidé umírají. *ano / ne*
7. Alžběta už nechce pracovat v nemocnici, protože málo vydělává. *ano / ne*
8. Jirka studoval v zahraničí. *ano / ne*
9. Jirka teď pracuje jako kuchař v hotelu. *ano / ne*
10. Jirka sestavuje jen jídelní lístek pro cizince. *ano / ne*

5. Odpovězte na otázky.

1. Co Blanka ze začátku nejraději fotografovala?
2. O jaká témata se Blanka zajímá nyní?
3. Co pro Blanku znamená její práce?
4. Jak Alžběta charakterizuje svoji práci?
5. Co patří k pracovním povinnostem Alžběty?
6. Proč má Alžběta ráda svoji práci?
7. Proč Jirka odjel do zahraničí?
8. Kde teď pracuje a o co se stará?
9. Jaká jídla Jirka rád připravuje?
10. Co cizincům hodně chutná?

Podstatná jména

6. Doplňte podstatné jméno *téma* v množném čísle.

1. Zajímala mě nová _____ .
2. Proč jste nemluvili i o jiných _____ ?
3. Ještě jednou se vrátíme k vašim _____ .
4. Všichni studenti se seznámili s novými _____ .
5. Musíme vymyslet ještě více _____ o přírodě.
6. Chci si vybrat alespoň dvě _____ .
7. Musím najít informace k těmto _____ .
8. Proč jste se nedrželi doporučených _____ ?
9. Příští týden dostanete seznam dalších _____ .
10. Na programu konference byla zajímavá _____ .

7. Doplňte správný tvar podstatného jména *lidé*.

1. Záleží jen na _____ , jestli budou kupovat moje fotografie.
2. Mluvili jsme o tom se všemi _____ .
3. Nemoc se projevila u starších _____ .
4. Vyprávěl nám o zajímavých _____ .
5. Trávím hodně času mezi _____ .
6. Jsem ráda, že můžu pomáhat nemocným _____ .
7. Deset _____ se stará o úklid kuchyně.
8. Ptám se _____ , jestli jsou spokojení.
9. Zdravotní sestra se stará o nemocné _____ .
10. Vím, co _____ nejvíc chutná.

8. Doplňte správný tvar podstatného jména *rodiče*.

1. Moje přítelkyně chce bydlet u _____ .
2. Často myslím na své _____ .
3. Kde se setkáš se svými _____ ?
4. Nejprve jsem dělala fotografie _____ .
5. Musím zavolat tvým _____ .
6. Jsem ráda, když mě _____ pochválí.
7. Už dva roky se stará o své _____ .
8. Musíte se stále bavit o _____ ?
9. Na jednání jsme přišli místo _____ .
10. Každý víkend chodím na návštěvu k _____ .

Konverzace

9. Řekněte, jaké je jejich povolání. Kde pracují?

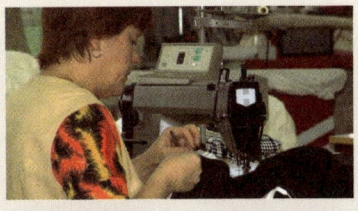

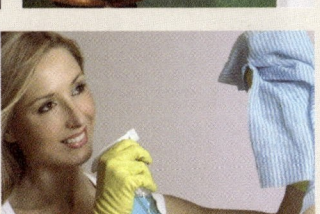

10. Odpovězte na otázky a použijte uvedená povolání.

učitel / číšník / spisovatel / zedník / horník
prodavačka / lékař / soudce / letuška / kuchař
herec / manažer / řidič / švadlena / sekretářka
ředitel / uklízečka / skladatel / kadeřnice / překladatel

1. Kdo musí pracovat přesčas?
2. Kdo může pracovat doma?
3. Kdo pracuje tělesně?
4. Kdo pracuje duševně?
5. Kdo dostává spropitné?
6. Kdo vydělává nejvíce?
7. Kdo pracuje v noci?
8. Kdo pracuje ve vedoucí funkci?
9. Kdo pracuje na směny?
10. Kdo může pracovat, kdy chce?
11. Kdo pracuje na stavbě?
12. Kdo pracuje v kanceláři?
13. Kdo pracuje za ztížených pracovních podmínek?
14. Kdo pracuje ve službách?
15. Kdo nosí uniformu?

11. Kde pracují?

Vzor: *prodavačka – obchod*   *Prodavačka pracuje v obchodě.*

lékařka	**dílna**
asistentka	**divadlo**
učitel	**soud**
zubař	**vinárna**
zámečník	**kancelář**
herečka	**nemocnice**
servírka	**ordinace**
soudce	**redakce**
novinářka	**restaurace**
kuchař	**škola**

12. Na pracovišti

Odpovězte na otázky podle vzoru.

a) Jakou máte pracovní dobu?

Vzor: *Pracuju na směny.*

od … do …   /   pohyblivá pracovní doba
práce na směny   /   polední přestávka

b) Kdy dostáváte plat? Dostáváte odměny?

Vzor: *Plat dostávám jednou měsíčně. Na konci roku dostávám prémie.*

jednou měsíčně   /   13. plat
odměny, prémie

c) Máte nějaké zaměstnanecké výhody?

Vzor: *Nemám žádné zaměstnanecké výhody.*

služební auto   /   služební telefon
důchodové připojištění   /   závodní lékař

d) Kolik dnů máte dovolenou?

Vzor: *Mám dvacet dnů dovolené.*

… dnů v roce   /   podniková   /   závodní dovolená

e) **Jaké máte další možnosti vzdělávání?**

Vzor: *Každý měsíc navštěvuju nějaký odborný seminář.*

odborné kurzy a semináře / školení / studium při zaměstnání

13. Vlastnosti spolupracovníků hrají významnou roli při vytváření vztahů na pracovišti. Řekněte, které vlastnosti považujete za kladné a které řadíte k záporným vlastnostem. Jak by se měli podle vašeho názoru spolupracovníci chovat navzájem.

pracovitý / skromný / ctižádostivý / důsledný / závistivý
odpovědný / upovídaný / sobecký / lhostejný / pohotový / přátelský
domýšlivý / lakomý / sebevědomý / uzavřený / ohleduplný

14. Z jakého důvodu nepřišli kolegové do práce? Doplňte.

Myslím si, že…
Hodně lidí nepřišlo do práce, protože…

1. dovolená
2. nemoc
3. porada
4. školení
5. rodinné důvody/svatba/pohřeb
6. náhradní volno
7. služební cesta
8. zpoždění
9. pracovní úraz
10. mateřská dovolená

15. O čem se na pracovišti mluví nejčastěji?

Kolegové mluví často o …
Spolupracovníci se baví o …
Zaměstnanci nemluví o …

dovolená / zájmy / pracovní záležitosti / nemoc
volný čas / šéf / rodina / konflikty / počasí
nezaměstnanost / plat-mzda / kolegové

Poslech

16. Poslechněte si krátká vypravování. Odhadněte, jaké je jejich povolání a doplňte tabulku.

	Povolání	Kde pracuje?	Co dělá?
1. osoba	_____	_____	_____
2. osoba	_____	_____	_____
3. osoba	_____	_____	_____
4. osoba	_____	_____	_____
5. osoba	_____	_____	_____
6. osoba	_____	_____	_____

17. Řidič kamionu

Poslechněte si vypravování řidiče kamionu. Vyberte správnou variantu.

1. Robert dříve pracoval jako:
   a) řidič autobusu
   b) řidič nákladáku
   c) řidič taxi

2. Robert se přihlásil do mezinárodní soutěže…
   a) Profesionální evropský řidič kamionu
   b) Mezinárodní řidič kamionu
   c) Mladý evropský řidič kamionu

3. Robert musel v mezinárodní soutěži dokázat, že…
   a) umí manévrovat s nákladní soupravou
   b) jezdí bezpečně a hospodárně
   c) ovládá pravidla silničního provozu

4. **Robert se v mezinárodní soutěži umístil na...**
   a) prvním místě
   b) druhém místě
   c) třetím místě

5. **Robert teď pracuje jako řidič kamionu u jedné...**
   a) mezinárodní přepravní společnosti
   b) české přepravní společnosti
   c) evropské přepravní společnosti

6. **Robert je někdy unavený, vyčerpaný a ospalý, protože...**
   a) musí pracovat i v noci
   b) musí dělat přesčasy
   c) má jen krátké přestávky

Slovní zásoba

ctižádostivý	ambitious	ehrgeizig
číšník	a waiter	Kellner
dílna	a workroom	Werkstatt
domýšlivý	conceited	eingebildet
důchodové připojištění	retirement income insurance *social security*	Rentenzusatzversicherung
důsledný	consistent	konsequent
duševně	mentally	geistig, mental
fotografka	a photographer	Fotografin
herec	an actor	Schauspieler
horník	a miner	Bergmann
kadeřnice	a hairdresser	Friseurin
kadeřnický salon	a hairdresser's salon	Friseursalon
kachní játra	duck liver	Entenleber
kamion	a lorry *a truck*	LKW
kuchař	a chef	Koch
lakomý	mean *stingy / cheap*	geizig
langusta	a crayfish	Languste
lékař	a doctor	Arzt
letuška	a flight attendant	Stewardess
lhostejný	indifferent	gleichgültig
manažer	a manager	Manager
mateřská dovolená	maternity leave	Mutterschaftsurlaub
modelka	a model	Modell
mořské plody	sea food	Meeresfrüchte
náhradní volno	leave in lieu	Ersatzurlaub, Abfeiern von Überstunden
náklaďák	a lorry *a truck*	Laster
nezaměstnanost	unemployment	Arbeitslosigkeit
nezodpovědný	irresponsible	unverantwortlich, verantwortungslos
odměny *(na pracovišti)*	rewards (at work)	Entlohnungen
ohleduplný	considerate	rücksichtsvoll
pohotový	quick-witted	schlagfertig
pohyblivá pracovní doba	flexitime *flexible hours*	gleitende Arbeitszeit
polední přestávka	the afternoon break	Mittagspause
porada	a meeting	Beratung, Besprechung
práce na směny	shift work	Schichtarbeit
pracoviště	a work place	Arbeitsplatz, Arbeitsstelle
pracovitý	hard working	arbeitsam, fleißig
pracovní podmínky	working conditions	Arbeitsbedingungen
pracovní úraz	a work injury	Arbeitsunfall
pracovní záležitosti	work issues	Arbeitsangelegenheiten
prémie	a bonus	Prämie
prodavačka	a shop assistant	Verkäuferin
přátelský	friendly	freundschaftlich, freundlich

překladatel	a translator	Übersetzer
přesčas	overtime	Überstunde
rodinné důvody	family reasons	familiäre Gründe
ředitel	a director	Direktor
řidič	a driver	Fahrer
sekretářka	a secretary	Sekretärin
skromný	modest	bescheiden
skladatel	a composer	Komponist
služební cesta	a business trip	Dienstreise
směna	a shift	Schicht
sobecký	selfish	egoistisch, selbstsüchtig
soudce	a judge	Richter
spisovatel	a writer	Schriftsteller
studium při zaměstnání	extramural studies	berufsbegleitendes Studium
stříhat vlasy	to cut hair	Haare schneiden
svíčková	sirloin beef	Lendenbraten
šéfkuchař	a head chef	Chefkoch
školení	training	Schulung
švadlena	a seamstress	Schneiderin
tělesně *(pracovat)*	physically	körperlich (arbeiten)
učitel	a teacher	Lehrer
uklízečka	a cleaner	Putzfrau
upovídaný	talkative	redselig, geschwätzig
uzavřený	closed	verschlossen, unnahbar
vedoucí funkce	a managerial post	leitende Position
víkend	the weekend	Wochenende
zaměstnanecké výhody	the employee's benefits	sonstige Leistungen des Arbeitgebers (z.B. Firmenwagen, Mobiltelefon etc.)
závistivý	envious	neidisch
zdravotní sestra	a nurse	Krankenschwester
zedník	a builder	Maurer

Česká republika známá i neznámá

1. Jaké jsou vaše dojmy z pobytu v České republice?

— Kolikrát jste navštívil(a) Česko?
— Co vás překvapilo v Česku?
— Co si myslíte o Češích?
— Co se vám líbí na Češích?
— Co vám vadí na Češích?
— Proč se učíte česky?

2. Čtěte text.

Nemám moc dobré zkušenosti s Čechy, kteří pracují ve službách. Myslím si, že se chovají k zákazníkům chladně a nezdvořile. Vadí mi, že se kouří v restauracích, že musím platit vyšší nájem než místní lidi a že mě okrádají taxikáři. Když se mnou zacházejí na cizinecké policii špatně nebo když po mně chce český policista úplatek, tak jsem dost podrážděný a naštvaný.

(Stephan, Francouz)

Jsem v Praze poprvé a moc se mi tady líbí. Myslím si, že Češi jsou velmi milí, přátelští a otevření. Na diskotéce jsem se seznámila s mladými lidmi, od kterých jsem se dověděla hodně zajímavostí o České republice. Trochu mě mrzí, že se tady moc neorganizují turistické zájezdy mimo Prahu. Pro cizince je dost obtížné orientovat se v neznámém prostředí. Já jsem si udělala s přáteli výlet na vlastní pěst na Moravu a musím říct, že to bylo perfektní.

Chutná mi i česká kuchyně, i když jsem zvyklá na větší množství zeleniny a méně masa. Musím říct, že jsem byla hrozně překvapená, kolik piva jsou Češi schopni najednou vypít. Nakonec jsem mu ale přišla také na chuť. Chodím hodně na procházky a je docela příjemné na konci dlouhého výletu zajít „na jedno" do malé hospody.

(Coleta, Holanďanka)

Žiju v Praze už čtyři roky, a přesto mám každý den pocit, že objevuju něco nového. Netušila jsem, jak je Praha krásné město. Úplně mě fascinuje, kolik architektonických památek je i v různých městech po celé České republice. Snažím se také pochopit českou mentalitu. Jde to ale dost těžko, protože mám jenom základy češtiny. Pro spoustu lidí jsem výtečnou příležitostí, aby si vyzkoušeli své znalosti angličtiny, a proto se mnou nechtějí mluvit česky. *(Claudia, Švýcarka)*

Čechy jsou příliš malé a příliš nudné. Lidé jsou nervózní a vážní a asi se tady pro samou práci přestali bavit. U mladší generace je patrná snaha dosáhnout ve studijním a pracovním životě co nejvyšší pozice, a proto odkládá soukromý život na vedlejší kolej. Abych byl upřímný, radost, spokojenost ani lásku tady moc nevidím. *(Scott, Američan)*

3. Co znamená, když se řekne:

1. **Udělala jsem si výlet na vlastní pěst.**
   a) Jela jsem na výlet bez přátel.
   b) Zorganizovala jsme si výlet samostatně.
   c) Zaplatila jsem si výlet sama.

2. **Přišla jsem pivu na chuť.**
   a) Pivo jsem si časem oblíbila.
   b) Vypila jsem hodně piva.
   c) Pivo má dobrou chuť.

3. **Zajdeme na jedno do hospody.**
   a) Vypijeme jenom jedno pivo.
   b) Půjdeme na pivo do hospody.
   c) Objednáme si jenom jedno pivo.

4. **Odkládají soukromý život na vedlejší kolej.**
   a) O soukromém životě nechtějí mluvit.
   b) Soukromý život je pro ně důležitý.
   c) Soukromý život považují za méně významný.

4. Určete, která tvrzení se shodují s textem.

1. Stephan si myslí, že se Češi chovají nezdvořile.
2. Stephanovi vadí, že nesmí kouřit v restauraci.
3. Stephan okrádá taxikáře.
4. Coleta navštívila Prahu a s přáteli jela na Moravu.
5. Coleta si myslí, že se Češi chovají přátelsky.
6. Coleta chodí ráda na procházky.
7. Claudia nerozumí česky.
8. Claudia obdivuje české architektonické památky.
9. Scott si myslí, že Češi jsou nudní.
10. Scott se nebaví rád o práci.

5. Odpovězte na otázky k textu.

1. Proč nemá Stephan dobré zkušenosti s Čechy, kteří pracují ve službách?
2. Kdy je Stephan podrážděný a naštvaný?
3. Co si myslí Coleta o Češích?
4. Co Coletu v Čechách překvapilo?
5. Kde a od koho se Coleta dověděla zajímavosti o České republice?
6. Co Coleta v České republice podnikla a viděla?
7. Proč je pro Claudii těžké pochopit českou mentalitu?
8. Co Claudii v České republice okouzlilo?
9. K čemu mnozí lidé Claudii využívají?
10. Jaké pocity a dojmy má Scott z pobytu v České republice? Souhlasíte s ním?

Otestujte si své znalosti!

6. Vyberte správnou variantu.

1. **Nejdelší česká řeka je...**
   Labe / Vltava / Sázava

2. **Nejvyšší česká hora je...**
   Praděd / Ještěd / Sněžka

3. **Největší český rybník je...**
   Rožmberk / Lipno / Bezdrev

4. **Největší národní park v Čechách je...**
   v Krkonoších / v Krušných horách /
   na Šumavě

5. **Nejhlubší propast v České republice
   se jmenuje...**
   Hranická propast / Macocha /
   Chýnovská jeskyně

6. **Největší přehradní nádrž je...**
   Orlík / Slapy / Lipno

7. **Nejpamátnější hora v Čechách se jmenuje...**
   Sněžka / Říp / Milešovka

8. **Největší kašna v Čechách je...**
   v Praze / v Brně / v Českých Budějovicích

9. **Jediné přírodní divadlo s otočným
   hledištěm je...**
   v Olomouci / v Praze / v Českém Krumlově

10. **Nejstarší rozhledna je...**
    na Kleti / na Bílé hoře / v Českém Krumlově

Konverzace

7. Přečtěte text. Řekněte, jakých měst se týká, a najděte je na mapě. Všechna jsou zařazena do Seznamu světového kulturního a přírodního dědictví UNESCO. Co ještě víte o těchto městech?

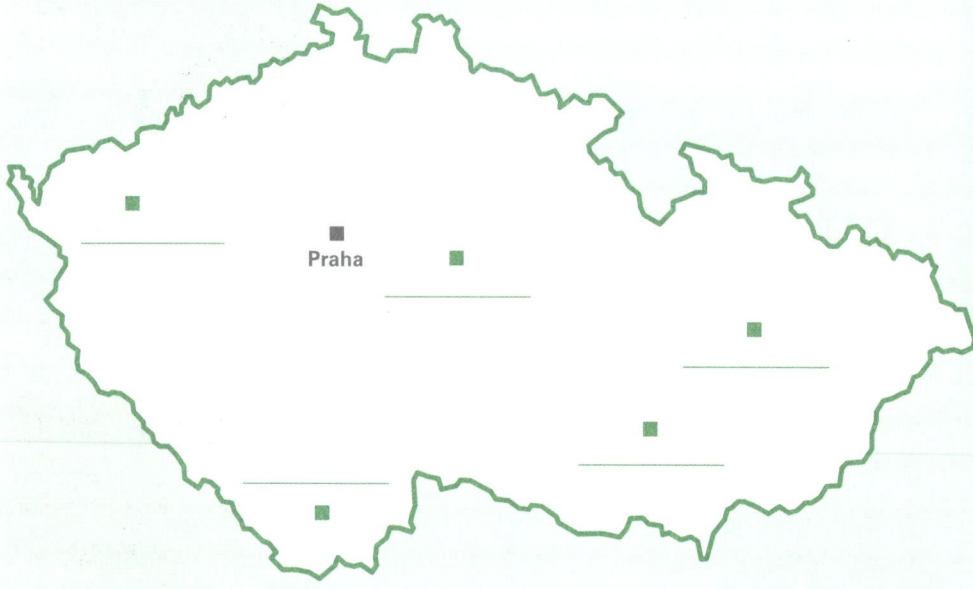

Praha

_____ Dnešní druhé největší město České republiky s 350 tisíci obyvateli leží na území bývalé Velkomoravské říše. Dominantou města je hrad Špilberk. K pozoruhodným historickým památkám patří biskupský chrám sv. Petra a Pavla a kostel sv. Jakuba. Město je známé svými moderními stavbami z 20. století, mezi nimiž vyniká Tugenthatova vila postavená roku 1930 podle projektu Miese van der Rohe.

_____ Historie města ležícího ve středních Čechách je nerozlučně spjata s dolováním stříbra a rozvojem peněžního hospodářství. Pozdně gotický chrám sv. Barbory a katedrála Panny Marie v Sedlci, přestavěná v duchu barokní gotiky na začátku 18. století, tvoří jen část středověké urbanistické struktury s velkým bohatstvím historických měšťanských domů. Za shlédnutí stojí také Arciděkanský chrám Sv. Jakuba, Chrám Nanebevzetí Panny Marie, Vlašský dvůr a blízký Sedlec s kostnicí. Novou atrakcí se stalo Muzeum alchymie – světově první muzeum věnované alchymii.

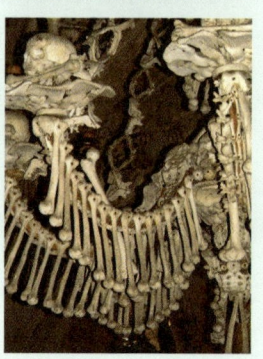

_____ Nejznámější a největší lázně v České republice založil okolo roku 1350 římský císař a český král Karel IV. Sláva města se rozšířila do celého světa díky teplým léčivým pramenům. V současné době se jich využívá dvanáct. S městem je téměř dvě století neodmyslitelně spjata produkce světově známého bylinného likéru Becherovka. K lesku lázeňského a společenského života patří i tradiční výroba křišťálového skla a porcelánu či pořádání nejrůznějších festivalů a koncertů.

_____ Město budované na březích Vltavy kolem původně gotického hradu od 13. století. Spolu s komplexem hradu a zámku je jedinečným příkladem středověkého města střední Evropy s nedotčeným architektonickým bohatstvím. Procházka centrem tohoto jihočeského města, které je druhou nejvýznamnější městskou památkovou rezervací v České republice, je krásným zážitkem. Gotické a renesanční domy, kláštery a kostely, velká renesanční radnice na náměstí, na které navazují úzké a křivolaké uličky, si do současnosti zachovaly svůj středověký ráz. Ve městě je Mezinárodní kulturní centrum malíře Egona Schieleho s expozicí jeho originálů a výstavami předních světových malířů a sochařů. Každoročně se ve městě pořádají Slavnosti pětilisté růže a koná se zde Mezinárodní hudební festival.

_____ Páté největší město České republiky leží na řece Moravě. Díky své bohaté historii, starobylé univerzitě, kulturním a řemeslným tradicím bylo vždy atraktivním místem pro turisty, obchodníky a podnikatele. Vyhledávanou atrakcí je orloj gotické radnice. K nejvýznamnějším historickým stavbám patří barokní Sloup Nejsvětější Trojice a chrám sv. Václava se stometrovou věží. Město je známé největší a nejstarší zahradnickou výstavou Flora.

Poslech

8. Poslechněte si rozhovory a doplňte, co se cizincům vybaví, když se řekne Česká republika.

Arthut
a) dobré pivo
b) čeština je těžký jazyk
c) malá země
d) _____
e) _____
f) _____

Gabriele
a) vysoká úroveň hudební kultury
b) _____
c) _____
d) _____

Lasse
a) Havel
b) Český ráj
c) _____
d) _____
e) _____
f) _____
g) _____

Johannes
a) karlovarské oplatky
b) Šumava
c) strojírenství
d) dobrá vzdělanost Čechů
e) _____
f) _____
g) _____
h) _____
i) _____

9. Čím jsou Češi známí ve světě.

Poslechněte si informace a doplňte chybějící údaje v textu.

Stará česká značka Škoda

V roce _____ vyrobili Václav Laurin a Václav Klement svůj první _____ . Tato tradice pokračuje už více než sto let. Odkaz zakladatelů firmy dnes šíří na silnicích všech světadílů auta značky _____ . Mladoboleslavská továrna vyrábí tři modelové řady: Fabia, _____ , Superb.

Národní divadlo

Jít do Národního divadla, to stále něco znamená. Vždy bylo chloubou českého národa. Základní _____ byl položen 16. května _____ a na jeho vybudování se ____ _____ podílely široké vrstvy lidu. Jeho dnešní podobu tvoří tři umělecké soubory – opera, _____ a činohra. Vedle historické budovy Národního divadla stojí budova _____ .

Česká filharmonie

Vážnou muziku i její interprety mohli Češi vyvážet odjakživa. _____ koncertovala snad ve všech koutech světa. Je častým a oblíbeným hostem ve Spojených státech, v zemích EU a především v _____ . Její první koncert dirigoval _____ v roce _____ . Od té doby orchestr řídila většina nejlepších světových dirigentů.

České pivo

Češi se významně zapsali do historie _____ . Začátek výroby světlého, průzračného piva v _____ znamenal zrod stylu, který se snaží napodobit celý svět. Český _____ a moravský _____ je exportován do různých zemí po celém světě, kde chtějí vařit pivo co nejpodobnější _____ . České pivo nejvíc chutná v Německu a na _____ .

Sportovní úspěchy

Čeští _____ patří už devadesát let k nejlepším na světě. Na olympiádě v Naganu v roce 1998 vybojovali zlato. Stejně jako Jaroslav Jágr jsou dnes světově proslulí i ____ _____ Jan Železný, _____ Roman Šebrle nebo jedna z nejlepších _____ Martina Navrátilová.

10. Výlet do Prahy

Poslechněte si rozhovor a vyberte správnou variantu.

1. **Alice jela do Prahy...**
   a) minulý týden
   b) minulý pátek
   c) minulý víkend

2. **Alice jela do Prahy se spolužákem...**
   a) Tomášem
   b) Lukášem
   c) Jonášem

3. **Alice si prohlédla na Pražském hradě
   ... katedrálu sv. Víta.**
   a) barokní
   b) gotickou
   c) renesanční

4. **Alice si prohlédla malé domky v...**
   a) Malé uličce
   b) Zlaté ulici
   c) Zlaté uličce

5. **Při stavbě Karlova mostu se do malty přidávalo vápno s...**
   a) vodou a vejci
   b) se salámem a vejci
   c) s vínem a vejci

6. Alice si koupila obrázek na...

a) Kampě

b) Karlově mostě

c) Staroměstském náměstí

7. Pražský orloj se nachází na...

a) Václavském náměstí

b) Staroměstském náměstí

c) Malostranském náměstí

8. V neděli byla Alice s Tomášem na...

a) Petříně

b) Žofíně

c) Vyšehradě

9. Alice zažila hodně legrace v...

a) obrazovém bludišti

b) růžovém bludišti

c) zrcadlovém bludišti

Slovní zásoba

architektonické památky	architectural monuments	Baudenkmäler
biskupský chrám	Biskupský Cathedral	Bischofskirche
barokní	baroque	barock
bloudit	to get lost	umherirren, verirren
bludiště	a maze	Labyrinth
bohatství	wealth	Reichtum
bylinný	herbal	Kräuter-
bývalý	former	ehemalig
činohra	a drama	Schauspiel
desetibojař (sportovec)	a decathlon competitor	Zehnkämpfer
dirigent	a conductor	Dirigent
dolování	mining	Silberbergbau
gotický	gothic	gotisch
chladně	in an unfriendly manner	kühl, kalt
chmel	hobs	Hopfen
chlouba	pride	Stolz
ječmen	barley	Gerste
kašna	a fountain	Brunnen
kostnice	an ossuary	Beinhaus
křišťál	crystal	Bergkristall
lázně	a spa	Kurort, Heilbad
malíř	a painter	Maler
nahrávka	a recording	Aufnahme
najednou	suddenly	auf einmal, plötzlich
nájem	rent	Miete
naštvaný	angry	sauer (im Sinne von böse)
nedotčený	untouched	unversehrt, intakt
nezdvořile	impolite	unhöflich
obtížný	difficult	schwierig, mühsam
odkaz	the legacy	Hinweis(schild)
odkládat	to postpone	verschieben, verzögern, verlegen
okrádat	to con	bestehlen, ausnehmen
orloj	an astronomical clock	Turmuhr, astronomische Uhr
oštěpař	a javellin thrower	Speerwerfer
podrážděný	to be annoyed	gereizt
pochopit	to understand	begreifen, verstehen
pozoruhodný	noteable	sehenswert
propast (Macocha)	an abyss	Schlucht, Abgrund
přestat	to stop	aufhören
proslulý	famed	berühmt
příležitost	an opportunity	Gelegenheit, Anlass
rozhledna	an observatory	Aussichtsturm
rybník	a lake	(Fisch-)Teich
sbírka	a collection	Sammlung
Seznam světového kulturního a přírodního dědictví UNESCO	A list of theUNESCO world heritage sights	Verzeichnis des Weltkultur- und Naturerbes der UNESCO
služba	a service	Dienst, Service, Leistung, Dienstleistung

sochař	a sculptor	Bildhauer
spokojenost	contentment	Zufriedenheit
starobylý	antique	alt, altertümlich
strojírenství	engineering	Maschinenbau
středověký	medieval	mittelalterlich
stříbro	silver	Silber
světadíl	a continent	Erdteil, Kontinent
syreček	a cake of cheese	Quarkkäse, Quargel
šířit	to broaden	verbreiten, propagieren
tenistka	a tennis player	Tennisspielerin
tušit	to suspect	ahnen
úplatek	a bribe	Schmiergeld, Bestechung
území	territory	Gebiet
vadit	to mind	stören
vlastní pěst	one's own accord	(auf) eigene Faust
vybojovat	to conquer	erkämpfen
výtečný	excellent	vorzüglich, hervorragend
výstava	an exhibition	Ausstellung
zákazník	a customer	Kunde
zakladatel	the founder	Gründer
zkušenost	an experience	Erfahrung

Přepis poslechových cvičení

1. lekce

18. a) Ahoj, jmenuju se Werner a jsem z Rakouska. Je mi 23 let a studuju na univerzitě ve Vídni. Jsem svobodný. Rád hraju fotbal, plavu a poslouchám hudbu. Se svými přáteli chodím na koncerty, do kina nebo do hospody. V zimě jezdím lyžovat do Alp.

b) Ahoj, jmenuju se Elvira. Jsem z Německa. Je mi 45 let. Pracuju jako programátorka. Jsem vdaná. Mám jednoho syna. Jmenuje se Max. Když mám čas, chodím se synem na výlety nebo cvičím jógu.

c) Ahoj, jmenuju se Dave. Jsem z Anglie. Je mi 58 let. Jsem ženatý. Mám jednu dceru a tři syny. Moje rodina bydlí v Londýně. Pracuju jako manažer. Ve volném čase chodím se psem na procházku, někdy hraju golf. Rád vařím a griluju maso na zahradě.

d) Ahoj, jmenuju se Aneta. Jsem z České republiky. Je mi 27 let. Pracuju jako sekretářka. Jsem svobodná. Mám přítele Pavla, se kterým bydlím v Plzni. Zajímám se o historii. Ráda cestuju a poznávám nové lidi a nové země a jejich kulturu.

19. *Marcela:* Ahoj Renato!

Renata: Ahoj Marcelo! Jsem ráda, žes přišla. Pojď dál. Jak se máš?

Marcela: Jde to. Stále bydlím u rodičů a pracuju ve škole. Od té doby, co jsme se viděly naposledy, se nic nezměnilo. A co ty? Je něco nového? Jak žiješ?

Renata: Ále, ani se neptej. Před týdnem jsem se rozešla s Honzou.

Marcela: Cože? To myslíš fakt vážně? Vždyť jste spolu chodili sedm let.

Renata: To už je všechno za námi. Možná, že je to taky moje vina. V poslední době jsme si moc nerozuměli a pořád jsme se jenom hádali. Honzu to asi naštvalo a našel si novou přítelkyni.

Marcela: Nepovídej! Tak rychle?

Renata: Bohužel je to pravda. Viděla jsem je spolu. Je mi to tak líto. Jsem zoufalá, pořád brečím.

Marcela: Tak si z toho nic nedělej. Na světě jsou milióny jiných kluků.

Renata: Tobě se to řekne. Jo, abych nezapomněla. Včera byla u mne Lucka a přinesla mi svatební oznámení. Můžeš si ho přečíst, jestli chceš.

Marcela: Ukaž. Lucie Špátová a Jan Malík oznamují... To je jedno překvapení za druhým.

Renata: To máš pravdu. Lucka mě pozvala na svatbu.

Marcela: Fakt?

Renata: Hm a já nemám ještě žádný dárek. Poraď mi! Co jí mám koupit?

Marcela: Vůbec nic mě nenapadá. Počkej chvilku. Už to mám. Kup jí čajový nebo kávový servis.

Renata: Já nevím, nemáš nějaký lepší nápad?

Marcela: No jasně, mám hodně dobrých nápadů. Tak co třeba obraz?

Renata: Obraz? Chci jí dát něco originálního.

Marcela: Obraz je ale originální.

Renata: Jasně. Namaluju ho sama.

2. lekce

16. Co vůbec nejíte a nepijete?

Co vůbec nejím a nepiju? Musím chvilku přemýšlet. Určitě nepiju teplé mléko, protože se mi vždycky zvedne žaludek, když na něm vidím škraloup. Nejím ryby, protože mají kosti. Když jsem byl malý, musel mi často lékař tahat rybí kost z krku. Dost to bolelo. Od té doby odmítám jíst ryby. *(Karel)*

Možná, že je to zvláštní, ale vůbec nepiju alkohol. Před lety jsem se opila na večírku. Bylo mi hrozně špatně, točila se mi hlava a vůbec nic jsem si nepamatovala. Tehdy jsem si řekla, že alkoholu se už nikdy v životě nedotknu. Nedržím sice žádnou dietu, ale nejím čokoládu, protože mi vůbec nechutná. *(Dáša)*

Nejím vejce, protože obsahují hodně cholesterolu a taky nesnáším česnečku nebo bramboráky, protože česnek dost smrdí. Nepiju zelený čaj, i když je prý zdravý. Podle mě ale chutná jako tráva. *(Ivana)*

Jím vlastně všechno, kromě vařené zeleniny. Nemá žádnou výraznou chuť a přidávat jí do jídla mi připadá zbytečné. Nepiju colu nebo sprite. Jsou moc sladké. Pro mě je lepší dát si pivo nebo minerálku. *(David)*

17. Jdeme na oběd.

Jitka: Ahoj Lenko!

Lenka: Jé, ahoj Jitko! Vůbec jsem tě neviděla, letím na poradu. Potřebuješ něco?

Jitka: Nic důležitého. Jenom jsem se chtěla zeptat, v kolik jdeš dneska na oběd.

Lenka: Teď to nevím přesně, asi v jednu. A ty?

Jitka: Mám už docela hlad, protože jsem vůbec nic nesnídala. Půjdu proto co nejdříve, kolem dvanácté.

Lenka: Obědváš v kantýně?

Jitka: To je různé, někdy v kantýně, někdy v bufetu, ale dneska chci jít do restaurace, protože jídlo v kantýně mi moc nechutná.

Lenka: Do jaké restaurace?

Jitka: Přímo na náměstí je restaurace Fantom. Slyšela jsem od kamarádky, že tam dobře vaří a že to polední menu není drahé.

Lenka: Jo, to je fakt. Tu restauraci znám. Jestli chceš, můžeme jít na oběd společně. Musíš na mě ale počkat.

Jitka: Tak jo, sejdeme se za hodinu. Doufám, že zatím neumřu hlady.

Lenka: Neboj, objednáš si potom něco dobrého. Zatím ahoj.

Jitka: Ahoj.

18. V restauraci

Číšník: Dobrý den.

Lenka: Dobrý den.

Číšník: Dáte si něco k pití?

Lenka: Co máte?

Číšník: Všechno, na co si vzpomenete! Pivo, colu, džus, minerálku, tonik.

Lenka: Dneska je vedro, tak mám žízeň. Dám si pivo, to je na žízeň nejlepší.

Číšník: Chcete malé, velké, světlé, tmavé?

Lenka: Jedno velké tmavé a taky něco k jídlu.

Číšník: Tady je jídelní lístek a pivo hned přinesu.

– – –

Číšník: Táák, tady je to pivečko, máte už vybráno?

Lenka: Dám si asi Hraběnčino překvapení. Můžete mi říct, co to je?

Číšník: Vepřové maso nakrájené na nudličky, zelenina, sýr, koření.

Lenka: Je to ostré?

Číšník: Není.

Lenka: A je tam česnek?

Číšník: Taky ne.

Lenka: Tak si to dám.

Číšník: Jakou přílohu?

Lenka: Dušenou rýži.

– – –

Číšník: Už to nesu, dobrou chuť.

Lenka: Díky.

Číšník: Chutnalo vám?

Lenka: Bylo to vynikající. Máte dobrého kuchaře.

Číšník: Vyřídím mu to. A co takhle malý dezert, zmrzlinový pohár nebo kávu?

Lenka: Ne, díky. To je všechno. Zaplatím.

Číšník: Jistě, zde je váš účet, 163 korun.

Lenka: 180, to je v pořádku.

Číšník: Děkuju a přijďte zas, na shledanou.

Lenka: Na shledanou.

3. lekce

17. *Prodavačka:* Další, prosím.

Zákazník: Půlku tmavého chleba a pět rohlíků.

Prodavačka: Ještě něco?

Zákazník: Dvě makové housky.

Prodavačka: Co dále?

Zákazník: Čtyři koblihy.

Prodavačka: Je to všechno?

Zákazník: Dejte mi ještě jednu veku.

– – –

Prodavačka: Dobrý den, jakou si dáte?

Zákazník: Jeden kopeček čokoládové a jeden meruňkové.

Prodavačka: Ještě něco?

Zákazník: Tedy ten dort se šlehačkou.

– – –

Prodavačka: Kdo je na řadě, prosím?

Zákazník: Chtěl bych dva banány.

Prodavačka: Ještě něco?

Zákazník: Ještě tři červené papriky.

Prodavačka: Je to všechno?

Zákazník: Ne, vezmu si ještě půl kila hroznového vína.

– – –

Prodavačka: Co si přejete?

Zákazník: Máte nějakou pohádkovou knížku?

Prodavačka: Samozřejmě, pohádky máme tady vlevo, můžete se podívat.

Zákazník: Chtěl bych typické české pohádky. Můžete mi něco doporučit?

Prodavačka: Pro malé děti tady máme pohádky od Boženy Němcové nebo Karla Jaromíra Erbena. Pro ty větší napsal hezkou knížku Miloš Macourek. Jmenuje se Mach a Šebestová.

Zákazník: Líbí se mi tahle knížka Z pohádky do pohádky. Vezmu si ji.

– – –

Prodavačka: Co to bude?

Zákazník: Chtěl bych jeden sešit a tu modrou propisovačku vpravo.

Prodavačka: Chcete linkovaný sešit nebo bez linek?

Zákazník: Bez linek. A ještě chci tři obálky, jednu gumu a jednu tužku.

Prodavačka: Je to všechno?

Zákazník: Ano, to je všechno.

18. *Prodavačka:* Dobrý den, co si přejete?

Zákazník: Dejte mi prosím dvacet deka šunky, tři rohlíky, půl kila jablek a jednu minerálku.

Prodavačka: Ještě něco?

Zákazník: Ještě patnáct deka tady toho sýra, který je ve slevě.

Prodavačka: Za 115 nebo 130 korun?

Zákazník: Za 130 korun.

Prodavačka: A ještě něco?

Zákazník: Ano. Ještě dvě lahve červeného vína, čtyři bonboniéry a dva balíčky slaných mandlí.

Prodavačka: Bude to všechno?

Zákazník: Ano. Můžu zaplatit kartou?

Prodavačka: Samozřejmě.

19. Vážení zákazníci, vítáme vás v našem hypermarketu a přejeme vám příjemné nakupování. Připravili jsme pro vás skvělou víkendovou nabídku za neuvěřitelné ceny. Vyberte si z více než devadesáti zlevněných výrobků. V oddělení potravin sýr ementálského typu jen za 14,90 Kč, okurky hadovky jeden kus za 7,90 Kč, kuře chlazené jeden kilogram za 61,50 Kč, drůbeží párky za 89, Kč, chléb kmínový za 23,70 Kč. V oddělení elektro je v akční nabídce mikrovlnná trouba za 2864 Kč a elektrický sporák Gorenje za 8537 Kč a rychlovarná konvice za 189 Kč. V oddělení drogerie dostanete zubní pastu Elmex za 59,90 a k tomu ústní vodu zdarma.

21. **Reklamace**

Prodavačka: Dobrý den, co si přejete, prosím.

Zákaznice: Před čtrnácti dny jsem si ve vašem obchodě koupila lodičky. Měla jsem je dvakrát na sobě a už se u levé boty odlepila podrážka a u pravé boty se ulomil podpatek. Myslím si, že boty za skoro dva tisíce korun by měly vydržet déle. Tak je chci reklamovat.

Prodavačka: Máte pokladní lístek?

Zákaznice: Jistě, dokonce mám i krabici, ve které jsem boty koupila.

Prodavačka: Můžete mi ty boty ukázat?

Zákaznice: Prosím, tady jsou.

Prodavačka: Takže černé lodičky za 1990 korun, to souhlasí. Číslo daňového dokladu máme 20056897, to taky souhlasí. Máte pravdu, podrážka je opravdu odlepená, to půjde opravit. Ale ta pravá bota… Podpatek je uražený. Musela jste šlápnout na ulici do nějaké díry. Nevím, jestli vám to výrobce uzná.

Zákaznice: To snad nemyslíte vážně? Na boty mám záruku dva roky.

Prodavačka: To ano, ale já tady teď nemůžu posoudit, jestli je ta reklamace oprávněná nebo ne. Tak sepíšeme reklamační protokol. Řekněte mi vaše jméno a adresu.

Zákaznice: Jana Prokopová, Nádražní 286, Praha 5.

Prodavačka: Děkuju, tady máte kopii. Vyřídíme to do měsíce. V případě kladného vyřízení vám boty opravíme nebo vrátíme peníze.

Zákaznice: Mohla byste mi prosím zavolat, až bude reklamace vyřízená, abych sem nemusela zbytečně jezdit?

Prodavačka: Samozřejmě. Ještě si napíšu vaše telefonní číslo.

Zákaznice: 603 701 956. Děkuju a na shledanou.

Prodavačka: Na shledanou.

4. lekce

16. **I.**

Řidič: Prosím vás, hledám Potoční. Jedu správně?

Chodec: Říkal jste Potoční?

Řidič: Ano.

Chodec:	Tak to musíte jet zpátky a na první světelné křižovatce odbočit vlevo, potom pojedete stále rovně a na druhé křižovatce zahnete vpravo.
Řidič:	Mám tady mapu. Mohl byste mi to ukázat, abych tady zbytečně nebloudil?
Chodec:	Ale jistě.

II.

Turista:	Dobrý den, prosím vás, jaký autobus jede k muzeu?
Chodec:	Myslím, že stodvanáctka a stopatnáctka.
Turista:	A kde je nejbližší autobusová zastávka?
Chodec:	Hned tady za rohem.

III.

Turista:	Promiňte, dojdu tudy na vlakové nádraží?
Chodec:	Tak to bohužel nevím. Jsem tady na návštěvě. Taky se tady nevyznám. Musíte se zeptat někoho jiného.

17.
Turista:	Dobrý den, můžete mi říct, jak se dostanu k nemocnici?
Chodec:	Pořád rovně, na konci ulice doprava.
Turista:	Je to daleko?
Chodec:	Asi kilometr.
Turista:	Tak to raději pojedu autobusem. Jaký autobus tam jede?
Chodec:	Třicítka.

– – –

Řidič:	Dobrý den, pane. Promiňte, prosím vás, mohl byste mi říct, jak se jmenuje tahle ulice?
Chodec:	Jabloňová.
Řidič:	Hledám ulici Fráni Šrámka. Nevíte náhodou, jak se tam dostanu?
Chodec:	Půjdete kolem parku a pak se dáte doleva.
Řidič:	Děkuju, moc jste mi pomohl. Na shledanou.
Chodec:	Nemáte zač. Na shledanou.

– – –

Řidič:	Myslím, že jedeme špatně. Už jsme daleko od centra.
Spolujezdec:	Tak někde zastav. Zeptám se někoho na cestu.
Řidič:	Zastavím u tramvajové zastávky. Je tam hodně lidí.
Spolujezdec:	Tam je ale zákaz zastavení.

18. **V autobusu**

Revizor:	Dobrý den, kontrola jízdenek prosím. Děkuju, kontrola jízdenek.
Cestující:	Moment, musím ji najít. Už ji mám.
Revizor:	Vaše jízdenka je bohužel neplatná.
Cestující:	To není možné, vždyť jsem ji kupoval u řidiče. Můžete se ho zeptat.
Revizor:	Nezajímá mě, kde jste si jízdenku kupoval. Zapomněl jste ji označit. Váš občanský průkaz.
Cestující:	Občanku bohužel nemám u sebe.
Revizor:	Tak nějaký jiný platný doklad, třeba řidičský průkaz.
Cestující:	Taky nemám.
Revizor:	Příští stanici budete muset se mnou vystoupit.

19. **Na vlakovém nádraží**

Cestující:	Dobrý den, můžete mi říct, kdy jede vlak do Liberce?
Informace:	Chcete jet ještě dneska nebo až zítra?
Cestující:	Ještě dneska odpoledne nebo večer.
Informace:	Jeden vlak právě odjel a další jede v půl sedmé večer.
Cestující:	Z jakého nástupiště?
Informace:	Z nástupiště číslo 15.
Cestující:	Musím si koupit místenku?
Informace:	Nemusíte, ale můžete.

Cestující: V kolik hodin je vlak v Liberci?
Informace: Za deset minut devět.
Cestující: Děkuju, na shledanou.
Informace: Na shledanou.

20. Prosím, pozor! Na nástupišti číslo tři nastupujte do rychlíku číslo 707 do Pardubic, České Třebové, Přerova a Břeclavi. Pravidelný odjezd v 16.13. Vozy do stanice Přerov jsou řazeny v zadní části vlaku.

Rychlík číslo 952 ze směru Chlumec nad Cidlinou, Nymburk, pravidelný příjezd v 10.12 přijel k nástupišti číslo 5, služebně kolej 2. Vlak dále pokračuje ve směru Praha – Smíchov, pravidelný odjezd v 10.18. Vůz 1. třídy a vůz pro cestující s dětmi jsou řazeny v přední části vlaku.

Vlak Eurocity 135 Vyšehrad ze směru Cheb – hlavní nádraží, Benešov, pravidelný příjezd 14.45, přijede k nástupišti číslo 6, služebně kolej 28. Vlak zde jízdu končí.

5. lekce

20. **V autoservisu**
Zákaznice: Dobrý den.
Mechanik: Dobrý den, co si přejete?
Zákaznice: Mám problémy se startováním. Můžete se na to podívat?
Mechanik: Jistě. Asi budete mít slabou baterii. Tak ji vyměníme. Je to jediná závada, o které víte?
Zákaznice: Nejsem si jistá, ale můžete zkontrolovat pro jistotu i brzdy?
Mechanik: Jasně, podíváme se nato. Dejte mi klíče od auta a přijďte za hodinu. Bude to hotové. Počkejte moment. Vidím, že vám nesvítí levé tlumené světlo. Bude to chtít vyměnit žárovku.
Zákaznice: Musela právě teď prasknout. Koupím si pro jistotu ještě jednu náhradní.

21. **Dopravní nehody**
1. Dvě osobní auta havarovala na dálnici D-1 mezi 97. a 98. kilometrem ve směru na Prahu. Neprůjezdný je tam levý jízdní pruh. Před dopravní nehodou se už vytvořila zhruba kilometrová kolona.

2. Na nechráněném přejezdu železniční trati Jihlava – Luka nad Jihlavou u obce Předboř se dnes po deváté hodině srazilo osobní auto s rychlíkem. Vlak vlekl vůz BMW asi 300 metrů po kolejích. Zahynul v něm osmatřicetiletý muž z Jihlavy. Ten vlak nejspíš přehlédl, když vjel na přejezd s fungující světelnou signalizací. Cestující ve vlaku zraněni nebyli. Doprava na trati byla přerušena.

23. **Silniční kontrola**
1.
Policista: Dobrý den, silniční kontrola. Vaše doklady, prosím.
Řidič: Dobrý den. Tady je řidičský průkaz.
Policista: Ještě váš občanský průkaz a technický průkaz od vozidla.
Řidič: Tady je technličák, ale občanku nemám teď u sebe. Bude stačit pas?
Policista: Bude.
Řidič: Můžu se zeptat, proč mě kontrolujete?
Policista: To je jen běžná silniční kontrola.
2.
Policista: Dobrý den, pane řidiči, váš řidičský a občanský průkaz. Víte, jakou jste jel rychlostí?
Řidič: Myslím, že padesátkou.
Policista: Bohužel jste nedodržel nejvyšší povolenou rychlost, naměřili jsme sedmdesát pět kilometrů. Dopustil jste se dopravního přestupku, tak to bude pokuta tisíc korun.

3.

Řidič: Dobrý den, můžete mi říct, proč mi montujete botičku na auto?

Policista: Stojíte na zákazu parkování.

Řidič: Potřeboval jsem jenom něco vyřídit na poště a na parkovišti vůbec nebylo místo. Tak kde jsem měl zaparkovat?

Policista: Na místě, které je k tomu vyhrazené. Už jsem vám říkal, že je tady zákaz parkování. Za tento dopravní přestupek zaplatíte pět set korun. Dejte mi váš řidičský průkaz.

24. Na letišti

1. Upozorňujeme cestující do Frankfurtu, společnosti Lufthansa, linka 737. Předpokládaný odlet je v 19 hodin 25 minut. Let bude o 20 minut opožděn.

2. Žádáme všechny cestující společnosti British Airways do Londýna, aby se laskavě dostavili k přepážce číslo 67 a vyzvedli si poukázky na občerstvení.

3. Poslední výzva pro cestující společnosti Air France do Paříže, východ B14.

25. V letadle

Poslední výzva pro cestující do Antalye, východ B 10.

Tomáš: Radko, pospěš si. To je náš let. Východ B10.

Radka: Už běžím.

Letuška: Dobrý večer.

Radka a Tomáš: Dobrý večer.

Radka: Mám sedadlo A8. To je u okna.

Tomáš: Stejně nic neuvidíš, protože je už tma.

Letuška: Dobrý večer, dámy a pánové. Jménem společnosti ČSA, kapitána a celé posádky vás vítám na palubě letadla Boeing 737 letícího do Antalye. Náš let potrvá dvě hodiny a čtyřicet minut. Tento let je nekuřácký. Zdržte se prosím kouření během celého letu. Dovolujeme si vás upozornit, že platí přísný zákaz používání mobilních telefonů. Děkujeme za pochopení.

Radka: Tomáši, vypnul jsi mobilní telefon?

Tomáš: Vidíš, na to bych málem zapomněl. Hned to udělám.

Radka: Mám docela strach.

Tomáš: A z čeho? Vždyť neletíš poprvé.

Radka: Ale v novinách pořád píšou o tom, že teroristé unesli letadlo nebo že se letadlo zřítilo a nikdo z cestujících to nepřežil....

Letuška: Dámy a pánové, naše letadlo je připraveno ke startu. Ještě jednou se ujistěte, že jídelní stolky jsou ve svislé poloze a pásy bezpečně zapnuty.

Radka: Tomáši, podívej, to je nádhera. Jak je všechno osvětlené. Celou Prahu mám jako na dlani. Už se ale těším do Turecka, jak se budu koupat v moři .....

Letuška: Dámy a pánové, dostali jsme se do zvýšené turbulence. Prosíme, abyste se vrátili na svá místa a připoutali se.

Tomáš: Radko, je ti dobře?

Radka: Nic moc. Podej mi prosím nějaký bonbón nebo čokoládu. Jsem trochu nervózní a musím se uklidnit.

Tomáš: Neboj, nic to není. Už zase letíme klidně. Já si teď trochu zdřímnu. A ty si můžeš zatím přečíst časopis.

Letuška: Dámy a pánové, jsme krátce před přistáním. Teplota na letišti je 29 stupňů. Kapitán a celá posádka se s vámi loučí. Přejeme vám příjemnou dovolenou a těšíme se s vámi při zpátečním letu na shledanou.

6. lekce

12. **Hana a Jana jsou přítelkyně. Každé pondělí spolu chodí do malé kavárny, kde proklábosí celé odpoledne.**

Jana: Hano, už víš, kam letos pojedeš na dovolenou?

Hana: Ještě nevím, moc jsem o tom nepřemýšlela. Můj přítel Petr chce, abych s ním jela stanovat na Moravu. Když si ale představím, že budu spát celý týden na tvrdé zemi ve spacáku, jíst z ešusu a mýt se ve studené vodě, tak mi z toho běhá mráz po zádech. Znáš mě, mám ráda své pohodlí. A ty máš už nějaký plán?

Jana: Konkrétně jsem taky ještě nic neplánovala, ale byla jsem v několika cestovních kancelářích, prolistovala jsem hodně katalogů a vyhledala jsem si informace na internetu. Asi poletím do Egypta nebo do Řecka.

Hana: Do Egypta? Vyhrála jsi snad v loterii?

Jana: To ne, ale nabídky cestovních kanceláří jsou opravdu zajímavé. Když si vyberu zájezd mimo sezónu nebo na poslední chvíli, tak ušetřím dost peněz. Nechceš jet se mnou?

Hana: No upřímně řečeno, podívat se do Egypta byl vždycky můj sen. Chtěla bych na vlastní oči vidět zemi faraonů, pyramidy, poušť, mešity, hlavní město Káhiru a vykoupat se v Rudém moři. Mám ale strach, že nebudu mít dost peněz. Kolik bude stát týdenní pobyt?

Jana: Když pojedeme v říjnu nebo listopadu, tak počítám přibližně deset tisíc. Myslím si, že to není drahé. Letecky, ubytování v hotelu a stravování all inclusive. Co víc si můžeme přát?

Hana: Máš pravdu. To by šlo. Vlastně ne. Teď jsem si uvědomila, že nebudu moct jet, protože mám dovolenou v srpnu.

Jana: Nelámej si s tím hlavu. Tak pojedeme tedy v srpnu! Počkáme na nějaký zájezd last minute a peníze tak stejně ušetříme.

13. **Jak zabalit věci na dovolenou**

Každý rok trávím dovolenou u moře. Za ta léta mám už osvědčené věci, které si pokaždé beru s sebou. Asi čtrnáct dní před odjezdem si stejně napíšu seznam, který postupně doplňuju. Dělám si malé hromádky věcí, a když něco chybí, tak to přikoupím. Pokaždé mám problémy s rozhodováním při výběru oblečení. Většinou kufr a věci v něm stále přerovnávám, protože mám málo místa a nejsem si stoprocentně jistá, zda jsem zabalila všechno. Určitě nikdy nezapomenu na kosmetické přípravky, opalovací krémy, léky a náplast. Peníze a pas dávám do kabelky a pro jistotu si dělám kopii pasu. Den před odjezdem ještě jednou kontroluju obsah kufru a naházím do něj rychle vše, co by se mohlo u moře hodit.

14. **Reportérka Jitka Pokorná zjišťovala, kde Češi prožili svoji dovolenou.**

1) Se svojí manželkou jsem byl v Českém ráji. Máme tam chalupu, která leží v liduprázdném koutu. Teď je módou jezdit k moři, ale my se nejlépe cítíme na samotě blízko romantického jezírka a hlubokých lesů. Každé ráno jsem jezdil na kole do vesnice pro noviny a pro nákup. Manželka dopoledne něco uvařila, já jsem sekal dřevo nebo něco opravoval. Potom jsme odpočívali na zahradě, večer jsme občas poseděli s nedalekými sousedy u pivka nebo jsme dělali táborák. Dovolenou jsme si v klidu užili. *(Honza)*

2) Právě jsem se vrátila z Chorvatska. Byla jsem tam se svým manželem a čtyřletým synem skoro tři týdny. Každý den jsme se opalovali, koupali v moři a manžel se potápěl. Do Chorvatska jezdíme každý rok, máme zde už vyhlédnutá svá místa. Pokaždé nás okouzlí oblázkové pláže a průzračná mořská voda. Na dovolenou jezdíme vlastním autem a objednáme si předem ubytování v nějakém penzionu nebo se jen tak sbalíme a zastavíme na místě, které se nám líbí. Ubytování za výhodnou cenu vždycky najdeme. *(Eva)*

3) Svoji vytouženou dovolenou jsem strávila s rodinou ve Španělsku. Hned od začátku nás ale provázela smůla. První den pobytu si manžel zvrtnul kotník u bazénu a nemohl chodit. Syn Tomáš byl dlouho na slunci a spálil si celá záda. Musel potom zůstat dva dny na

pokoji a byl velice smutný, protože se nemohl koupat v moři. Já jsem ochutnala nějakou místní španělskou specialitu, po které jsem měla průjem. Když jsme se vrátili domů, nechtěli jsme věřit svým očím, protože nám někdo vykradl chatu. *(Lenka)*

7. lekce

14. Předpověď počasí
Dnes bude zpočátku polojasno, ojediněle mlhy nebo nízká oblačnost. Odpoledne a večer očekáváme od západu přibývání frontální oblačnosti. Nejvyšší denní teploty 4 až 8 °C. Vát bude jižní až jihozápadní vítr 2 až 5 m/s.

Zítra bude většinou oblačno až zataženo se sněžením, místy mlhavo, na horách i polojasno. Noční teploty -2 až -8 °C, odpolední teploty -4 až 2 °C. V horských oblastech se mohou tvořit sněhové jazyky nebo místy i závěje.

Během pátku bude ještě jasno až polojasno, k večeru však od západu dojde k přibývání oblačnosti. Nejvyšší teploty se budou pohybovat mezi 20 a 24 stupni Celsia. V sobotu už očekáváme oblačno až zataženo, občas déšť nebo přeháňky, ojediněle bouřky. Během dne dojde od západu k ubývání oblačnosti a ustávání srážek. Nejvyšší teploty vystoupí na 18 až 22 stupňů.

15. Lavina
O zimních prázdninách jsem byl se svými kamarády ve Vysokých Tatrách. Celý týden jsme měli ideální sněhové podmínky a krásné slunečné počasí. Poslední den jsme opustili pěkně upravené sjezdovky. Chtěli jsme po dlouhé době zase zažít ten krásný pocit ježdění ve volné přírodě. Pustili jsme se ze svahu dolů. Jel jsem jako poslední. Najednou jsem si všimnul, že mi od lyží odletuje více sněhu, než je obvyklé. Když jsem se podíval dolů, zjistil jsem, že je všude zvířený sníh, jako by začal foukat silný vítr. Pak mi došlo, že stojím přímo v začínající lavině. Všechno se seběhlo velice rychle. Vůbec nic jsem neviděl. Jako zázrakem jsem se dostal z laviny. Stál jsem pak jako omráčený. Sotva jsem popadal dech. Očima jsem hledal místo, kde jsem viděl naposledy kamarády. Vše probíhalo ve strašidelném tichu. Po necelé minutě řítící se lavina zeslábla, až se úplně zastavila. Sestupoval jsem pomalu dolů. Když jsem uviděl svého kamaráda Karla, dost se mi ulevilo. Ten ale zmateně křičel, že Pavel zůstal pod lavinou. Podařilo se nám mobilem zavolat horskou službu. Do hledání se zapojilo celkem dvanáct záchranářů se sedmi lavinovými psy. Našli Pavla po třech hodinách. Po tak dlouhé době už bohužel neměl šanci na přežití.

16. Povodeň
I po tolika letech mám stále v živé paměti tu strašnou katastrofu. Stalo se to v srpnu o letních prázdninách. Několik dní bez přestání pršelo. Hladina řek začala nebezpečně stoupat. Situace začala být krizová. Nikdo si tehdy nedokázal představit, co takový živel, jako je voda, dokáže způsobit. Bydlela jsem tehdy se svojí rodinou v malém městě blízko Vltavy. Voda hodinu od hodiny stoupala a řeka se začala hrozivě rozlévat. Nevěřili jsme svým vlastním očím, že je vůbec něco takového možné.Měli jsme strach. Raději jsme sbalili nejpotřebnější věci a odjeli k rodičům. V televizi jsme pak viděli tu pohromu. Voda s sebou brala všechno, co jí stálo v cestě. Silný proud odnášel rekreační chaty, stromy, auta a domácí zvířata. Povodeň zaplavila i náš rodinný dům, který zmizel během několika hodin pod vodou. Museli jsme přespávat u známých a příbuzných. Každý den jsme si přáli, aby už přestalo pršet. Chtěli jsme se vrátit domů a začít likvidovat škody. Náš dům ale nevydržel tak velký nápor vody a zřítil se. Přišli jsme úplně o všechno, o střechu nad hlavou, o veškerý majetek. Na jedné straně jsme byli smutní a zoufalí, ale na druhé straně jsme byli rádi, že jsme povodeň ve zdraví přežili.

8. lekce

7. Co jste dělali o víkendu?
Michal: O víkendu jsem měl velkou smůlu. Ještě teď jsem z toho jelen. V sobotu dopoledne jsem jel k přítelkyni na návštěvu. Zaparkoval jsem auto před jejím domem. Odpoledne jsme

chtěli jet na výlet, ale auto bylo fuč. Okamžitě jsem zavolal policii a řekl jsem, že mi někdo ukradl auto. Sepsali jsme protokol a teď musím měsíc čekat, jestli se auto někde najde. Moc tomu nevěřím. Jsem dost zoufalý, protože na nové auto nemám peníze, a proto budu muset jezdit do práce vlakem. Celou neděli jsem byl doma, měl jsem špatnou náladu a nic mě nebavilo.

Karel: Víkend byl bezva. Už dlouho jsem se tak dobře nebavil. V pátek večer jsem šel na disko. Nejprve jsem jenom poslouchal hudbu, ale pak se mi tam líbila jedna holka. Přisednul jsem si k ní ke stolu a dlouho jsme si povídali. Asi jsem ji taky padnul do oka, protože pak tancovala jenom se mnou. Po diskotéce jsme šli ještě do baru. Tam jsme popíjeli až do rána. Katka, tak se jmenuje ta holka, je úžasná. Pozval jsem ji na rande. Setkali jsme se zase v neděli dopoledne. Jeli jsme na kole k řece, kde jsme se celý den koupali a opalovali. Už se nemůžu dočkat, až Katku zase uvidím.

Johana: O víkendu jsem byla jako obvykle na chatě. V sobotu bylo docela hezké počasí, proto jsem pracovala na zahradě a potom jsem seděla na terase a pila kávu. Večer přišli na návštěvu sousedé. Seděli jsme u táboráku, opékali buřty, pili pivo, hráli na kytaru a zpívali. Všichni jsme se dobře bavili. V neděli ráno jsem šla do lesa na houby a k obědu jsme připravila smaženici. Po obědě se mi udělalo špatně. Musela jsem zavolat doktora. Sanitka mě odvezla hned do nemocnice. Měla jsem otravu z hub. Teď už se cítím mnohem lépe.

12. **Co dělá Irena celý týden?**

Irena: Irena Macháčková, dobrý den.
Tomáš: Ahoj Ireno, tady Tomáš.
Irena: Ahoj Tomáši, proč voláš?
Tomáš: Chtěl jsem se tě zeptat, jestli máš dneska večer čas. Chtěl bych tě pozvat na večeři.
Irena: Bohužel ne. Dneska večer jdu s Marcelou na koncert. Už se moc těším.
Tomáš: To je škoda a co zítra?
Irena: Zítra musím být dlouho v práci. Přijedu domů až v půl deváté večer a to budu určitě hodně unavená.
Tomáš: A do kdy jsi ve středu v práci? Taky do večera?
Irena: To ne, ale ve středu mám trénink a tam nemůžu chybět.
Tomáš: Aha, a na čtvrtek máš už něco v plánu?
Irena: Na čtvrtek jsem nic neplánovala, protože jedu na služební cestu do Plzně. A jak znám svého šéfa, vrátíme se až někdy v noci.
Tomáš: Ale v pátek večer budeš mít určitě čas, protože pak je víkend a nemusíš jít do práce.
Irena: Nezlob se, ale v pátek má moje sestra narozeniny, tak budeme s celou rodinou oslavovat
Tomáš: Chápu. A o víkendu jedeš na chatu?
Irena: Ne, v sobotu jedu na vodu a v neděli se scházím pravidelně s přáteli v hospodě. Nechceš přijít?
Tomáš: Ještě nevím, co budu dělat o víkendu, ale když budu mít čas, tak ti zavolám.

19. **1.**
Maminka: Honzo, vstávej!
Honza: Kolik je hodin?
Maminka: Za pět půl sedmý.
Honza: To je dobrý, můžu ještě pět minut spát.

2.
Pán: Dobrý den.
Paní: Dobrý den.
Pán: Prosím vás, kolik je hodin? Asi se mi zastavily hodinky. Mám pořád 14. 45.
Paní: Je 16.30.
Pán: Děkuju, na shledanou.
Paní: Není zač. Na shledanou.

3.

Ilona: Ahoj Marto, tady Ilona.

Marta: Ahoj Ilono. Proč voláš?

Ilona: Chtěla jsem se jenom zeptat, jestli přijdete s Tomášem zítra na návštěvu?

Marta: Samozřejmě, počítáme s tím. V kolik máme přijít?

Ilona: Ve tři odpoledne.

Marta: To se nám hodí. Budeme u vás přesně na minutu.

4.

Paní: Dobrý den.

Pán: Dobrý den.

Paní: Můžete mi prosím říct, kdy jede autobus do Prahy?

Pán: Dopoledne nebo odpoledne?

Paní: Dopoledne.

Pán: Ve čtvrt na jedenáct a pět minut.

Paní: Děkuju, na shledanou.

Pán: Na shledanou.

5.

Jana: Lenko, pospěš si, jinak přijdeme do divadla pozdě.

Lenka: A kolik je vlastně hodin?

Jana: Tři čtvrtě na osm.

Lenka: To máme ještě dost času, jsme tam za čtvrt hodiny.

9. lekce

6.

Jana: Co dávají dneska v televizi?

Petr: Nevím, ale podívám se do televizního programu. Kolik je hodin?

Jana: Sedm hodin a deset minut.

Petr: Ve čtvrt na osm se můžeš dívat na zprávy na ČT1 a v půl osmé jsou na Nově. V osm hodin dávají tvůj oblíbený seriál Rodinná pouta.

Jana: Ten si nesmím nechat ujít. Už se těším na nový díl.

Petr: Na ČT2 je přímý přenos z mistrovství světa v ledním hokeji. To musím vidět.

Jana: Ale Petře, na mistrovství se můžeš dívat s kamarády v hospodě. Chci vidět další díl seriálu!

Petr: No dobře, ale já chci být s tebou doma.

Jana: Opravdu? Ty mě překvapuješ. Nejdřív se budeme dívat na seriál a pak na nějaký film.

Petr: Na Nově dávají ve 20.40 dobrodružný film Tři mušketýři, na Primě ve 21.50 kriminálku Hráči nebo na ČT1 komedii Láska s rizikem ve 20.00.

18. *Pavel:* Miláčku, už jsem doma, mám pro tebe velké překvapení.

Jitka: To jsem zvědavá, co to bude.

Pavel: Sehnal jsem dva lístky na fotbal. Rychle se oblékni, za chvíli odjíždíme.

Jitka: Blázníš, fotbal mě absolutně nezajímá.

– – –

Karel: Hele Jakube, půjdeš dneska na pivo?

Jakub: Ne, Hana má narozeniny.

Karel: To jsem nevěděl, že tvoje manželka slaví narozeniny. Tak ji ode mne pozdravuj.

Jakub: Vyřídím, ahoj.

– – –

Jana: Petře, budeš u toho počítače sedět celý večer?

Petr: Jo, mám moc práce.

Jana: Děláš si legraci? Dneska je tak nádherně! Myslela jsem, že půjdeme na procházku a potom někam na večeři.

Petr: Dneska to bohužel nejde.

19. Co děláte ve volném čase?

Dobrý den, děláme anketu pro časopis Víkend. Můžu se vás na něco zeptat?
Když to nebude dlouho trvat. Nemám moc času.
Co děláte ve volném čase?
Právě teď pospíchám na nádraží. Každý pátek jezdím vlakem na chatu. Přes sobotu a neděli si tam hezky odpočinu. U chaty mám zahrádku, kde trávím většinu volného času. Pěstuju různé květiny a okrasné stromy. Za chatou máme les. Můžu tam chodit na procházku nebo na houby. Jsem vlastně celý víkend v přírodě. *(Marie)*

– – –

Dobrý den, můžu se Vás zeptat, čím se zabýváte ve volném čase?
Veškerý volný čas mi zabere fotografování. Jezdím často do ciziny a tam fotografuju všechny historické památky. Zajímají mě samozřejmě také lidé, ale nejraději dělám snímky přírody, ty se mi líbí nejvíce. Jak už jsem řekl na začátku, velice rád cestuju. Rád poznávám zajímavá místa a seznamuju se s novými lidmi, s jejich kulturou a životem. Zážitky z cest si nechci nechat jen pro sebe, proto jsem se rozhodl, že o tom napíšu knihu. *(Jirka)*

– – –

Dobrý den, jak trávíte volný čas?
Během týdne nemám moc volného času, protože jezdím často na služební cesty. Když jsem večer doma, tak hraju počítačové hry. Moc mě to baví, také surfuju na internetu, zapojuju se do různých diskusních skupin nebo hledám různé informace. Internet mi pomáhá navazovat kontakty s jinými lidmi. Je to úplně jiný svět. Někdy přestávám vnímat čas. O víkendu sportuju. Každou sobotu chodím hrát s kamarády fotbal a po zápase se většinou scházíme v hospodě. *(Zdeněk)*

10. lekce

14. Na návštěvě

Radka:	Ahoj Heleno.
Helena:	Ahoj Radko, to jsem ráda, žes přišla, pojď dál.
Radka:	Děkuju, taky tě ráda vidím. Však už jsme se neviděly sto let!
Helena:	V předsíni si můžeš odložit. Posaď se do obýváku, hned přijdu za tebou. Dáš si kávu nebo čaj?
Radka:	Můžeš mi udělat turka?
Helena:	Samozřejmě. Chceš smetanu nebo mléko?
Radka:	Ani to, ani to.
Helena:	A cukr?
Radka:	Taky ne. Nesladím.
Helena:	Ty držíš dietu?
Radka:	To ne, ale chutná mi víc káva bez cukru.
Helena:	Už jsem se lekla, že nejíš sladké. Upekla jsem tuhle bábovku speciálně pro tebe.
Radka:	Bábovku mám ráda, vypadá dobře, hned ji ochutnám.
Helena:	Tak, tady je káva. Ještě přinesu nůž a můžeš si ukrojit, kolik chceš.
Radka:	Musím si odskočit. Kde je tady toaleta?
Helena:	V předsíni, ty druhé dveře.

– – –

Radka:	To je pro tebe.
Helena:	Pro mne? Co to je?
Radka:	Tak to rozbal a uvidíš.
Helena:	Kalendář. Ty fotky jsou nádherné.
Radka:	Máš pravdu. Všechno fotil můj manžel Roman a tady ty tři se mu zvlášť povedly.
Helena:	Moment, moment... To je jedno překvapení za druhým Ty jsi vdaná? Jak dlouho? Myslela jsem, že pořád chodíš s Lubošem?

Radka:	Kdepak, to už je stará historie. Jsem teď už půl roku šťastně vdaná. Musíš k nám přijít taky někdy na návštěvu.
Helena:	Ráda.
Radka:	Ježíšmarjá! To už je tolik hodin! Budu muset běžet. Mám se v půl osmé sejít s Romanem. Chceme jít spolu do kina.
Helena:	To tě nebudu zdržovat. Pozdravuj ode mne manžela.
Radka:	Díky. Určitě se zase brzy uvidíme. A zaváláme si. Ahoj.
Helena:	Ahoj.

15.

Renata:	Ahoj Petře, kam tak pospícháš?
Petr:	Jé, ahoj Renato! Vůbec jsem si tě nevšiml. Jdu dneska k Amandě na večírek a ještě musím cestou koupit nějaký dárek.
Renata:	K Amandě říkáš? Znám ji?
Petr:	Určitě. Je to ta nová studentka, která přijela před měsícem z Anglie.
Renata:	Aha, už si vzpomínám, taková blondýnka.
Petr:	A kam máš namířeno ty? Vypadáš skvěle, sluší ti to.
Renata:	Jdu s Davidem do divadla. Už musím běžet, za dvacet minut začíná představení. Chtěla jsem se jenom zeptat, jestli máš příští pátek čas.
Petr:	Takhle z hlavy nevím, ale asi jo. Proč se ptáš?
Renata:	Chtěla bych tě pozvat na oslavu svých narozenin.
Petr:	Díky, přijdu rád. A v kolik hodin?
Renata:	Přijď v šest hodin. Zatím ahoj a užij si to!
Petr:	Ty taky, ahoj.

16.

Radka:	Radka Králová, dobrý den.
Jana:	Ahoj Radko, tady je Jana.
Radka:	Čau Jano, proč voláš?
Jana:	Ty Radko, budeš se moc zlobit? Zítra k tobě nemůžu přijít, jedu se svým šéfem na služební cestu do Bratislavy a vrátíme se až pozdě večer.
Radka:	No to snad nemyslíš vážně? Nemůžeš to nějak zařídit, abys přišla?
Jana:	Nezlob se, ale termín služební cesty se už nedá změnit a já tam musím jet.
Radka:	Tak to se nedá nic dělat.

– – –

Radka:	Radka Králová, prosím.
Lucie:	Ahoj Radko, tady Lucie.
Radka:	Ahoj Lucko, to jsem ráda, že voláš. Přijdeš zítra? Počítáš s tím?
Lucie:	Přišla bych ráda, ale právě teď ležím v posteli s vysokou teplotou, mám rýmu a kašel a cítím se mizerně, proto ti taky volám.
Radka:	Co se dá dělat. Hlavně se brzy uzdrav.
Lucie:	Chtěla jsem ti popřát všechno nejlepší k narozeninám a dáreček dostaneš příští týden.
Radka:	Díky. Uvidíme se příští týden. Ahoj.
Lucie:	Ahoj.

– – –

Radka:	Radka Králová.
Honza:	Ahoj Radko, tady Honza.
Radka:	Ahoj Honzo, to je ale překvapení. Co je nového?
Honza:	Všechno při starém. Budeš moc naštvaná, když zítra nepřijdu?
Radka:	Ani ne, nejsi první, kdo volá, že nepřijde. Chtěla jsem mít jednou v životě velkou oslavu narozenin a teď z toho nic nebude.
Honza:	Fakt mě to mrzí, ale musím odvézt rodiče do Prahy na letiště, protože odlétají na dovolenou a vrátím se až v noci.
Radka:	Chápu, že tam musíš jet. Tak zase někdy zavolej. Ahoj.
Honza:	Ahoj

17. **Jak oslavujete narozeniny?**

Milena: Narozeniny oslavuju ráda, protože se sejde vždycky dobrá parta lidí a užijeme si hodně legrace. Na oslavě svých letošních v pořadí dvacátých narozenin patrně budu chodit s nateklou pusou, kterou si budu chladit džusem. Jíst budu jenom krupicovou kaši nebo jogurty. Zítra jdu totiž k zubaři, který mi vytrhne zub moudrosti. Lepší už to být nemůže.

Pavel: Narozeniny slavím jako o život. Mám dost bezvadných přátel, se kterými pečeme prasátko, je to vlastně veliký prase. Koupíme k tomu pár bochníků chleba, zelí, okurky a sud piva. Pijeme, jíme, zpíváme a bavíme se až do východu slunce. Je to vždycky perfektní mejdan. Když má někdo ráno kocovinu, může si dát česnečku nebo minerálku.

Jirka: Narozeniny jsem slavil s kámošema minulý pátek. Z jedné hospody nás vyrazili v deset hodin. Už zavírali. V druhé bylo plno, že se nedalo stát ani u baru. V další nás čekalo milé překvapení. Nejenže zábava byla v plném proudu, ale ještě tam slavila narozky nějaká kapela. Tak jsme zůstali až do rána a pili jednoho panáka za druhým.

Marie: Když mám narozeniny, tak si na mě většinou nikdo nevzpomene a já celý den probrečím. Jsem spíše domácí typ a oslavy narozenin nesnáším. Na večírky už nechodím, protože ne každý večírek proběhne poklidně. Lidi se tam většinou opijou, kouří cigarety nebo marihuanu, aby měli lepší náladu. Potom nevědí, co dělají.

11. lekce

16. Zubař: Tak kde vás to bolí, pane Kratochvíle?
Pacient: Tady dole vlevo.
Zubař: Otevřete pusu, podívám se na to. Už to vidím. Sedmička dole vlevo. Máte tam malý zubní kaz. Vyvrtám vám to. Vypláchněte si prosím. Nebolí to?
Pacient: Ne, vůbec to necítím.
Zubař: Teď to ještě zaplombujeme. Skousněte. Je to v pořádku?
Pacient: Ještě to tam trochu překáží.
Zubař: Aha, tak to zbrousíme. Ještě jednou vypláchněte. Už je to dobré?
Pacient: Ano.

– – –

Zdravotní sestra: Gratuluju, pane Čando. Máte chlapečka. Měří 52 centimetrů a váží 3,80 kg.
Pan Čada: Můžu ho vidět? Je manželka v pořádku?
Zdravotní sestra: Pojďte se mnou. Vaše manželka je ještě na sále. Nemějte obavy, porod proběhl bez komplikací. A kluka si můžete pochovat. Jakpak se bude jmenovat?
Pan Čada: Honzík, teda vlastně Jan. Ten je ale krásnej!
Zdravotní sestra: Celej tatínek.

– – –

Lékárnice: Dobrý den, co si přejete?
Zákazník: Dobrý den, chtěl bych jedny oční kapky a jeden Aspirin.
Lékárnice: Chcete menší nebo větší balení?
Zákazník: Stačí to menší.
Lékárnice: Ještě něco?
Zákazník: Chtěl bych ještě něco proti průjmu.
Lékárnice: Dost účinný je Endiaron.
Zákazník: Vezmu si ho.

– – –

Pacientka: Dobrý den.
Lékař: Dobrý den, paní Šejnohová. Co potřebujete?
Pacientka: Slzí mi oči, mám pořád rýmu a udělala se mi nějaká vyrážka na ruce. Hrozně to svědí.
Lékař: To vypadá na sennou rýmu. Pošlu vás na alergologické vyšetření do nemocnice. Zatím vám předepíšu nosní sprej, oční kapky a mast na kopřivku. Přijdete ke mně znovu s výsledky vyšetření a potom se dohodneme, jak to budeme léčit dál.
Pacientka: Dobře. Děkuju a na shledanou.

17. **Honza:** Ahoj Tomáši, tady je Honza.

Tomáš: Ahoj Honzo, proč voláš?

Honza: Tomáši, nezlob se, ale dneska nemůžu přijít na fotbal.

Tomáš: No neblázni! Přeci víš, jak je důležitý, abys hrál. Bez tebe nevyhrajeme.

Honza: Ale vyhrajete. Musíte si věřit. Rád bych přišel, ale mám chřipku a dost vysokou horečku. Nemůžu se ani hnout, sotva vstanu z postele. Fakt to nejde.

Tomáš: To se nedá nic dělat. Tak se brzy uzdrav. Čau.

Honza: Díky, ozvu se příští týden. Ahoj.

– – –

Milena: Krucifix Martine, dávej pozor. Kvůli tobě jsem se řízla do prstu. Podívej, teď mi teče krev.

Martin: Promiň, Mileno. Nechtěl jsem do tebe strčit. Ukaž! Vždyť to nic není. Určitě nevykrvácíš.

Milena: To se teda pleteš. Ta rána je dost hluboká. Můžeš mi přinést nějaký obvaz a náplast?

Martin: A kde jsou?

Milena: No přece v lékárničce. A pospěš si!

– – –

David: Proboha Petře, co se ti stalo? Vypadáš hrozně!

Petr: Ani se neptej. Je mi fakt mizerně. Včera jsem jel do práce na kole. Ve městě mi do cesty vběhla malá holka. Prudce jsem zabrzdil, protože jsem ji nechtěl srazit. Spadnul jsem z kola a potom si už nic nepamatuju. V nemocnici zjistili, že jsem měl lehký otřes mozku, zlomil jsem si pravou ruku a narazil koleno.

12. lekce

13. Jste se svým bydlením spokojeni?

Vlastníma rukama jsem postavil před čtyřmi roky malý domek na samotě u lesa. Moje manželka ze začátku nechtěla bydlet na místě, kde lišky dávají dobrou noc. Bála se sama zůstat doma, protože široko daleko nikdo nebydlí, ale teď si už zvykla a je spokojená. Nádhernou přírodu, oblohu plnou hvězd, ticho a klid by nevyměnila za rušný život velkoměsta. *(Mirek)*

Už tři roky bydlím v podnájmu v jedné vile v centru města. Abych řekla pravdu, nejsem moc spokojená, protože za podnájem jedné malé místnosti platím měsíčně přes šest tisíc a to ještě můžu mluvit o štěstí, že mám kde bydlet. Své sousedy znám osobně. Seznámila jsem se s nimi, když jsem hledala podnájem. Jsou to milí lidé, se kterými nemám vážné problémy, ale přece jen – vlastní byt je vlastní byt. *(Kamila)*

Před rokem jsem se přestěhoval se svojí rodinou do velkého rodinného domu. Bydlím na okraji města a připadám si tady jako na zámku, protože máme všechno, na co si vzpomeneme. Saunu, bazén, fitness, velkou zahradu, tenisové kurty. Pro své známé a kamarády pořádáme často zahradní párty nebo večírky. Naši sousedé si potom často stěžují na hluk. Myslím si ale, že je to jen záminka, aby se s námi mohli hádat, protože nám závidí, že jsme bohatí. *(Erik)*

15. **Čermák:** Čermák, prosím.

Hartman: Hartman, dobrý den. Četl jsem váš inzerát v Servisu bydlení, jak tam prodáváte ten rodinný dům v Krkonoších. Chtěl bych se zeptat, jestli je ještě volný?

Čermák: Zatím je volný, i když už mám tři zájemce, ale ještě jsem se na ničem konkrétním nedohodl.

Hartman: Měl bych o ten dům taky zájem. O jakou oblast Krkonoš se konkrétně jedná?

Čermák: Je to v Rokytnici nad Jizerou. Znáte to tam?

Hartman: Trochu. Je to docela dobrá lokalita. A jak je to daleko k vleku?

Čermák: Asi čtyři sta metrů.

Hartman: To by šlo. Zajímalo by mě ještě, jak velké jsou místnosti?

Čermák: Nejmenší místnost má 18 m^2, další čtyři místnosti kolem 25 m^2 a obývák přibližně 40 m^2.

Hartman:	Hm, to je docela velké. To by mi vyhovovalo. Za kolik ho prodáváte?
Čermák:	Ze pět milionů sedm set padesát tisíc.
Hartman:	No, cena je dost vysoká, ale přesto bych měl vážný zájem. Příští týden ve středu jedu na služební cestu. Budu nedaleko Rokytnice. Mohl bych se u vás zastavit?
Čermák:	Jistě. V kolik hodin chcete přijet?
Hartman:	Asi tak kolem půl třetí.
Čermák :	Dobře. Sejdeme se na náměstí v kavárně Jizerka. Víte, kde to je?
Hartman:	Ano, přijdu tam. Na shledanou.
Čermák :	Na shledanou.

16. Stěhování

Zuzana:	Ty Johano, je ti něco? Nevypadáš moc dobře.
Johana:	Nic mi není. Jsem jenom šíleně unavená. Už týden se stěhujeme a ani ve snu by mě nenapadlo, že to bude trvat tak dlouho. Pořád jenom nosím těžké krabice nebo tašky, vybaluju věci a přendávám je z jednoho místa na druhé. Kdybys viděla ten bordel!
Zuzana:	Ale jdi, to se časem srovná. Já jsem nevěděla, že se stěhuješ. A kam?
Johana:	Před měsícem jsme koupili rodinný domek. Představ si, jenom deset kilometrů od centra. Vždycky jsem si přála bydlet ve městě a zároveň na venkově a teď se mi to konečně splnilo. Jestli chceš, můžeš se přijít někdy podívat.
Zuzana:	Fakt? To budu moc ráda. Taky bych si chtěla koupit nějaký menší domek, abych nemusela bydlet na sídlišti. Je to tam čím dál tím horší. Snad každý v našem vchodě si pořídil psa. Naše sousedka má hned tři. To jejich kňučení a štěkání mi leze na nervy, ale nemám náladu se s ní pořád hádat. Už mě taky třikrát vytopila. Museli jsme nechat vytapetovat celý byt. No, co ti mám povídat, vždyť to znáš.
Johana:	Máš pravdu, Zuzano. Taky jsem si se svými bývalými sousedy dost užila. Hádali se každý večer až do noci, takže jsem se kolikrát vůbec nevyspala. Jsem moc ráda, že už jsem pryč. Teď se těším na to, jak budu sázet kytky na zahradě nebo odpočívat na terase.
Zuzana:	Docela ti závidím. Hned bych se taky stěhovala.
Johana:	A proč to neuděláš?
Zuzana:	Blázníš? Myslíš, že mám tři miliony?
Johana:	Já je taky neměla, ale prodali jsme byt a vzali jsme si hypotéku.
Zuzana:	Já nevím, zase tolik s Milanem nevyděláváme. A zadlužit se do konce života je přeci jen dost riskantní.
Johana:	Musím tě, milá kamarádko, trochu vyvést z omylu. Není to tak strašné, jak si myslíš. Splácíme měsíčně něco přes čtyři tisíce.
Zuzana:	Teď jsi mi nasadila brouka do hlavy. Budu o tom přemýšlet.

13. lekce

18. Co na sebe?

Pavel:	Lenko, už jsi hotová?
Lenka:	Ještě ne, vydrž chvilku, chci se rychle osprchovat.
Pavel:	Pospěš si, prosím, jinak přijdeme pozdě.
Lenka:	Kolik je hodin?
Pavel:	Je za deset minut sedm a v půl osmé máme čekat na Janu před divadlem.
Lenka:	Cože? To už je tolik hodin? To nestihneme. Budeme si muset vzít taxi.
Pavel:	No dobře. Co si mám vzít na sebe? Ten tmavě modrý nebo ten šedý oblek?
Lenka:	Neslyším tě. Cos říkal?
Pavel:	Mám si vzít ten tmavě modrý nebo ten šedý oblek?
Lenka:	Myslím si, že ti víc sluší ten tmavě modrý.
Pavel:	A jakou košili? Bílou, světle modrou, žlutou nebo šedou?

Lenka:	Asi bílou nebo světle modrou.
Pavel:	Hm, tak si obléknu světle modrou košili a k tomu červenou kravatu.
Lenka:	Červená se moc nehodí, lepší bude ta tmavě modrá s bílými proužky.
Pavel:	Asi máš pravdu. No ne, v těch černých šatech vypadáš skvěle!
Lenka:	Opravdu? To jsem ráda, že se ti líbí. Už jsi zavolal taxíka?
Pavel:	Samozřejmě. Za pět minut je tady.

19. **Módní hity**

Dobrý večer, vážení posluchači. Dnešním hostem ve studiu je naše přední módní návrhářka Pavla Hermanová, která bude odpovídat na Vaše dotazy.

Jako první nám napsala posluchačka Hana z Jihlavy.

- Nadbytečná kila mě netrápí, přesto nejsem spokojená se svou postavou. Chtěla bych se oblékat moderně a vypadat přitažlivě. Poradíte mi, co je hitem letošního léta?

Módní svět se vrací k minisukním. Léto je tedy ve znamení krátkých sukének a šatů s odhalenými rameny, dekoltem, zády či pupíkem. Veliké i drobné květy zaplavují nejen šaty, ale i kalhoty nebo halenky. Květinové jsou také doplňky - kabelky a boty. Pokud by vás květy omrzely, můžete je zaměnit za ovocné plody – jahody, třešně, melouny. Velmi mladistvě vypadá kombinace ostře zelené s bílou. Rezavým mladým dámám sluší khaki. Blondýnky se budou báječně cítit v trávově zelené či pistáciové. Brunetkám svědčí smaragdová a tyrkysová barva.

Další dotaz je od paní Kateřiny z Olomouce.

- Chci si koupit klobouk, ale nemám s tím vůbec žádné zkušenosti. Existují při výběru nějaké obecné zásady? Klobouky jsou dneska dost drahé a měla bych zlost, kdyby pak ležel ve skříni.

Pokud jde o tvar klobouku, je móda velmi tolerantní a můžete si koupit to, co vám sluší a v čem se cítíte dobře. Až budete klobouk vybírat, pozorujte se v zrcadle ze všech stran. O barvě nerozhoduje pouze oděv, ke kterému jej budete nosit, ale také barva obličeje. V obchodě tedy musíte jít i na denní světlo, abyste zkontrolovala, zda vám zvolený odstín vyhovuje. Nezapomeňte také na to, že ke klobouku patří vzpřímená chůze.

Jako poslední se ozvala paní Vlasta z Prahy.

- Odjakživa chodím převážně v tmavě modrém oblečení a nehodlám se ho vzdát ani v budoucnosti. Můžete mi sdělit, co tato barva vlastně o mně vypovídá?

Patrně nemáte zájem na sebe upozorňovat, vyhovuje vám zůstávat v pozadí. Zastáváte konzervativní názory a rovněž nelze předpokládat, že máte nějaké zvláštní ambice. Zato jste neuvěřitelně spolehlivá, pracovitá, seriózní a umíte podat pomocnou ruku. Doporučovala bych vám tmavě modré oblečení oživit barevnými doplňky, třeba výrazným šátkem, ozdobnými knoflíky nebo páskem.

21. Moje dcera Lucie je hezká jako obrázek. Má dlouhé černé vlasy, oválný obličej, hnědé oči, malý nos a štíhlou postavu. Ve škole se dobře učí, je chytrá a inteligentní. Ráda je veselá a stále se směje. Je to zkrátka taková milá a přátelská holka. *(Dáša)*

Moje sestra Marta nemá ideální postavu. Je malá a silnější, vyloženě tlustá ale není. Má kulatý obličej, který zdobí světlé kudrnaté vlasy. Velmi hezké jsou její modré oči a malá ústa. Sama o sobě říká, že není atraktivní typ, ale cítí se dobře. Ať už veselá nebo smutná, vždycky má dobré nápady. *(Zdeněk)*

Můj přítel Pavel má sportovní postavu. Je vysoký a štíhlý, má krátké hnědé vlasy, trochu odstávající uši, zelené oči a velký nos. I když není zrovna krasavec, jeho tvář si každý rychle zapamatuje. Ráda s ním trávím volný čas, protože je velmi zábavný a aktivní, je, jak se říká, „pohodář". Dokáže vyřešit každý problém. *(Karolína)*

14. lekce

16. *1. osoba:* Pracuju na stavbě a stavím rodinné domy.
    2. osoba: Obsluhuju hosty v restauraci. Roznáším jídlo a pití.

3. osoba: Pracuju většinou doma. Píšu knížky pro děti.

4. osoba: Pracuju v autoservisu. Opravuju rozbitá auta.

5. osoba: Pracuju v kadeřnickém salónu. Myju, stříhám a barvím zákazníkům vlasy.

6. osoba: Hodně cestuju po celém světě. Předvádím nové oblečení na módních přehlídkách.

17. **Řidič kamionu**

Před deseti lety jsem odmítl jít na vysokou školu. Tehdy mě víc lákalo cestování než studium. Hledal jsem práci, která by mi vyhovovala. Nejdřív jsem řídil náklaďák a rozvážel chleba a rohlíky. Pak jsem se stal profesionálním řidičem kamionu. Chtěl jsem vědět, co ve mně je, proto jsem se přihlásil do mezinárodní soutěže Mladý evropský řidič kamionu. Bez problému jsem prošel teoretickými testy z pravidel silničního provozu a technických vědomostí. Potom jsem absolvoval praktickou část. Na 30 kilometrovém okruhu na silnicích v okolí Prahy jsem musel dokázat, že umím manévrovat s nákladní soupravou, jezdím bezpečně a hospodárně. Byl to hezký pocit, když jsem se dověděl, že jsem se umístil na druhém místě. Trochu mi to zvedlo sebevědomí. Teď pracuju u jedné mezinárodní špeditérské společnosti. Jezdím po celé Evropě. Vyvážím dřevo, pivo nebo stroje a přivážím ovoce, zeleninu, počítače. Zkrátka vše, co je potřeba. Moje práce je někdy dost náročná. Najezdím tisíce kilometrů. Strávím desítky hodin čekáním na hranicích. Přespávám v kamionu na různých parkovištích. Často musím dělat přesčasy, abych splnil čas dodávky nákladu. Jsem potom unavený, vyčerpaný a ospalý. Někdy mám cest do ciziny plné zuby a jsem nejšťastnější, když můžu strávit nějaký ten půlden doma.

15. lekce

8. **Co se vám vybaví, když se řekne Česká republika?**

Je to malá země s deseti miliony obyvatel. Praha je ovšem krásné město kultury a dobrého piva. Co dál? Ke všemu se tady jedí knedlíky. V Čechách se vyrábí nejlepší křišťál na světě a čeština je složitý jazyk, který se lze jen těžko naučit. A škodovka už dávno není jediným autem, které v Čechách jezdí. *(Arthut)*

Když se řekne Česká republika, hned mne napadne, že je to sice malá země, ale zároveň jedno z nejvýznamnějších hudebních středisek v celé Evropě. Jsem hudebník, pianista. Můj otec už desítky let dováží z Česka klavíry značky Petrof, které u nás prodáváme. I proto jsem v Čechách už několikrát byl. Navštívil jsem hlavní město Prahu. Byl jsem nadšený vysokou úrovní hudební kultury i kvalitami a schopnostmi hudebníků, zejména pianistů. *(Gabriele)*

Je toho mnoho, co mi připomíná Českou republiku. Havel, Smetana, Český ráj, pivo, knedlíky. Je v tom i kus mého života. Poprvé jsem byl v České republice před třiceti lety a od té doby mnohokrát. Mám v Česku řadu přátel. Je pro mě druhým domovem. Pro švédské turisty je Česko velmi populární, protože je tady lacino a služby jsou přitom na dobré úrovni. *(Lasse)*

Mám Českou republiku vlastně za rohem, takže zkusím řadit asociace, kterých se mi okamžitě vybavuje hodně, tak jak mi budou přicházet na mysl: Karlovarské oplatky, Budvar, Plzeň, Václavské náměstí, Šumava, lední hokej, české pohádky. Vím, že Češi jsou vzdělaní, že jsou dobří ve strojírenství a ve filmovém umění. Ale dodnes nejsou příliš optimističtí. *(Johannes)*

9. **Čím jsou Češi známí ve světě.**

Stará česká značka Škoda: V roce 1905 vyrobili Václav Laurin a Václav Klement svůj první automobil. Už více než sto let pokračuje tato tradice. Odkaz zakladatelů firmy dnes šíří na silnicích všech světadílů auta značky Škoda. Mladoboleslavská továrna vyrábí tři modelové řady: Fabia, Octavia, Superb.

Národní divadlo: Jít do Národního divadla, to stále něco znamená. Vždy bylo chloubou českého národa. Základní kámen byl položen 16. května 1868 a na jeho vybudování se sbírkami podílely široké vrstvy lidu. Jeho dnešní podobu tvoří tři umělecké soubory – opera, balet a činohra. Vedle historické budovy Národního divadla stojí budova Nové scény.

Česká filharmonie: Vážnou muziku i její interprety mohli Češi vyvážet odjakživa. Česká filharmonie koncertovala snad ve všech koutech světa. Je častým a oblíbeným hostem ve

Spojených státech, v zemích EU a především v Japonsku. Její první koncert dirigoval Antonín Dvořák v roce 1896. Od té doby orchestr řídila většina nejlepších světových dirigentů.

České pivo: Češi se významně zapsali do historie výroby piva. Začátek výroby světlého, průzračného piva v Plzni znamenal zrod stylu, který se snaží napodobit celý svět. Český chmel a moravský ječmen je exportován do různých zemí po celém světě, kde chtějí vařit pivo co nejpodobnější originálu. České pivo nejvíc chutná v Německu a na Slovensku.

Sportovní úspěchy: Čeští hokejisté patří už devadesát let k nejlepším na světě. Na olympiádě v Naganu v roce 1998 vybojovali zlato. Stejně jako Jaroslav Jágr jsou dnes světově proslulí i oštěpař Jan Železný, desetibojař Roman Šebrle nebo jedna z nejlepších tenistek Martina Navrátilová.

10. **Výlet do Prahy**

Edita: Ahoj Alice, jak se ti líbilo v Praze?

Alice: Moc. Byla jsem nadšená a do Prahy jsem se na první pohled zamilovala.

Edita: Kdy jsi tam vlastně byla? A s kým?

Alice: Minulý víkend. Můj spolužák Tomáš mi to navrhl. Ten nápad se mi líbil. Neměla jsem stejně nic jiného v plánu.

Edita: To jste jeli jenom na víkend? A co jste si stihli prohlédnout?

Alice: V sobotu dopoledne jsme byli na Pražském hradě. Prohlédli jsme si gotickou katedrálu sv. Víta a baziliku sv. Jiří. Chvíli jsme se procházeli Zlatou uličkou. Musím ti říct, že ty malé, různě malované domky, jsou opravdu nádherné. Viděla jsem i dům, kde krátce bydlel Franz Kafka. Potom jsem měla velký hlad, tak jsme byli na obědě v takové malé hospůdce. Už si ale nepamatuju, jak se jmenovala, myslím že V podhradí.

Edita: Doufám, že jste neseděli celý den v hospodě. Viděla jsi také Karlův most?

Alice: No samozřejmě. To jsem si nemohla nechat ujít projít se také po Karlově mostě, o kterém jsem slyšela tolik pověstí. Musela jsem se smát, když Tomáš vyprávěl, že při stavbě mostu se do malty přimíchávalo vápno s vínem a vejci, aby byl most pevný a odolný.V Praze ale tolik vajec nebylo a tak král Karel nařídil, aby se vejce svážela ze všech českých měst. Velvarští obyvatelé poslali vejce vařená natvrdo, aby se po cestě nerozbila a obyvatelé Unhoště poslali s vejci i tvaroh a syrečky.

Edita: No jo, to je známá historka. A Tomáš se v Praze vyzná?

Alice: Byla jsem moc ráda, že jel se mnou, protože jinak bych v Praze asi dost bloudila. Z mostu jsme sešli po schodišti na Kampu a potom zase zpátky na Karlův most. Bylo tam hodně turistů i malířů a dalších umělců. Koupila jsem si takový krásný obrázek Prahy. Kdykoliv se teď na něj podívám, vybaví se mi všechna krásná místa, která jsem si prohlédla. Patří k nim i Národní divadlo nebo Staroměstské náměstí s překrásným orlojem. Čekali jsme asi dvacet minut před radnicí, abychom nepropásli apoštoly, kteří se ukazují v okénkách. Potom jsme se sešli s Tomášovým kamarádem, u kterého jsme také přespali.

Edita: Musela jsi být dost unavená, když si celý den chodila po Praze.

Alice: Ani ne. Už jsem se těšila na další den. V neděli jsme se rozhodli udělat si příjemnou procházku na Petřín. Mohli jsme jet nahoru lanovkou, ale já jsem chtěla vyšlápnout kopec raději pěšky. Když jsme vylezli až na vrchol, nevěřila jsem svým očím. Tolik rozkvetlých růží najednou jsem snad ještě v životě neviděla.

Edita: Máš pravdu, Růžový sad je kouzelný, ale i ty ostatní zahrady na Petříně jsou krásné.

Alice: To je fakt. Všude je plno laviček, můžeš si sednout a jen tak se dívat kolem. Cítila jsem se báječně. Nejvíc jsme se nasmáli v zrcadlovém bludišti. Ta pokřivená zrcadla z každého udělají úplně jiného člověka. Jednou jsem byla hubená, jednou zase tlustá, jednou jsem měla velkou hlavu, pak zase úplně malé nohy.

Edita: To věřím, že to bylo pro tebe legrační. Jsem moc ráda, že jsi měla hezký víkend. Příště můžeme jet do Prahy pro změnu spolu.

Dril

1. lekce

Jsem Američan.	I am an American.	Ich bin Amerikaner.
Jsem Němec.	I am a German.	Ich bin Deutscher.
Jsem Rakušan.	I am an Austrian.	Ich bin Österreicher.
Jsem Angličan.	I am a Brit.	Ich bin Engländer.
Jsem Rus.	I am a Russian.	Ich bin Russe.
Jsi Češka?	Are you a Czech?	Bist du Tschechin?
Jsi Američanka?	Are you an American?	Bist du Amerikanerin?
Jsi Němka?	Are you a German?	Bist du Deutsche?
Jsi Rakušanka?	Are you an Austrian?	Bist du Österreicherin?
Jsi Angličanka?	Are you a Brit?	Bist du Engländerin?
Jsi Ruska?	Are you a Russian?	Bist du Russin?
Jsem svobodná.	I am single.	Ich bin ledig.
Jsi svobodný?	Are you single?	Bist du ledig?
Jana je vdaná.	Jana is married.	Jana ist verheiratet.
Karel je ženatý.	Karel is married.	Karel ist verheiratet.
Milena je rozvedená.	Milena is divorced.	Milena ist geschieden.
Jirka je rozvedený.	Jirka is divorced.	Jirka ist geschieden.
Mám děti.	I have got children.	Ich habe Kinder.
Máme jednu dceru.	I have got a daughter.	Wir haben eine Tochter.
Mají jednoho syna.	I have got a son.	Sie haben einen Sohn.
Mám dvě dcery.	I have got two daughters.	Ich habe zwei Töchter.
Mám dva syny.	I have got two sons.	Ich habe zwei Söhne.
Máš bratra?	Have you got a brother?	Hast du einen Bruder?
Máte sestru?	Have you got a sister?	Haben Sie eine Schwester?
Máte sourozence?	Have you got any siblings?	Haben Sie Geschwister?
Máš přítele?	Have you got a boyfriend?	Hast du einen Freund?
Máš přítelkyni?	Have you got a girlfriend?	Hast du eine Freundin?
Pavel je zamilovaný.	Pavel is in love.	Pavel ist verliebt.
Lucie je zamilovaná.	Lucie is in love.	Lucie ist verliebt.
Nemám bratrance.	I do not have a cousin.	Ich habe keine Cousins/keinen Cousin.
Nemám sestřenici.	I do not have a cousin.	Ich habe keine Cousine.
Mám vnučku.	I have got a granddaughter.	Ich habe eine Enkeltochter.
Mají vnuka.	They have got a grandson.	Sie haben einen Enkelsohn.
Mám velkou rodinu.	I have got a big family.	Ich habe eine große Familie.
Máme hodně příbuzných.	We have got a lot of relations. *We have got a lot of relatives.*	Wir haben viele Verwandte.
Jezdíme k babičce.	We are travelling to Grandma's.	Wir fahren zur Oma.
Seznámili jsme se v práci.	We met at work.	Wir haben uns auf/in der Arbeit kennen gelernt.
Seznámili jsme se na dovolené.	We met on holiday.	Wir haben uns im Urlaub kennen gelernt.
Seznámili jsme se u lékaře.	We met at the doctor's.	Wir haben uns beim Arzt kennen gelernt.

Seznámili jsme se v parku.	We met at a park.	Wir haben uns im Park kennen gelernt.
Seznámili jsme se ve škole.	We met at school.	Wir haben uns in der Schule kennen gelernt.
Seznámili jsme se na horách.	We met in the mountains.	Wir haben uns in den Bergen kennen gelernt.

2. lekce

Co snídáš?	What do you have for breakfast? *What do you eat for breakfast?*	Was isst du zum Frühstück?
K snídani mám rohlík s máslem.	I have a roll with butter for breakfast. *I eat a roll and butter for breakfast*	Zum Frühstück esse ich ein Hörnchen mit Butter.
Snídám chleba se sýrem.	I have bread and cheese for breakfast. *I eat bread and cheese for breakfast.*	Ich esse Brot mit Käse zum Frühstück.
Co snídáte?	What do you have for breakfast? *What do you eat for breakfast?*	Was essen Sie/esst ihr zum Frühstück?
Snídám müsli s jogurtem.	I have muesli and yoghurt for breakfast. *I eat muesli and yogurt for breakfast.*	Ich esse Müsli mit Joghurt zum Frühstück.
Snídám koláč.	I have cake for breakfast. *I eat cake for breakfast.*	Ich esse Kuchen zum Frühstück.
Nesnídám.	I do not have breakfast. *I don't eat breakfast.*	Ich frühstücke nicht.
Co obědváš?	What do you have for lunch? *What do you eat for lunch?*	Was isst du zu Mittag?
Obědvám guláš s knedlíkem.	I have goulash with dumplings for lunch. *I eat goulash with dumplings for lunch.*	Ich esse Gulasch mit Knödeln zu Mittag.
Obědvám svíčkovou na smetaně.	I have beef sirloin with a cream sauce for lunch. *I eat beef sirloin with cream sauce for lunch.*	Ich esse Lendenbraten in Sahnesoße zu Mittag.
Co obědváte?	What do you have for lunch? *What do you eat for lunch?*	Was essen Sie/esst ihr zu Mittag?
Obědvám pizzu.	I have pizza for lunch. *I eat pizza for lunch.*	Ich esse Pizza zu Mittag.
K obědu mám kuře.	I have chicken for lunch. *I eat chicken for lunch.*	Zu Mittag esse ich Hühnchen.
K obědu mám rybu.	I have fish for lunch. *I eat fish for lunch.*	Zu Mittag esse ich Fisch.
Neobědvám.	I do not have lunch. *I don't eat lunch.*	Ich esse nicht zu Mittag.
Co máš k večeři?	What do you have for dinner? *What do you eat for dinner?*	Was isst du zum Abendessen?
Večeřím špagety.	I have spaghetti for dinner. *I eat spaghetti for dinner.*	Ich esse Spaghetti zum Abendessen.
K večeři mám míchaný salát.	I have a mixed salad for dinner. *I eat a tossed salad for dinner.*	Zum Abendessen esse ich einen gemischten Salat.
Nevečeřím.	I do not have dinner. *I don't eat dinner.*	Ich esse nicht zu Abend.

Co večeří?	What are they having for dinner? *What are they eating for dinner?*	Was isst er/sie zu Abend?
Večeří housku se šunkou.	They are having a roll and ham for dinner. *They are eating a roll with ham for dinner.*	Er/Sie isst ein Brötchen mit Schinken.
K večeři mají maso s rýží.	They are having meat and rice for dinner. *They are eating meat with rice for dinner.*	Zum Abendessen essen sie Fleisch mit Reis.
Co piješ rád?	What do you like to drink?	Was trinkst du gern?
Piju rád světlé pivo.	I like drinking light beer.	Ich trinke gern helles Bier.
Piju rád červené víno.	I like drinking red wine.	Ich trinke gern Rotwein.
Co pijete rádi?	What do you like to drink?	Was trinkt ihr gern?
Pijeme rádi minerálku.	We like drinking mineral water.	Wir trinken gern Mineralwasser.
Pijeme rádi kolu.	We like drinking cola.	Wir trinken gern Cola.
Co nepijou?	What do they not drink? *What don't they drink?*	Was trinken sie nicht?
Nepijou mléko.	They do not drink milk. *They don't drink milk.*	Sie trinken keine Milch.
Nepijou kávu.	They do not drink coffee. *They don't drink coffee.*	Sie trinken keinen Kaffee.
Co jíš ráda?	What do you like to eat?	Was isst du gern?
Jím ráda čokoládu.	I like eating chocolate	Ich esse gern Schokolade.
Jím ráda palačinky.	I like eating pancakes.	Ich esse gern Palatschinken.
Co jíte ráda?	What do you like to eat?	Was essen Sie gern?
Jím ráda hranolky.	I like eating chips.	Ich esse gern Pommes frittes.
Jím ráda štrúdl.	I like eating strudel.	Ich esse gern Strudel.
Co jedí rádi?	What do they like to eat?	Was essen sie gern?
Jedí rádi zmrzlinu.	They like eating ice-cream.	Sie essen gern Eis.
Jedí rádi ovocné knedlíky.	They like eating fruit dumplings.	Sie essen gern Obstknödel.
Co nejíš?	What do you not eat?	Was isst du nicht?
Nejím ryby.	I do not eat fish.	Ich esse keinen Fisch./ keine Fische.
Co nejíte?	What do you not eat?	Was essen Sie esst ihr nicht?
Nejím párek v rohlíku.	I do not eat hotdogs.	Ich esse keinen Hotdog.
Co nejedí?	What do they not eat?	Was essen sie nicht?
Nejedí maso.	They do not eat meat.	Sie essen kein Fleisch.

3. lekce

Co si přejete?	What would you like?	Was wünschen Sie?
Chtěl bych dvacet deka šunky.	I would like two hundred grams of ham please.	Ich hätte gern 200 Gramm Schinken.
Chtěla bych půl kila banánů.	I would like half a kilo of bananas.	Ich hätte gern ein halbes Kilo Bananen.
Chtěl bych kilo párků.	I would like a kilogram of frankfurters. *I would like a kilogram of hot dogs.*	Ich hätte gern ein Kilo Würstchen.
Můžete mi ukázat nějaký vysavač?	Could you show me a vacuum cleaner?	Können Sie mir einen Staubsauger zeigen?
Chcete ještě něco?	Is there anything else you would like?	Möchten Sie noch etwas?
Dejte mi dvě housky.	Could you give me two rolls?	Geben Sie mir zwei Brötchen.

Dejte mi ještě čtyři koblihy.	Could you also give me two doughnuts?	Geben Sie mir noch vier Pfannkuchen.
Co to bude?	What would you like?	Was darf es sein?
Chci půlku chleba.	I would like half a loaf of bread.	Ich hätte gern ein halbes Brot.
Chci jednu propisovačku.	I would like a pen.	Ich hätte gern einen Kuli.
Chci jeden sešit.	I would like a notebook.	Ich hätte gern ein Heft.
Je to všechno?	Is that everything?	Ist das alles?
Ne, vezmu si ještě jednu bonboniéru.	No, I would also like a box of chocolates.	Nein, ich nehme noch eine Schachtel Pralinen.
Ne, vezmu si ještě zubní pastu.	No, I would also like some toothpaste.	Nein, ich nehme noch Zahnpasta.
Vezmete si tu lednici?	Will you be buying the fridge?	Nehmen Sie den Kühlschrank?
Ne, je moc drahá.	No, it is too expensive.	Nein, der ist zu teuer.
Vezmete si to kolo?	Will you be buying the bike?	Nehmen Sie das Fahrrad?
Ano, vezmu si ho.	Yes, I will take it.	Ja, ich nehme es.
Co kupujete pravidelně?	What do you buy regularly?	Was kaufen Sie regelmäßig?
Pravidelně kupuju pivo.	I regularly buy beer.	Ich kaufe regelmäßig Bier.
Co kupuješ každý den?	What do you buy every day?	Was kaufst du jeden Tag?
Každý den kupuju rohlíky.	I buy rolls every day.	Ich kaufe jeden Tag Hörnchen.
Co kupuješ ráda?	What do you like buying?	Was kaufst du gerne?
Ráda kupuju čokoládu.	I like buying chocolate.	Ich kaufe gern Schokolade.
Co kupuješ rád?	What do you like buying?	Was kaufst du gerne?
Rád kupuju knihy.	I like buying books.	Ich kaufe gern Bücher.
Co nekupujete rád?	What do you not like buying? *What don't you like buying?*	Was kaufen Sie nicht gerne?
Nekupuju rád oblečení.	I do not like buying clothes. *I don't like buying clothes.*	Ich kaufe nicht gern Kleidung.
Nekupuju rád boty.	I do not like buying shoes. *I don't like buying shoes.*	Ich kaufe nicht gern Schuhe.
Co nekupuješ ráda?	What do you not like buying? *What don't you like buying?*	Was kaufst du nicht gerne?
Nekupuju ráda potraviny.	I do not like buying food products. *I don't like buying food products.*	Ich kaufe nicht gerne Lebensmittel ein.
Kde nakupujete?	Where do you shop?	Wo kaufen Sie ein?
Nakupuju v supermarketu.	I shop at the supermarket.	Ich kaufe im Supermarkt ein.
Nakupuju v samoobsluze.	I shop at the self-service shop. *I shop at the convenience store.*	Ich kaufe im Lebensmittelladen ein.
Nakupuju na internetu.	I shop on the internet.	Ich kaufe im Internet ein.
Nakupujeme v obchodním centru.	We shop at the shopping centre. *We shop at the shopping center.*	Wir kaufen in einem Einkaufszentrum ein.
Nakupujeme v obchodním domě.	We shop in the department store.	Wir kaufen in einem Kaufhaus ein.
Kde kupuješ oblečení?	Where do you buy clothes?	Wo kaufst du Bekleidung?
Oblečení kupuju v butiku.	I buy clothes at a boutique.	Bekleidung kaufe ich in einer Boutique.
Oblečení kupuju v secondhandu.	I buy clothes at the second-hand store.	Bekleidung kaufe ich im Secondhand.
Zaplatíš v hotovosti?	Will you pay by cash?	Bezahlst du in bar?
Ano, zaplatím v hotovosti.	Yes, I will pay by cash.	Ja, ich bezahle in bar.
Zaplatíte v hotovosti?	Will you pay by cash?	Bezahlen Sie in bar?
Ne, zaplatím kartou.	No, I will pay by card.	Nein, ich bezahle mit Karte.

4. lekce

Kde je tady lékárna?	Where is the pharmacy around here?	Wo gibt es hier eine Apotheke?
Jděte stále rovně.	Keep going straight.	Gehen Sie/Geht immer geradeaus.
Jak se dostanu na nádraží?	How do I get to the station?	Wie komme ich zum Bahnhof?
Na křižovatce zahněte vpravo.	Turn right at the crossroads.	Biegen Sie/Biegt an der Ampel rechts ab.
Vyznáte se tady?	Do you know your way around here?	Kennen Sie sich hier aus?
Bohužel se tady nevyznám.	Unfortunately, I do not know my way around here.	Ich kenne mich hier leider nicht aus.
Jak se dostanu k nemocnici?	How do I get to the hospital?	Wie komme ich zum Krankenhaus?
Přejděte přes most a stále rovně.	Cross the bridge and go straight on. *Cross the bridge and go straight ahead.*	Gehen Sie/Geht über die Brücke und dann immer geradeaus.
Musím jet autobusem?	Do I have to take the bus?	Muss ich mit dem Bus fahren?
Můžete jít pěšky.	You can walk.	Sie können/Ihr könnt zu Fuß gehen.
Kde je nejbližší autobusová zastávka?	Where is the nearest bus stop?	Wo ist die nächste Bushaltestelle?
Půjdete kolem cukrárny.	You will pass the sweetshop.	Sie gehen/Ihr geht an der Konditorei vorbei.
Je to daleko?	Is it far?	Ist das weit?
Není to daleko.	It is not far.	Es ist nicht weit.
Nevíte, jak se tam dostanu?	Do you know how I can get there?	Wissen Sie nicht, wie ich dahin komme?
Jdu správně na vlakové nádraží?	Is this the right way to the station?	Gehe ich hier richtig zum Bahnhof?
Musíte se vrátit.	You will have to go back.	Sie müssen zurückgehen.
Jak se jmenuje tato ulice?	What is this street called?	Wie heißt diese Straße hier?
Jdete špatně.	You are going the wrong way.	Sie sind / Ihr seid hier verkehrt.
Jakou ulici hledáte?	What is the name of the street you are looking for?	Welche Straße suchen Sie/sucht ihr?
Musíte se vrátit zpátky.	You will have to go back.	Sie müssen/Ihr müsst zurückgehen.
Hledáme cestu k nákupnímu centru.	We are looking for the shopping centre. *We are looking for the shopping center.*	Wir suchen den Weg zum Einkaufszentrum.
Přejděte na druhou stranu.	Cross to the other side.	Gehen Sie/Geht auf die andere Seite.
Koupíme si jízdenku.	We will buy a ticket.	Wir kaufen uns eine Fahrkarte.
Na jaké stanici mám vystoupit?	Which stop should I get out on?	An welcher Haltestelle muss ich aussteigen?
Musím přestupovat?	Do I need to change?	Muss ich umsteigen?
Na konci ulice uvidíte banku.	You will see a bank at the end of the street.	Am Ende der Straße sehen Sie/seht ihr eine Bank.
Můžete mi ukázat cestu na mapě?	Could you show me the way on the map?	Können Sie mir den Weg auf dem Stadtplan zeigen?
Zastávka je za rohem.	The stop is around the corner.	Die Haltestelle ist um die Ecke.
Jděte nahoru do kopce.	Go up the hill.	Gehen Sie/Geht den Hügel rauf.
Chci se nechat ostříhat.	I would like to get my hair cut.	Ich will mir die Haare schneiden lassen.
Chci nalakovat vlasy.	I want you to use hairspray on my hair.	Ich hätte gern Haarspray.

Potřebuju vyčistit bundu.	I need to get my jacket cleaned.	Ich muss meine Jacke reinigen lassen.
Můžete mi to opravit na počkání?	Can you mend it for me while I wait?	Können Sie mir das reparieren, solange ich hier warte?
Kdy to bude hotové?	When will it be ready?	Wann ist es fertig?
Chci deset fotek.	I would like ten photos.	Ich möchte zehn Fotos.
Chci nechat umýt okna.	I would like to get my windows cleaned.	Ich will mir die Fenster putzen lassen.
Z jakého nástupiště odjíždí vlak?	From which platform does the train leave?	Von welchem Bahnsteig fährt der Zug ab?
Chci i zpáteční jízdenku.	I would also like a return ticket.	Ich möchte auch eine Rückfahrkarte.

5. lekce

Jezdíš do práce autem?	Do you go to work by car?	Fährst du mit dem Auto zur Arbeit?
Do práce jezdím na kole.	I go to work by bike.	Ich fahre mit dem Fahrrad zur Arbeit.
Jezdíte do práce metrem?	Do you go to work by tube? *Do you go to work by subway?*	Fahren Sie/Fahrt ihr mit der Metro zur Arbeit?
Do práce jezdím autobusem.	I go to work by bus.	Ich fahre mit dem Bus zur Arbeit.
Dodržujeme dopravní předpisy.	I observe the traffic regulations.	Wir halten die Verkehrsordnung ein.
Porušují dopravní předpisy.	They do not observe the traffic regulations.	Sie verletzen die Straßenverkehrsordnung.
Udělal jsem dopravní přestupek.	I committed a driving offence.	Ich habe ein Verkehrsdelikt begangen.
Nemám občanský průkaz.	I do not have my identity card.	Ich habe keinen Personalausweis.
Mám řidičský průkaz.	I have a driving licence. *I have a driver's license.*	Ich habe einen Führerschein.
Jak dlouho máš řidičský průkaz?	How long have you had your driving licence? *How long have you had your driver's license?*	Wie lange hast du den Führerschein?
Měl jsem dopravní nehodu.	I had a car accident.	Ich hatte einen Verkehrsunfall.
Musel jsi zaplatit pokutu?	Did you have to pay a fine?	Musstest du Bußgeld zahlen?
Řidič byl zraněn.	The driver was injured.	Der Fahrer wurde verletzt.
Nikdo nebyl zraněn.	Nobody was injured.	Niemand wurde verletzt.
Zastavili jsme na křižovatce.	We stopped on a crossroad. *We stopped at an intersection.*	Wir haben an der Kreuzung gehalten.
Stáli jsme v dopravní zácpě.	We were in a traffic jam.	Wir standen im Stau.
Baterka je vybitá.	The battery was flat. *The battery was dead.*	Die Batterie ist entladen.
Nesvítí levé světlo.	The left light does not work.	Der linke Scheinwerfer leuchtet nicht.
Zkontrolují brzdy.	They check your brakes.	Sie kontrollieren die Bremsen.
Nemáme benzín.	We do not have any petrol. *We don't have any gas.*	Wir haben kein Benzin (mehr).
Vyměníte stěrače?	Will you change the windscreen wipers? *Will you change the windshield wipers?*	Wechseln Sie die Scheibenwischer aus?
Pracuju jako letuška.	I work as a flight attendant	Ich arbeite als Stewardess.
Jak se dostaneme na letiště?	How do we get to the airport?	Wie kommen wir zum Flughafen?
Na letiště pojedeme taxíkem.	We will take a taxi to the airport.	Wir fahren mit dem Taxi zum Flughafen.

Cesta na letiště trvá dvacet minut.	It takes twenty minutes to get to the airport.	Die Fahrt zum Flughafen dauert zwanzig Minuten.
Můžete zastavit před odletovou halou.	You can stop outside the departures hall.	Sie können vor der Abflughalle halten.
Máme dobré letecké spojení.	We have good flight connections.	Wir haben eine gute Flugverbindung.
Kolik korun stojí letenka?	How many crowns does a plane ticket cost?	Wie viel Kronen kostet ein Flugticket?
Čekáme na přílet letadla.	We are waiting for the plane to land.	Wir warten auf die Ankunft des Flugzeugs.
Letadlo je připraveno k odletu.	The plane is ready for departure.	Das Flugzeug ist startbereit.
Cestující jsou na palubě letadla.	The passengers are on board the plane.	Die Reisenden sind an Bord des Flugzeuges.
Připoutejte se, prosím.	Fasten your seatbelts please.	Schnallen Sie sich bitte an.
V letadle se nesmí kouřit.	You are not allowed to smoke on the plane.	Im Flugzeug darf man nicht rauchen.
Kdy odlétá letadlo do Paříže?	When does the flight to Paris leave?	Wann fliegt das Flugzeug nach Paris ab?
Letěli jsme do Londýna.	We flew to London.	Wir sind nach London geflogen.
Letadlo má hodinu zpoždění.	The flight is delayed by an hour.	Das Flugzeug hat eine Stunde Verspätung.
Chci reklamovat poškozený kufr.	I would like to claim for a replacement for my damaged suitcase.	Ich möchte einen beschädigten Koffer reklamieren.

6. lekce

Kam pojedeš na dovolenou?	Where are you going on holiday? *Where are you going on vacation?*	Wohin fährst du in den Urlaub?
Kam pojedete na dovolenou?	Where are you going on holiday? *Where are you going on vacation?*	Wohin fahrt ihr in den Urlaub?
Pojedu na chalupu.	I am going to the cottage.	Ich fahre auf eine Berghütte.
Pojedeme k moři.	We are going to the sea.	Wir fahren ans Meer.
Pojedou na vodu.	They are going on a canoeing holiday. *They are going on a canoe trip.*	Sie fahren ans Wasser.
Nepojedeme nikam.	We are not going anywhere.	Wir fahren nirgendwohin.
Pojede stanovat.	He is going camping.	Er/Sie fährt zelten.
Pojedeš do lázní?	Are you going to a spa?	Fährst du in einen Kurort?
Pojedete na hory?	Are you going to the mountains?	Fahren Sie/Fahrt ihr in die Berge?
Kdy pojedeš na dovolenou?	When are you going on holiday? *When are you going on vacation?*	Wann fährst du in den Urlaub?
Pojedu v červenci.	I am going in July.	Ich fahre im Juli.
Kdy pojedete na dovolenou?	When are you going on holiday? *When are you going on vacation?*	Wann fahrt ihr in den Urlaub?
Pojedeme v srpnu.	We are going in August.	Wir fahren im August.
Kdy máš dovolenou?	When are you on holiday? *When do you have vacation?*	Wann hast du Urlaub?
Dovolenou mám v červnu.	My holiday is in June. *My vacation is in June.*	Ich hab im Juni Urlaub.
Kdy máte dovolenou?	When are you on holiday? *When do you have vacation?*	Wann haben Sie/habt ihr Urlaub?
Dovolenou mám v září.	My holiday is in September.	Ich habe im September Urlaub.
Pojedete na dovolenou autem?	Are you going on holiday by car? *Are you going on vacation by car?*	Fahren Sie/Fahrt ihr mit dem Auto in den Urlaub?

Poletíme letadlem do Egypta.	We are flying to Egypt.	Wir fliegen mit dem Flugzeug nach Ägypten.
Pojedeme autem do Chorvatska.	We are going to Croatia by car.	Wir fahren mit dem Auto nach Kroatien.
Pojedeme vlakem do Krkonoš.	We are going to the Krkonoše Mountains by train.	Wir fahren mit dem Zug ins Riesengebirge.
Budete bydlet v penzionu?	Will you stay in a bed and breakfast?	Werden Sie/Werdet ihr in einer Pension wohnen?
Budeš bydlet v hotelu?	Will you stay in a hotel?	Wirst du im Hotel wohnen?
Co budeš dělat o dovolené?	What are you going to do over the holiday? *What are you going to do for vacation?*	Was wirst du im Urlaub machen?
Budu se koupat v moři.	I am going to swim in the sea.	Ich werde im Meer baden.
Budu se opalovat.	I am going to sunbathe.	Ich werde mich sonnen.
Budu se potápět.	I am going to go diving.	Ich werde tauchen gehen.
Budu chodit na plovárnu.	I am going to go to the swimming pool.	Ich werde ins Schwimmbad gehen.
Jak strávíte dovolenou?	How are you going to spend your holiday? *How are you going to spend your vacation?*	Wie verbringen Sie/verbringt ihr den Urlaub?
Budeme chodit na houby.	We are going to go mushroom picking.	Wir werden in die Pilze gehen./Wir werden die Pilze sammeln gehen.
Budeme chytat ryby.	We are going to go fishing.	Wir werden Fische fangen.
Budeme cestovat.	We are going to go travelling.	Wir werden reisen.
Budeme grilovat maso.	We are going to barbeque meat.	Wir werden Fleisch grillen.
Budeš jezdit na kole?	Are you going to ride your bike?	Wirst du Rad fahren?
Budeš jezdit na koni?	Are you going to go horse riding?	Wirst du reiten?
Bude ležet na pláži.	He/she is going to lie on the beach.	Er/Sie wird am Strand liegen.
Bude chodit na diskotéky.	He/she is going to go to discos. *He/she is going to go to clubs.*	Er/Sie wird in die Diskothek gehen.
Bude plavat v bazénu.	He/she is going to swim in the swimming pool.	Er/Sie wird im Pool schwimmen.
Budeme plavat v moři.	We are going to swim in the sea.	Wir werden im Meer schwimmen.
Co si zabalíte do kufru?	What are you going to pack in your suitcase?	Was packen Sie/packt ihr in den Koffer ein?
Zabalím si léky.	I am going to pack medication.	Ich packe Medikamente ein.
Zabalí si mapu.	He/she is going to pack a map.	Er/Sie packt eine Karte ein.
Jak dlouho jsi byl na dovolené?	How long were you on holiday? *How long were you on vacation?*	Wie lange warst du im Urlaub?
Byl jsem jeden týden v Itálii.	I was in Italy for one week.	Ich war eine Woche in Italien.
Jak dlouho byli na dovolené?	How long were they on holiday? *How long were they on vacation?*	Wie lange waren sie im Urlaub?
Na dovolené byli dva týdny.	They were on holiday for two weeks. *They were on vacation for two weeks.*	Sie waren zwei Wochen im Urlaub.

7. lekce

Jaké je dnes počasí?	What is the weather like today?	Wie ist das Wetter heute?
Jaké bude zítra počasí?	What will the weather be like tomorrow?	Wie wird das Wetter morgen sein?
Je hezky a teplo.	It is nice and warm.	Es ist schön und warm.
Je horko.	It is hot.	Es ist heiß.
Svítí slunce.	The sun is shinning.	Die Sonne scheint.
Je jasno.	It is clear and bright.	Es ist heiter.
Je zataženo.	It is overcast.	Es ist bewölkt.
Fouká vítr.	The wind is blowing.	Der Wind weht.
Prší.	It is raining.	Es regnet.
Sněží.	It is snowing.	Es schneit.
Padá sníh.	It is snowing.	Schnee fällt.
Mrzne.	It is freezing.	Es friert./Es gibt Frost.
Venku je náledí.	There is icy ground outside. *It's icy outside.*	Draußen gibt es Glatteis.
Venku je mlha.	There is fog outside.	Es ist nebelig draußen.
Nechci zmoknout.	I do not want to get wet.	Ich will nicht nass werden.
Stromy kvetou.	The trees are blossoming.	Die Bäume blühen.
Listí opadává.	The leaves are falling.	Das Laub fällt.
Na jaře se probouzí příroda.	Nature awakes in the spring. *Nature awakens in the spring.*	Im Frühling erwacht die Natur.
V létě je slunečno.	It is sunny in the summer.	Im Sommer ist es sonnig.
Na podzim je mlha.	There is fog in the autumn.	Im Herbst ist es nebelig.
V zimě je velký mráz.	There is a lot of frost in the winter.	Im Winter gibt es strengen Frost.
Mám rád bouřku.	I like storms.	Ich mag Gewitter.
Mám rád déšť.	I like rain.	Ich mag Regen.
Mám rád déšť se sněhem.	I like sleet.	Ich mag Schneeregen.
Mám ráda babí léto.	I like Indian summers.	Ich mag den Altweibersommer.
Nemám rád vedro.	I do not like it when it is very hot.	Ich mag keine Hitze.
Nemám rád mlhu.	I do not like fog.	Ich mag keinen Nebel.
Nemám ráda mráz.	I do not like frost.	Ich mag keinen Frost.
Měli jsme slunečné počasí.	The weather was sunny.	Wir hatten sonniges Wetter.
Sněhové podmínky byly dobré.	The snow conditions were good.	Die Schneebedingungen waren gut.
Na horách hustě sněžilo.	It snowed very heavily in the mountains.	In den Bergen schneite es stark.
Napadlo hodně sněhu.	Lots of snow fell.	Es ist viel Schnee gefallen.
Včera byl velký mráz.	There was a lot of frost yesterday.	Gestern gab es strengen Frost.
Na silnicích bylo náledí.	There was ice on the streets.	Auf den Landstraßen gab es Glatteis.
Trochu se oteplilo.	It got a bit warmer.	Es ist ein bisschen wärmer geworden.
Celý den pršelo.	It rained all day.	Es hat den ganzen Tag geregnet.
Včera svítilo slunce.	Yesterday the sun shone.	Gestern schien die Sonne.
Leje jako z konve.	It is raining cats and dogs. *It is raining buckets. / It's raining cats and dogs.*	Es gießt wie aus Eimern./in Strömen.
Slunce už zapadlo.	The sun has already gone down.	Die Sonne ist schon untergegangen.
Poslouchám předpověď počasí.	I am listening to the weather forecast.	Ich höre die Wettervorhersage.
Spoléhám se na předpověď počasí.	I am relying on the weather forecast.	Ich verlasse mich auf die Wettervorhersage.

8. lekce

Co děláš dneska večer?	What are you doing tonight?	Was machst du heute Abend?
Dneska večer jdu do kina.	I am going to the cinema tonight.	Heute Abend gehe ich ins Kino.
Co děláš zítra odpoledne?	What are you doing tomorrow afternoon?	Was machst du morgen Nachmittag?
Co děláte dneska dopoledne?	What are you doing this morning?	Was machen Sie/macht ihr heute Vormittag?
Dneska odpoledne jdu na návštěvu.	This afternoon I am going to visit some friends.	Heute Nachmittag besuche ich jemanden.
Co budete dělat zítra?	What are you going to do tomorrow?	Was machen Sie/macht ihr morgen?
Ještě nevím.	I do not know yet. *I don't know yet.*	Ich weiß noch nicht.
Co jste dělal včera večer?	What did you do yesterday evening?	Was haben Sie gestern Abend gemacht?
Včera večer jsem byl v baru.	Yesterday evening I went to a bar./ was in a bar.	Gestern Abend war ich in einer Bar.
Co jste dělala v pátek ráno?	What were you doing on Friday morning?	Was haben Sie Freitag Morgen/ am Freitagmorgen gemacht?
V pátek ráno jsem šla do práce.	I went to work on Friday morning.	Freitag Morgen bin ich zur Arbeit gegangen.
Co jste dělali o víkendu?	What did you do at the weekend?	Was habt ihr am Wochenende gemacht?
O víkendu jsme oslavovali narozeniny.	We were celebrating a birthday at the weekend.	Am Wochenende haben wir Geburtstag gefeiert.
Zítra ráno pojedu na výlet.	Tomorrow morning I am going on a trip.	Morgen früh mache ich einen Ausflug.
Dneska večer půjdu na koncert.	I am going to a concert this evening.	Heute Abend gehe ich auf/in ein Konzert.
V sobotu odpoledne půjdu na trénink.	I am going to my training session on Saturday.	Samstag Abend gehe ich zum Training.
V neděli dopoledne budu dlouho spát.	I am going to have a lie-in on Sunday morning. *I am going to sleep in on Sunday morning.*	Am Sonntag Vormittag schlafe ich lange aus.
V pondělí musím jet na služební cestu.	I have to go on a business trip on Monday.	Am Montag muss ich auf eine Geschäftsreise.
V úterý jsem byla na diskotéce.	I went to a disco on Tuesday. *I went to a dance club on Tuesday.*	Am Dienstag war ich in der Disko.
Ve středu večer jsem byl v hospodě.	On Wednesday evening I went to the pub. *On Wednesday evening I went to the bar.*	Am Mittwoch Abend war ich in der Kneipe.
Ve čtvrtek jdu s kamarádem na pivo.	I am going for a beer with my friend on Thursday.	Am Donnerstag gehe ich mit einem Freund ein Bier trinken.
V pátek pojedu na chatu.	I am going to my cottage on Friday.	Am Freitag fahre ich in unser Wochenendhaus.
Příští týden chci jít do divadla.	I want to go to the theatre next week.	Nächste Woche will ich ins Theater gehen.
Minulý týden jsem byl v kině.	I went to the cinema last week.	Letzte Woche war ich im Kino.
V kolik hodin vstáváš?	What time do you wake up?/get up?	Um wie viel Uhr stehst du auf?
Vstávám v půl sedmé.	I wake up/get up at half past six.	Ich stehe halb sieben auf.
V kolik hodin vstáváte?	What time do you wake up? /get up?	Um wie viel Uhr stehen Sie auf?
Vstávám ve čtvrt na osm.	I wake up/get up at a quarter past seven.	Ich stehe viertel acht auf.

V kolik hodin obědváš?	What time do you have your lunch?	Um wie viel Uhr isst du zu Mittag?
Obědvám v půl jedné.	I have my lunch at half past twelve.	Ich esse halb eins zu Mittag.
Neobědvám.	I do not eat lunch. *I don't eat lunch.*	Ich esse nicht zu Mittag.
V kolik hodin máš večeři?	What time do you have your dinner?	Um wie viel Uhr isst du zu Abend?
Večeřím v šest hodin.	I have my dinner at six o' clock.	Ich esse um sechs zu Abend.
V kolik hodin jdeš spát?	What time do you go to sleep?	Um wie viel Uhr gehst du schlafen?
Jdu spát v jedenáct hodin večer.	I go to sleep at eleven o'clock pm.	Ich gehe abends halb elf schlafen.
V kolik hodin jdete spát?	What time do you go to sleep?	Um wieviel Uhr gehen Sie/geht ihr schlafen?
Jdu spát o půlnoci.	I go to sleep at midnight.	Ich gehe um Mitternacht schlafen.

9. lekce

Dívám se na televizi.	I watch television.	Ich schaue fern.
Díváš se na televizi?	Do you watch television?	Schaust du fern?
Jana se dívá na televizi každý den.	Jana watches television every day.	Jana sieht jeden Tag fern.
Nedíváme se na televizi.	We do not watch television.	Wir schauen kein Fernsehen./nicht fern.
Jak často se díváte na televizi?	How often do you watch television?	Wie oft schauen Sie/schaut ihr Fernsehen?/fern?
Dívají se na televizi pouze večer.	They only watch television in the evening.	Sie schauen nur abends fern.
Mám rád akční filmy.	I like action films.	Ich mag Actionfilme.
Máš ráda komedie?	Do you like comedies?	Magst du Komödien?
Lenka sleduje seriály.	Lenka watches soap operas.	Lenka schaut Serien.
Sledujeme naučné pořady.	We watch education programmes. *We watch education programs.*	Wir schauen Bildungssendungen an.
Máte rádi talk show?	Do you like talk shows?	Mögen Sie Talkshows?
Dívají se na kriminálku.	They are watching a detective programme.	Sie schauen Krimi an.
Jdu do kina.	I am going to the cinema.	Ich gehe ins Kino.
Jdeš také do kina?	Are you going to the cinema too?	Gehst du auch ins Kino?
Jana jde na diskotéku.	Jana is going to a disco. *Jana is going to a dance club.*	Jana geht in die Disko.
Pavel nejde na diskotéku.	Pavel is not going to a disco. *Pavel is not going to a dance club.*	Pavel geht nicht in die Disko.
Proč nejdeš na diskotéku?	Why are you not going to the disco? *Why aren't you going to the dance club?*	Warum gehst du nicht in die Disko?
Jdeme na koncert.	We are going to a concert.	Wir gehen auf/in ein Konzert.
Kdy jdete na koncert?	When are you going to the concert?	Wann gehen Sie/geht ihr auf/in das Konzert?
Na jaký koncert jdete?	Which concert are you going to?	In welches Konzert gehen Sie/geht ihr?
Jdou do divadla.	They are going to the theatre.	Sie gehen ins Theater.
Proč nejdou do divadla?	Why are they not going to the theatre? *Why aren't they going to the theatre?*	Warum gehen sie nicht ins Theater?
Jdu do hospody.	I am going to the pub. *I am going to the bar.*	Ich gehe in die Kneipe.

Jdeš také do hospody?	Are you coming to the pub too? _Are you coming to the bar too?_	Gehst du auch in die Kneipe?
Kdo jde ještě do hospody?	Who else is coming to the pub? _Who else is coming to the bar?_	Wer geht noch in die Kneipe?
Jdeme na procházku.	We are going for a walk.	Wir gehen spazieren.
Jdete s námi na procházku?	Are you coming with us for a walk?	Gehen Sie/Geht ihr mit uns spazieren?
Jdou na procházku do přírody.	They are going for a walk in the countryside.	Sie gehen ins Grüne spazieren.
Jezdím na kole.	I go cycling.	Ich fahre Rad.
Jezdíš rád na kole?	Do you enjoy cycling?	Fährst du gerne Rad?
Petr jezdí každý den na kole.	Petr goes cycling every day.	Petr fährt jeden Tag Rad.
Rád plavu.	I like swimming.	Ich schwimme gern.
Ráda cestuje vlakem.	She likes travelling by train.	Sie fährt gerne Zug./Sie reist gerne mit dem Zug.
Jezdíme na lyžích.	We go skiing.	Wir fahren Ski.
Jezdíte také na lyžích?	Do you go skiing too?	Fahren Sie/Fahrt ihr auch Ski?
V zimě jezdí na lyžích.	He/she goes skiing in winter.	Im Winter fährt sie/er Ski.
Lyžuješ rád?	Do you like skiing?	Fährst du gern Ski?
Umíš bruslit?	Can you skate?	Kannst du Eis laufen?
V létě jezdím na koni.	I go horse riding in summer.	Im Sommer reite ich.
Proč nejezdíš na koni?	Why do you not ride horses? _Why don't you ride horses?_	Warum reitest du nicht?
Lenka jezdí ráda na koni.	Lenka enjoys horse riding.	Lenka reitet gern.
Hrajeme tenis.	We play tennis.	Wir spielen Tennis.
Hrajete na kytaru?	Do you play the guitar?	Spielen Sie/Spielt ihr Gitarre?
Hrají fotbal.	They play football. _They play soccer._	Sie spielen Fußball.
Hraješ také tenis?	Do you play tennis too?	Spielst du auch Tennis?
Proč nehrajete fotbal?	Why do you not play football? _Why don't you play soccer?_	Warum spielt ihr keinen Fußball?
Kdo hraje na kytaru?	Who plays the guitar?	Wer spielt Gitarre?

10. lekce

Přeju ti všechno nejlepší.	I wish you all the best.	Ich wünsche dir Alles Gute.
Přeju Vám hodně zdraví.	I wish you good health.	Ich wünsche Ihnen viel Gesundheit.
Kde oslavuješ narozeniny?	Where are you celebrating your birthday?	Wo feierst du deinen Geburtstag?
Narozeniny oslavuju doma.	I am going to celebrate my birthday at home.	Ich feiere meinen Geburtstag zu Hause.
Narozeniny oslavuju v hospodě.	I am going to celebrate my birthday in the pub. _I am going to celebrate my birthday in the bar._	Ich feiere meinen Geburtstag in einer Kneipe.
Narozeniny neslavím.	I do not celebrate my birthday. _I don't celebrate my birthday._	Ich feiere meinen Geburtstag nicht.
Kdy slavíš narozeniny?	When is your birthday?	Wann feierst du deinen Geburtstag?
Narozeniny slavím v létě.	My birthday is in the summer.	Ich feiere meinen Geburtstag im Sommer.
Kdy máš narozeniny?	When is your birthday?	Wann hast du Geburtstag?
Narozeniny mám v lednu.	My birthday is in January.	Ich habe im Januar Geburtstag.

Kdy máte narozeniny?	When is your birthday?	Wann haben Sie Geburtstag?
Narozeniny mám v září.	My birthday is in September.	Ich habe im September Geburtstag.
Koho pozveš na oslavu narozenin?	Who are you going to invite to your birthday party.	Wen lädst du zur Geburtstagsfeier ein?
Pozvu své kamarády.	I am going to invite my friends.	Ich lade meine Freunde ein.
Koho pozvete na oslavu narozenin?	Who are you going to invite to your birthday party?	Wen laden Sie zur Geburtstagsfeier ein?
Pozvu své přátele.	I am going to invite my friends.	Ich lade meine Freunde ein.
Koho pozveš na návštěvu?	Who are you going to ask to come round? *Who are you going to ask to come around?*	Wen lädst du zu Besuch ein?
Pozvu svého přítele.	I am going to invite my boyfriend.	Ich lade meinen Freund ein.
Zítra nemůžu přijít.	I can not come round tomorrow. *I can't come around tomorrow.*	Morgen kann ich nicht kommen.
Proč nemůžeš přijít?	Why can you not come round? *Why can't you come around?*	Warum kannst du nicht kommen?
Jsem nemocná.	I am ill.	Ich bin krank.
Proč nemůžete přijít?	Why can you not come? *Why can't you come?*	Warum können Sie nicht kommen?
Jedu na služební cestu.	I am going on a business trip.	Ich fahre auf eine Dienstreise.
Na co si připijeme?	What shall we toast to?	Worauf stoßen wir an?
Připijeme si na zdraví.	Let us toast to good health.	Wir stoßen auf die Gesundheit an.
Na co si ještě připijeme?	What else shall we toast to?	Worauf stoßen wir noch an?
Připijeme si na štěstí a lásku.	Let us toast to happiness and love.	Wir stoßen auf das Glück und die Liebe an.
Cos dostala k narozeninám?	What did you get for your birthday?	Was hast du zum Geburtstag bekommen?
K narozeninám jsem dostala bonboniéru.	I got a box of chocolates for my birthday.	Ich habe zum Geburtstag eine Schachtel Pralinen bekommen.
K narozeninám jsem dostala květiny.	I got flowers for my birthday.	Ich habe zum Geburtstag Blumen bekommen.
K narozeninám jsem dostala plyšového medvěda.	I got a teddy bear for my birthday.	Ich habe zum Geburtstag einen Plüschteddy bekommen.
Co jste dostal narozeninám?	What did you get for your birthday?	Was haben Sie zum Geburtstag bekommen?
K narozeninám jsem dostal víno.	I got wine for my birthday.	Ich habe zum Geburtstag Wein bekommen.
K narozeninám jsem dostal knihy.	I got books for my birthday.	Ich habe zum Geburtstag Bücher bekommen.
Odložte si!	Take off your coats!	Legen Sie ab!
Posaďte se do obýváku!	Sit down in the living room.	Setzen Sie sich/Setzt euch ins Wohnzimmer.
Co si dáte k pití?	What would you like to drink?	Was trinken Sie/trinkt ihr?
Dáte si ještě chlebíčky?	Would you like an open sandwich? *Would you like an open-faced sandwich?*	Nehmen Sie/Nehmt ihr noch belegte Brötchen?
Jen si berte.	Just you go ahead and take more. *Have some more.*	Greifen Sie / Greift ruhig zu!

11. lekce

Jsem nemocná.	I am ill.	Ich bin krank.
Jsem nemocný.	I am ill.	Ich bin krank.
Už jsem zdravý.	I am felling well now.	Ich bin wieder gesund.
Už jsem zdravá.	I am felling well now.	Ich bin wieder gesund.
Jdu k doktorovi.	I am going to the doctor.	Ich gehe zum Arzt.
Není mi dobře.	I do not feel well.	Mir ist nicht gut.
Co je ti?	What is wrong?	Was ist mit dir los?
Bolí mě hlava.	My head hurts.	Mir tut der Kopf weh.
Mám vyrážku na ruce.	I have got a rash on my hand.	Ich habe Ekzem an der Hand.
Co vám schází?	What is wrong?	Was fehlt Ihnen?
Bolí mě břicho.	My stomach hurts.	Mir tut der Bauch weh.
Chce se mi zvracet.	I want to vomit.	Ich muss mich übergeben.
Co je vám?	What is wrong?	Was ist mit Ihnen los? Was haben Sie?
Mám rýmu.	I have a cold.	Ich habe Schnupfen.
Mám kašel.	I have a cough.	Ich habe Husten.
Bolí mě v krku.	My throat hurts.	Mir tut der Hals weh.
Teče mi krev z nosu.	I am having a nosebleed.	Ich habe Nasenbluten.
Co se ti stalo?	What happened?	Was ist mit dir passiert?
Zlomil jsem si ruku.	I broke my hand.	Ich habe mir den Arm gebrochen.
Zlomila jsem si nohu.	I broke my leg.	Ich habe mir das Bein gebrochen.
Říznul jsem se do prstu.	I cut my finger.	Ich habe mir in den Finger geschnitten.
Má horečku.	He/she has a temperature.	Er/Sie hat Fieber.
Má zimnici.	He/she is having chills.	Er/Sie hat Schüttelfrost.
Má vysoký tlak.	He/she has high blood pressure.	Er/Sie hat hohen Blutdruck.
Má otřes mozku.	He/she has a concussion.	Er/Sie hat eine Gehirnerschütterung.
Má průjem.	He/she has diarrhoea.	Er/Sie hat Durchfall.
Chci kapky proti kašli.	I would like to get some cough drops.	Ich möchte Hustentropfen.
Chci nosní kapky.	I would like some nose drops.	Ich möchte Nasentropfen.
Chci náplast.	I would like a plaster. *I would like a band-aid.*	Ich möchte ein Pflaster.
Máte něco proti kašli?	Have you got something for a cough?	Haben Sie etwas gegen Husten?
Máte něco proti rýmě?	Have you got something for a cold?	Haben Sie etwas gegen Schnupfen?
Máte nějaké vitamíny?	Have you got any vitamins?	Haben Sie Vitamine?
Chcete sirup?	Would you like syrup?	Wollen Sie Sirup?
Chcete pastilky?	Would you like some pastilles?	Wollen Sie Pastillen?
Chcete nosní sprej?	Would you like a nose spray?	Wollen Sie Nasenspray?
Měl jsem chřipku.	I had the flu.	Ich hatte Grippe.
Měl jsem angínu.	I had tonsillitis.	Ich hatte Angina.
Necháš se očkovat?	Will you get inoculated?	Lässt du dich impfen?
Musím jít k zubaři.	I have to go to the dentist.	Ich muss zum Zahnarzt gehen.
Bolí mě zub.	My tooth hurts.	Mir tut der Zahn weh.
Vezmu si prášek.	I will take a tablet.	Ich nehme eine Tablette.
Bolí to?	Does it hurt?	Tut das weh?
Kde to bolí?	Where does it hurt?	Wo tut es weh?
Obvaz je v lékárničce.	The bandage is in the first aid box.	Der Verband ist in der Hausapotheke.
Jdu do lékárny.	I am going to the pharmacy.	Ich gehe in die Apotheke.

12. lekce

Kde bydlíš?	Where do you live?	Wo wohnst du?
Kde bydlíte?	Where do you live?	Wo wohnen Sie/Wo wohnt ihr?
Kde bys chtěl bydlet?	Where would you like to live?	Wo würdest du gerne wohnen?
Kde byste chtěli bydlet?	Where would you like to live?	Wo würden Sie/Wo würdet ihr gerne wohnen?
Bydlím ve městě.	I live in the town.	Ich wohne in der Stadt.
Bydlím na vesnici.	I live in a village.	Ich wohne auf dem Dorf.
Bydlím v centru města.	I live in the town centre.	Ich wohne im Stadtzentrum.
Bydlím na samotě u lesa.	I live in a secluded place near the forest.	Ich wohne in einem einsamen Gehöft am Wald.
Bydlím v rodinném domě.	I live in a family house.	Ich wohne in einem Einfamilienhaus.
Bydlím v paneláku.	I live in a block of flats. *I live in an apartment building.*	Ich wohne in einem Plattenbau.
Bydlím ve vile.	I live in a villa.	Ich wohne in einer Villa.
Bydlím v podnájmu.	I live in rented accommodation.	Ich wohne zur Untermiete.
Jak dlouho tady bydlíš?	How long have you lived here?	Wie lange wohnst du hier schon?
Jak dlouho tady bydlíte?	How long have you lived here?	Wie lange wohnen Sie/wohnt ihr hier schon?
Bydlíme tady už pět let.	We have lived here for five years.	Wir wohnen hier schon fünf Jahre.
Četl jsem váš inzerát.	I read your advertisement.	Ich habe Ihre/eure Anzeige gelesen.
Je ten byt ještě volný?	Is the flat still free? *Is the apartment still free?*	Ist die Wohnung noch frei?
Můžu si ten byt prohlédnout?	Can I have a look at the flat? *Can I have a look at the apartment?*	Kann ich mir die Wohnung mal anschauen?
Chci si najmout nějaký byt.	I would like to rent a flat. *I would like to rent an apartment.*	Ich möchte eine Wohnung mieten.
Chcete si koupit nový byt?	Would you like to buy a new flat? *Would you like to buy a new apartment?*	Möchten Sie sich/Möchtet ihr euch eine neue Wohnung kaufen?
Chcete si koupit nový dům?	Would you like to buy a new house?	Möchten Sie sich/Möchtet ihr euch ein neues Haus kaufen?
Chcete se přestěhovat?	Would you like to move house? *Would you like to move?*	Wollen Sie/Wollt ihr umziehen?
Kdy se budeš stěhovat?	When are you going to move house? *When are you going to move?*	Wann ziehst du um?
Kam se budeš stěhovat?	Where will you move to?	Wohin ziehst du um?
Chci se přestěhovat do centra.	I would like to move to the centre. *I would like to move downtown.*	Ich will ins Zentrum umziehen.
Budu se stěhovat za týden.	I am moving house in a week. *I am moving in a week.*	Ich ziehe in einer Woche um.
Budu se stěhovat na venkov.	I am moving to the countryside.	Ich ziehe aufs Land.
Prodal jsem starý byt.	I sold my old flat. *I sold my old apartment.*	Ich habe die alte Wohnung verkauft.
Prodal jsem starý dům.	I sold my old house.	Ich habe das alte Haus verkauft.
Zdědil jsem rodinný dům.	I inherited a family house.	Ich habe ein Einfamilienhaus geerbt.
Jak velký je ten byt?	How big is the flat? *How big is the apartment?*	Wie groß ist die Wohnung?
Jak velký je ten dům?	How big is the house?	Wie groß ist das Haus?
Kolik má místností?	How many rooms does it have?	Wie viele Zimmer hat es?
Náš dům má osm místností.	Our house has eight rooms.	Unser Haus hat acht Zimmer.
Znáš své sousedy?	Do you know your neighbours?	Kennst du deine Nachbarn?
Znám své sousedy dobře.	I know my neighbours well/good.	Ich kenne meine Nachbarn gut.

Znáte své sousedy?	Do you know your neighbours?	Kennen Sie Ihre/Kennt ihr eure Nachbarn?
Naši sousedé jsou milí lidé.	Our neighbours are nice people.	Unsere Nachbarn sind nette Leute.
Se sousedy máme problémy.	We have problems with our neighbours.	Mit den Nachbarn haben wir Probleme.
Neznáme své sousedy.	We do not know our neighbours.	Wir kennen unsere Nachbarn nicht.
Vezmeš si hypotéku?	Are you going to take out a mortgage?	Nimmst du eine Hypothek auf?
Vezmete si hypotéku?	Are you going to take out a mortgage?	Nehmen Sie/Nehmt ihr eine Hypothek auf?
Vezmu si hypotéku.	I am going to take out a mortgage.	Ich nehme eine Hypothek auf.
Nevezmu si hypotéku.	I am not going to take out a mortgage.	Ich nehme keine Hypothek auf.
Nechci se zadlužit.	I do not want to get into debt.	Ich will nicht in Schulden geraten.

13. lekce

Obléknu si šaty.	I wear a dress.	Ich ziehe mir ein Kleid an.
Oblékneš si kalhoty.	You wear trousers. *You wear pants.*	Du ziehst dir eine Hose an.
Jakub si oblékne košili.	Jakub wears a shirt.	Jakub zieht sich ein Hemd an.
Jana si oblékne sukni.	Jana wears a skirt.	Jana zieht sich einen Rock an.
Kdy se obléknete?	When will you get dressed?	Wann ziehen Sie sich/zieht ihr euch an?
Oblékneme se hned.	We will get dressed straight away. *We will get dressed right away.*	Wir ziehen uns gleich an.
Obléknou se za chvíli.	They will get dressed in a while.	Sie ziehen sich in einer Weile an.
Vezmu si na sebe tričko.	I will wear a T-shirt.	Ich ziehe mir ein T-Shirt an.
Vezmeš si na sebe halenku.	You will wear a blouse.	Du ziehst dir eine Bluse an.
Petr si vezme na sebe oblek.	Petr will wear a suit.	Peter zieht sich einen Anzug an.
Lenka si vezme na sebe kabát.	Lenka will wear a coat.	Lenka zieht sich einen Mantel an.
Vezmete si na sebe bundu?	Will you wear a jacket?	Ziehen Sie sich/Zieht ihr euch eine Jacke an?
Vezmou si na sebe šortky.	They will wear shorts.	Sie ziehen sich Shorts an.
Nosím krátkou sukni.	I wear a short skirt.	Ich trage einen kurzen Rock.
Nosíš společenský oblek?	Do you wear a formal suit?	Trägst du einen Gesellschaftsanzug?
Karel nosí rád modrou košili.	Karel likes to wear a blue shirt.	Karel trägt gerne ein blaues Hemd.
Martina nosí večerní šaty.	Martina wears an evening dress.	Martina trägt ein Abendkleid.
Nosíte zimní kabát?	Do you wear a winter coat?	Tragen Sie einen Wintermantel?
Všichni nosí černé kalhoty.	Everyone wears black trousers. *Everyone wears black pants.*	Alle haben schwarze Hosen an.
Sluší mi červené plavky.	The red swimming costume suits me. *The red bathing suit looks good on me.*	Der rote Badeanzug passt mir.
Sluší ti bílé tričko?	Does the white T-shirt suit you? *Does the white t-shirt look good on you?*	Passt dir das weiße T-Shirt?
Milanovi sluší světlé sako.	The pale suit suits Milan. *The pale suit looks good on Milan.*	Milan steht das helle Sakko.
Evě sluší zelená halenka.	The green blouse suits Eva. *The green blouse looks good on Eva.*	Eva steht die grüne Bluse.
Sluší Vám tmavý oblek.	The dark suit suits you. *The dark suit looks good on you.*	Der schwarze Anzug steht Ihnen.

Sluší jim černé tepláky.	The black tracksuit bottoms suit them. *The black running pants look good on them.*	Ihnen steht/passt der schwarze Trainingsanzug.
V černých kalhotách vypadáš skvěle.	You look great in the black trousers. *You look great in the black pants.*	In schwarzer Hose siehst du toll aus.
V modrých šatech vypadáš skvěle.	You look great in the blue dress.	In dem blauen Kleid siehst du toll aus.
V červené halence vypadáš skvěle	You look great in the red blouse.	Ich der roten Bluse siehst du toll aus.
Líbí se mi modrá barva.	I like the colour blue. *I like the color blue.*	Mir gefällt Blau.
Líbí se ti bílá barva?	Do you like the colour white? *Do you like the color white?*	Gefällt dir Weiß?
Přítelkyni se líbí zelená barva.	My girlfriend likes the colour green. *My girlfriend likes the color green.*	Meiner Freundin gefällt Grün.
Moje sestra je chytrá.	My sister is clever. *My sister is smart.*	Meine Schwester ist gescheit.
Tvoje přítelkyně je hezká.	Your girlfriend is pretty.	Deine Freundin ist hübsch.
Jeho sekretářka je pracovitá.	His secretary is hard working.	Seine Sekretärin ist fleißig.
Její kolegyně je smutná.	Her colleague is sad.	Ihre Kollegin ist traurig.
Jejich teta je veselá.	Their aunt is cheerful.	Ihre Tante ist lustig.
Vaše sousedka je upovídaná.	Your neighbour is talkative.	Eure/Ihre Nachbarin ist redselig.
Náš ředitel je optimistický.	Our director is optimistic.	Unser Direktor ist optimistisch.
Její přítel je mladý.	Her boyfriend is young.	Ihr Freund ist jung.
Jejich syn je zlobivý.	Their son is naughty.	Ihr Sohn ist böse.
Tvůj manžel je sympatický.	Your husband seems nice.	Dein Mann ist sympathisch.
Můj bratr je štíhlý.	My brother is slim.	Mein Bruder ist schlank.
Naše dítě je malé.	Our child is small.	Unser Kind ist klein.
To tričko je ošklivé.	That T-shirt is horrible.	Das T-Shirt ist hässlich.
Jeho sako je staré.	His suit is old.	Sein Sakko ist alt.
Její pyžamo je nové.	Her pyjamas are new.	Ihr Pyjama ist neu.

14. lekce

Jaké je tvoje povolání?	What do you work as?	Was bist du von Beruf?
Jaké je vaše povolání?	What do you work as?	Was sind Sie/seid ihr von Beruf?
Pracuju jako řidič.	I am a driver.	Ich arbeite als Fahrer.
Pracuju jako kadeřnice.	I am a hairdresser.	Ich arbeite als Friseurin.
Jak dlouho pracuješ jako zedník?	How long have you been working as a builder?	Wie lange arbeitest du schon als Maurer?
Jak dlouho pracuješ jako učitelka?	How long have you been working as a teacher?	Wie lange arbeitest du schon als Lehrerin?
Pracuje jako modelka.	She is a model.	Sie arbeitet als Modell.
Pracuje jako kuchař.	He is a chef.	Er arbeitet als Koch.
Kde pracuješ?	Where do you work?	Wo arbeitest du?
Kde pracujete?	Where do you work?	Wo arbeiten Sie?
Pracuju v kanceláři.	I work in an office.	Ich arbeite im Büro.
Pracuju v nemocnici.	I work in a hospital.	Ich arbeite im Krankenhaus.
Pracuju v restauraci.	I work in a restaurant.	Ich arbeite in einem Restaurant.
Pracuju v obchodě.	I work in a shop.	Ich arbeite in einem Laden.

Pracuje na stavbě.	I work on a building site.	Er/Sie arbeitet auf dem Bau.
Pracuje v autoservisu.	I work at a car garage.	Er/Sie arbeitet bei einem Autoservice.
Pracuje v ordinaci.	I work in a surgery. *I work in an operating room.*	Er/Sie arbeitet in einer Praxis.
Musíš pracovat přesčas?	Do you have to work overtime?	Musst du Überstunden machen?
Musíte pracovat přesčas?	Do you have to work overtime?	Müssen Sie/Müsst ihr Überstunden machen?
Někdy musím pracovat přesčas.	Sometimes I have to work overtime.	Manchmal muss ich Überstunden machen.
Jak často jezdíš na služební cestu?	How often do you go on business trips?	Wie oft fährst du auf Dienstreise?
Nejezdím na služební cestu.	I do not go on business trips.	Ich fahre nicht auf Dienstreise.
Jezdím každý týden na služební cestu.	I go on a business trip every week.	Ich fahre jede Woche auf eine Dienstreise.
Kolik dnů máš dovolenou?	How many days holiday do you get? *How many days vacation do you get?*	Wie viele Tage hast du Urlaub?
Máš náhradní volno?	Are you on leave in lieu? *Are you on paid leave?*	Hast du Ersatzurlaub für die Überstunden?
V kolik hodin začínáš pracovat?	What time do you start work?	Um wie viel Uhr beginnst du zu arbeiten?
Začínám pracovat v osm hodin.	I start work at eight o'clock.	Ich fange um acht an zu arbeiten.
Odkdy dokdy pracuješ?	From when till when do you work?	Von wann bis wann arbeitest du?
Pracuju od půl deváté do pěti hodin.	I work from half past eight to five o'clock.	Ich arbeite von halb neun bis halb fünf.
Máš pohyblivou pracovní dobu?	Do you work flexitime? *Do you work on flexible hours?*	Hast du Gleitzeit?
Nemám pohyblivou pracovní dobu.	I do not work flexitime. *I don't work on flexible hours.*	Ich habe keine Gleitzeit.
Pracujete na směny?	Do you work shifts?	Arbeiten Sie/Arbeitet ihr auf Schicht?
Pracujeme na dvě směny.	We work two shifts.	Wir arbeiten in zwei Schichten.
Proč jsi včera nebyl v práci?	Why were you not at work yesterday?	Warum warst du gestern nicht auf/in der Arbeit?
Měl jsem náhradní volno.	I was on leave in lieu. *I was on paid leave.*	Ich habe meine Überstunden abgefeiert.
Proč jsi včera nepřišla do práce?	Why did you not come into work yesterday?	Warum bist du gestern nicht zur Arbeit gekommen?
Byla jsem na školení.	I was at a training session.	Ich hatte eine Schulung.

15. lekce

Půjdeme na koncert České filharmonie.	We are going to see the Czech Philharmonic Orchestra at a concert.	Wir gehen auf ein Konzert der Tschechischen Philharmonie.
Kdy půjdeme do Národního divadla?	When will we go to the National theatre?	Wann gehen wir ins Nationaltheater?
Co hrajou v Národním divadle?	What is on at the National theatre?	Was wird im Nationaltheater gespielt?
Na Karlově mostě je hodně soch.	There are a lot of statues on Charles' Bridge.	Auf der Karlsbrücke gibt es viele Statuen.

Prohlédneme si orloj na Staroměstském náměstí.	We will take a look at the astronomical clock on Old Town Square.	Wir besichtigen die astronomische Uhr auf dem Altstädter Ring.
Půjdeme na procházku na Petřín.	We will go for a walk in Petřín.	Wir gehen auf den Laurenziberg spazieren.
Znáš české sportovce?	Do you know any Czech athletes?	Kennst du tschechische Sportler?
Chutná ti české pivo?	Do you like Czech beer?	Schmeckt dir tschechisches Bier?
Obdivujeme český křišťál a porcelán.	We like Czech crystal and porcelin.	Wir bewundern das böhmische Kristall und Porzellan.
Češi jsou dobří hudebníci.	Czechs are good musicians.	Tschechen sind gute Musiker.
Češi jsou dobří ve strojírenství.	Czechs are good at engineering.	Die Tschechen sind gut im Maschinenbau.
V Českém Krumlově jsou hezké renesanční domy.	There are nice renaissance houses in Český Krumlov.	In Krummau gibt es schöne Renaissancehäuser.
V Karlových Varech si koupíme becherovku.	We will buy some Becherovka in Karlovy Vary.	In Karlsbad kaufen wir Becherovka.
Největší kašna je v Českých Budějovicích.	The biggest fountain is in České Budějovice.	Der größte Marktbrunnen steht in Budweis.
Jediné přírodní divadlo s otočným hledištěm je v Českém Krumlově.	The only open-air theatre with a rotating stage is in Český Krumlov.	Das einzige Naturtheater mit drehbarem Zuschauerraum gibt es in Krummau.
Nejvyšší česká hora se jmenuje Sněžka.	The highest mountain in the Czech Republic is called Sněžka.	Der höchste tschechische Berg heißt Schneekoppe.
Škodovky se vyvážejí do celého světa.	Škodas are exported to the whole world.	Skodas werden in die ganze Welt exportiert.
V Olomouci je starobylá univerzita.	There is an ancient university in Olomouc.	In Olmütz gibt es eine alte Universität.
Dominantou Brna je hrad Špilberk.	A dominant feature of Brno is Špilberk castle.	Die Dominante Brünns ist der Spielberg.
Nejhlubší propast v České republice se jmenuje Macocha.	The deepest abyss in the Czech Republic is called Macocha.	Die tiefste Schlucht der Tschechischen Republik heißt Macocha.
Nejstarší rozhledna je na Kleti.	The oldest observatory is at Klet.	Der älteste Aussichtsturm ist auf dem Kleť.
Lázně v Karlových Varech založil Karel IV.	Karel IV founded the spas in Karlovy Vary.	Das Karlsbader Heilbad gründete Karl IV.

Klíč

1. lekce

3. 1. b, 2. c, 3. b, 4. a, 5. b, 6. c

4. 1. ne, 2. ne, 3. ano, 4. ne, 5. ne, 6. ano, 7. ne, 8. ne, 9. ano, 10. ne

6.

Stát	Obyvatelé		
Česká republika/Česko	Čech	Češka	Češi
Německo	Němec	Němka	Němci
Rakousko	Rakušan	Rakušanka	Rakušané
Holandsko	Holanďan	Holanďanka	Holanďané
Anglie	Angličan	Angličanka	Angličané
Amerika	Američan	Američanka	Američané
Francie	Francouz	Francouzka	Francouzi
Japonsko	Japonec	Japonka	Japonci
Itálie	Ital	Italka	Italové
Slovensko	Slovák	Slovenka	Slováci
Švýcarsko	Švýcar	Švýcarka	Švýcaři
Polsko	Polák	Polka	Poláci
Rusko	Rus	Ruska	Rusové
Čína	Číňan	Číňanka	Číňané

7.

milenec	milenka
manžel	manželka
dědeček	babička
otec	matka
tatínek	maminka
tchán	tchyně
syn	dcera
bratr	sestra
strejda	teta
bratranec	sestřenice
švagr	švagrová
zeť	snacha
vnuk	vnučka

8. 1. manželka, 2. bratr, 3. vnučka, 4. strejda, 5. milenka, 6. bratranec, 7. dědeček, 8. švagrová, 9. tchyně, 10. syn

9.
1. Den, měsíc, rok narození — *Datum, kdy jste se narodili.*
2. Bydliště po příjezdu do ČR — *Místo, kde dlouhodobě bydlíte.*
3. Místo a země narození — *V jakém státě a kde jste se narodili.*
4. Účel pobytu v ČR — *Proč jste přijeli do ČR.*
5. Národnost — *K jakému národu patříte.*
6. Státní příslušnost — *K jakému státu patříte.*
7. Zaměstnání před příchodem do ČR — *Kde jste pracovali dříve.*
8. Zaměstnání po příchodu do ČR — *Kde pracujete v ČR.*
9. Předchozí pobyt v ČR — *Kdy jste byli naposledy v ČR.*
10. Příjezd do ČR — *Kdy jste přijeli do ČR.*

13. 1. vdává, 2. si bere, 3. oženit, 4. se vdala, 5. se žení, 6. se brali, 7. se oženil, 8. se vdávat, 9. si vzít, 10. ženili

17. k narozeninám, k Valentýnovi, kondolence, k narození dítěte, ke Dni matek, k promoci

18. a) Rakouska, 23, Vídni, svobodný, fotbal, hudbu, koncerty, kina, hospody, Alp
    b) Německa, 45, programátorka, vdaná, syna, výlety, jógu
    c) Anglie, 58, ženatý, dceru, syny, Londýně, manažer, procházku, golf, maso
    d) České republiky, 27, sekretářka, svobodná, přítele, historii, lidi, země

19. 1. a, 2. a, 3. b, 4. a, 5. b

2. lekce

3. 1c, 2c, 3a, 4b, 5a, 6b

4. 1. ano, 2. ne, 3. ne, 4. ano, 5. ne, 6. ano, 7. ne, 8. ano, 9. ano, 10. ne

6. americké brambory / grilované kuře / dušená šunka / slaný rohlík / bílý jogurt
   jahodová zmrzlina / smažené hranolky / čerstvý chleba / skotská whisky
   milánské špagety / vepřové maso / smažená ryba / houskové knedlíky
   moravská slivovice / vegetariánská pizza / dušená rýže / bílé víno / zelené jablko
   mléčná čokoláda / tavený sýr / šunkový salám / maková houska / ovocný koláč
   šlehačkový dort / ovocné müsli / hovězí polévka

7. černá káva
   zelený čaj
   pomerančový džus
   červené víno
   světlé pivo
   studená kola
   minerální voda
   karlovarská becherovka
   teplé mléko

9. 1. jogurtovou zmrzlinu, 2. dušenou rýží, 3. hořkou čokoládu, 4. studenou minerálku,
   5. houskovým knedlíkem, 6. červenému vínu, 7. zelený čaj, 8. šunkovým salámem,
   9. česnekovou polévku, 10. bramborovým salátem

14. 1. Chceš chleba s medem, nebo se sýrem?   g) Ne. Chci rohlík s marmeládou.
    2. Půjdeš si vybrat něco k snídani?   e) Ne. Nemám hlad.
    3. Chtěl bys pomeranče, nebo banány?   f) Nechci nic. Nejím ovoce.
    4. Co jste ochutnali v kavárně?   a) Palačinky se šlehačkou.
    5. Co mám ještě dát do zeleninové polévky?   c) Mrkev a hrášek.
    6. Chcete nějaký dezert?   b) Dáme si zmrzlinu.
    7. Můžete nám nabídnout tradiční české jídlo? d) Jistě. Svíčkovou s knedlíkem.
    8. Chceš ještě přidat?   i) Ano. Mám velký hlad.
    9. Na co máš chuť?   j) Na horkou čokoládu.
    10. Čím si připijeme?   h) Červeným vínem.

16.

	Karel	Dáša	Ivana	David
Co nejí?	ryby	čokoládu	vejce, česnečku, bramboráky	vařenou zeleninu
Proč?	mají kosti	nechutná jí	cholesterol, česnek smrdí	nemá chuť
Co nepije?	teplé mléko	alkohol	zelený čaj	kolu, sprite
Proč?	má škraloup	špatné zkušenosti	chutná jako tráva	sladké

18. 1. ne, 2. ano, 3. ne, 4. ano, 5. ne, 6. ne 7. ne, 8. ano, 9. ne, 10. ano

3. lekce

3. 1a, 2a, 3b, 4c

5. 1. do, 2. do, 3. na, 4. za, 5. v, 6. s, 7. pod, 8. v, 9. na, 10. na

6.

nakupovat výhodně	*se slevou*
hrát si	*v dětském koutku*
pořídit si oblečení	*v secondhandu*
zajít si	*na oběd nebo do kina*
dávat pozor	*na děti*
ušetřit	*čas i peníze*
tahat	*těžké nákupní tašky*
porovnat	*ceny*
zajímat se o	*módu*
platit	*v hotovosti*

7.

dva jogurty	čtyři čokolády	sedm růží
tři počítače	pět lednic	dvě tašky
pět rohlíků	tři mobily	šest vysavačů
dvě kola	deset piv	tři náplasti
dva sešity	dvě košile	osm mrkví

8. 1. pěti prodavači, 2. devět vzorků, 3. dvou sklenic, 4. sedmi barech, 5. dvou supermarketů, 6. třemi barvami, 7. čtyřech nápojích, 8. dvou knížek, 9. šesti skleniček, 10. deset rohlíků

9. 1. dvacet deka, 2. pět lahví, 3. deset deka, 4. šest, 5. jeden kelímek, 6. dva kopečky, 7. dvě kila, 8. dvě deci, 9. jeden půllitr, 10. kousek

13. a) váza, b) náplast, c) nůž, d) kladivo, e) tričko

14.
Prodavač: Dobrý den. Co si přejete prosím?
Zákazník: Příští týden jedu na dovolenou a potřeboval bych nový spacák.
Prodavač: Pro letní cestování bych vám mohl doporučit tento spací pytel od firmy Hannah. Je to úplná novinka na trhu. Můžete si ho prohlédnout.
Zákazník: Hm, vypadá dobře. Chci se zeptat, do kolika stupňů je vhodný?
Prodavač: Do minus pěti stupňů. Určitě jste si všiml, že spacák má nový tvar, který umožňuje zaujmout libovolnou polohu, a tím minimalizovat ztráty tepla.
Zákazník: A kolik stojí?
Prodavač: 3200 korun.
Zákazník: To je dost drahé. Nemáte něco levnějšího?
Prodavač: Samozřejmě. Můžu vám ještě ukázat levnější spacák. Je velice lehký a zabere vám málo místa i po sbalení.
Zákazník: Máte pravdu, je opravdu lehký a to se mi hodí, protože jedu na dovolenou na kole. A kolik stojí?
Prodavač: Tenhle spacák dostanete za 1300 korun.
Zákazník: To jde, vezmu si ho.
Prodavač: Bude to všechno, nebo si přejete ještě něco?
Zákazník: Chtěl bych ještě nějaký batoh.
Prodavač: A na kolik litrů? Na šedesát pět, nebo na sedmdesát?
Zákazník: Ukažte mi nějaký na sedmdesát litrů.
Prodavač: Určitě se vám bude hodit tenhle batoh. Na boku batohu jsou praktické kapsy. Vrchní část si můžete libovolně nastavit
Zákazník: Hm. Děkuju vám. Ještě si to rozmyslím. Zatím si vezmu jenom ten spacák.

15.

Prodavač	Zákazník
Co si přejete prosím?	*Chtěl bych stolní hodiny pro svoji babičku.*
Můžu vám doporučit tuhle broušenou vázu.	*Co byste mi doporučoval?*
Ještě něco?	*Ukažte mi nějakou vonnou svíčku.*
Vezmete si ty stolní hodiny?	*Nevezmu si je. Jsou moc drahé.*
Líbí se vám ta broušená váza?	*Nelíbí se mi.*
Bude to všechno?	*Ano, vezmu si tenhle skleněný svícen a dvě vonné svíčky.*
Tady ten skleněný svícen je moc hezký.	*Docela se mi líbí.*
Pět set korun.	*Kolik stojí?*
	Mně se bohužel moc nelíbí. Máte ještě něco jiného?
	Máte nějaký skleněný svícen?

14. 1. pekařství, 2. cukrárna, 3. ovoce-zelenina, 4. knihkupectví, 5. papírnictví

17. *cukrárna:* jeden kopeček čokoládové a jeden kopeček meruňkové zmrzliny, dort se šlehačkou

knihkupectví: knížka Z pohádky do pohádky

ovoce-zelenina: dva banány, tři červené papriky, půl kila hroznového vína

papírnictví: sešit bez linek, propisovačka, tři obálky, jedna guma, jedna tužka

pekařství: půlka tmavého chleba, pět rohlíků, dvě makové housky, čtyři koblihy, jedna veka

18. dvacet deka, tři, půl kila, jednu, patnáct deka, dvě lahve, čtyři, dva balíčky

19.

sýr ementálského typu:	*14,90 Kč*
okurky hadovky:	*7,90 Kč*
chlazené kuře:	*61,50 Kč*
drůbeží párky:	*89,00 Kč*
kmínový chléb:	*23,70 Kč*
mikrovlnná trouba:	*2864,00 Kč*
elektrický sporák:	*8537,00 Kč*
rychlovarná konvice:	*189,00 Kč*
zubní pasta Elmex:	*59,90 Kč*
ústní voda	*zdarma*

21. 1. ano, 2. ano, 3. ne, 4. ano, 5. ano, 6. ne, 7. ne, 8. ne, 9. ano, 10. ne

22.

Jméno:	*Jana*
Příjmení:	*Prokopová*
Adresa:	*Nádražní 286, Praha 5*
Telefon:	*603 701 956*
Reklamovaný výrobek:	*černé lodičky*
Číslo daňového dokladu:	*20056897*
Popis závady:	*u levé boty odlepená podrážka a u pravé boty ulomený podpatek.*

4. lekce

3. 1. ne, 2. ne, 3. ne, 4. ano, 5. ano, 6. ne, 7. ne, 8. ano, 9. ne, 10. ne

5. 1. před hotelem Grand, 2. v Dlouhé ulici, 3. přes most, 4. na světelnou křižovatku, 5. druhé straně ulice, 6. na autobus

6. 1. jděte, 2. jeďte, 3. ukažte, 4. odbočte, 5. vraťte se, 6. zastavte, 7. kupte si, 8. projděte, 9. řekněte, 10. přejděte

7. 1. jezdit, 2. jet, 3. chodí, 4. jít, 5. jezdíš, 6. pojedou, 7. jezdí, 8. jet, 9. jsem šel, 10. jel

8. 1. naproti, 2. kolem, doleva, 3. před, 4. zpátky, 5. k, 6. rovně, na, 7. přes, do, 8. Na, k, 9. za, 10. od

9. Turista

Promiňte prosím, vyznáte se tady?
Můžete mi říct, kde je tady nejbližší lékárna?
Jdu správně na autobusové nádraží?
Musím jet metrem?
Jaký autobus jede k nemocnici?
Můžu jít pěšky?
Na jaké stanici mám vystoupit?
Musím přestupovat?
Mohl byste mi tu ulici ukázat na plánu města?
Je to daleko?
Kolik je to zastávek?
Jak se jmenuje tahle ulice?
Kde je tady opravna obuvi?
Jak se odtud dostanu na hlavní poštu?

Chodec

Bohužel ne, jsem taky cizinec.
Jděte pořád rovně a potom doleva.
Jdete špatně. Musíte se vrátit.
Nemusíte. Můžete jet taky tramvají.
Jednička a patnáctka.
Můžete, není to daleko.
Na konečné.
Ano, na stanici Muzeum.
Jistě. Je to tahle ulice.
Není, asi sto metrů.
Nevím to jistě. Ale myslím, že čtyři.
To je Višňová ulice.
Tak to bohužel nevím.
Přejděte na druhou stranu. Je to ta žlutá budova.

12.

Místo	Sloveso	Věc
čistírna	vyčistit	špinavá bunda
úklidová služba	umýt	okna
cestovní kancelář	zaplatit	cesta kolem světa
oděvní služba	nechat si ušít	nové kalhoty
stěhovací služba	přestěhovat	nábytek
kadeřnictví/holičství	ostříhat	vlasy
předprodej vstupenek	koupit	lístky na koncert
opravna obuvi	dát si opravit	boty
fotoslužba	vyvolat	film
pohřební služba	zařídit	pohřeb
lékárna	koupit	kapky proti kašli
fitness centrum	cvičit	nářadí

14.

1. Můžu vám nalakovat vlasy?
2. Do jaké řady chcete lístek?
3. Kolik fotek budete chtít přidělat?
4. Chcete zkrátit u saka i rukávy?
5. Chcete i zpáteční jízdenku?
6. Můžete mi ten podpatek opravit na počkání?
7. Kdy to bude hotové?
8. Budete chtít vyčistit i koberce?
9. Jakou chcete pleťovou masku?
10. Půjdete také do sauny?

Ne, stačí jen tužidlo.
Do sedmé.
Celkem deset.
Ano, asi tak o jeden centimetr.
Ne, jenom do Jihlavy.
Samozřejmě.
Ve čtvrtek dopoledne.
Ne, jenom umýt okna.
Vyhovuje mi okurková.
Ne, jdu jenom do bazénu.

16. 1. ano, 2. ne, 3. ano, 4. ano, 5. ano, 6. ano
1. ano, 2. ne, 3. ne
1. ne, 2. ne, 3. ano, 4. ano, 5. ano

17. rovně, doprava, Asi kilometr, Třicítka
Jabloňová, kolem parku, doleva
na cestu, u tramvajové zastávky, zákaz zastavení

18. 1. ne, 2. ne, 3. ano, 4. ne, 5. ano, 6. ano, 7. ano, 8. ne, 9. ano, 10. ne

20.	Hlášení I	Hlášení II	Hlášení III
Číslo vlaku	707	952	135
Příjezd		10.12	14.45
Odjezd	16.13	10.18	
Nástupiště	3	5	6
Směr příjezdu		Chlumec nad Cidlinou, Nymburk	Cheb-hlavní nádraží, Benešov
Směr odjezdu	Pardubice, Česká Třebová, Přerov, Břeclav	Praha-Smíchov	

5. lekce

3. 1. ne, 2. ne, 3. ano, 4. ne, 5. ano, 6. ano, 7. ano, 8. ano, 9. ne, 10. ano

6. 1. Dopravní nehoda ji způsobila.
   2. Auto ho srazilo na přechodu.
   3. Nechci ji platit zbytečně.
   4. Letuška je přivítala na palubě letadla.
   5. Líbí se mu mercedes.
   6. Proč je nedodržuješ?
   7. Řidič ho chtěl předjet.
   8. Naložili jsem je už do auta.
   9. Chci si ho půjčit od kamaráda.
   10. Kdy si ji koupíš?

7. 1. Letiště je od něho vzdáleno 14 km.
   2. Můžete zastavit u ní.
   3. Mám s ním problémy.
   4. Dostali jsme se do ní.
   5. Policie k ní přijela za deset minut.
   6. Mluvili jsme s nimi na letišti.
   7. Taxi zastavilo před ním.
   8. V letadle chci sedět u něho.

8. 1. tím, 2. toho, 3. té, 4. toho, 5. tom, 6. tím, 7. tom, 8. tomu, 9. tu, 10. ten

9. 1. nikomu, 2. někomu, 3. nikdo, 4. někoho, 5. někým, 6. nic/nikoho, 7. něco, 8. něčem, 9. ničemu, 10. někoho

10. 1. karosérie, 2. nádrž, 3. nárazník, 4. kolo, 5. výfuk, 6. kapota, 7. stěrače, 8. poznávací značka, 9. dálková světla, 10. blatník, 11. blinkr, 12. dveře, 13. kufr

12. a) koleje, b) auto, c) pozor, sníh!, d) šroubovák, e) vlak

13. 1. tunelem, 2. přikázaný směr jízdy, 3. škoda (audi, mazda, peugeot), 4. letadla, 5. silnici, 6. přechodu pro chodce, 7. most, 8. autolékárničky, 9. značka auta, 10. autobusem

16. *nepatří sem:* letní, letovisko
   1. letenka, 2. letecké společnosti, 3. Letiště, 4. letadlem, 5. letuška, 6. letecké spojení, 7. odletu, 8. přílet

17. centra města, motoristy, terminálem, případě, parkovišti, haly, pruhu, vozidla, dopravu, cestu, půlhodinu, autobusem, přepravě

20. *Závada:* problémy se startováním, nesvítí levé tlumené světlo
   Příčina: vybitá baterka, prasklá žárovka
   Odstranění závady: výměna baterky, výměna žárovky

21. na, mezi, ve, Před, Na, u, po, s, po, z, na, ve, na

22. 1b, 2c, 3b, 4c, 5c

23.

	1. řidič	2. řidič	3. řidič
důvod kontroly	běžná kontrola	porušení dopravních předpisů	špatné parkování
doklady	řidičský průkaz technický průkaz cestovní pas	řidičský průkaz občanský průkaz	řidičský průkaz
dopravní přestupek	žádný	překročení nejvýše povolené rychlosti	parkování na zákazu stání
pokuta	ne	ano	ano

24. 1. Lufthansa, 737, 19.25, Frankfurt
2. British Airways, Londýn, 67
3. Air France, Paříž, B14

25. 1. ano, 2. ano, 3. ne, 4. ne, 5. ano, 6. ne, 7. ano, 8. ne, 9. ano, 10. ne

6. lekce

3. 1b, 2a, 3c

4. 1. ano, 2. ne, 3. ne, 4. ano, 5. ne, 6. ano, 7. ne, 8. ano, 9. ano, 10. ne

6. 1. dovolenou, 2. dovolenou, 3. dovolené, 4. dovolenou, 5. dovolenou, 6. dovolené, 7. dovolená, 8. dovolenou, 9. dovolené, 10. dovolenou

7.
1. Během dovolené se budou pohybovat na zdravém vzduchu.
2. Budu mít dostatek času koupit některé věci na cestu.
3. Největší zájem bude o ubytování v apartmánech.
4. Dovolenou v cizině si budeme organizovat sami.
5. V létě se budu moci koupat v moři.
6. O prázdninách budeme grilovat na zahradě.
7. Do ciziny budou vyrážet tisíce lidí.
8. Budeme chtít jet na týden na hory.
9. Bude jim jedno, kam pojedou.
10. Mnoho turistů bude mířit na hrady a zámky.

8. 1. plavky, 2. přeplavat, 3. plavčík, 4. plavec, 5. vyplaval, 6. doplavali, 7. plavba, 8. plovárně, 9. zaplaveš, 10. uplaval

12. 1. každé pondělí, 2. v srpnu, 3. jela stanovat na Moravu, 4. musí jíst z ešusu, 5. deset tisíc, 6. s přítelkyní, 7. Jana, 8. levnější

13. 1. ano, 2. ne, 3. ne, 4. ano, 5. ne, 6. ano, 7. ne, 8. ne, 9. ne, 10. ano

14. 1. Českém ráji, chalupa, vesnice, oběd, zahradě, sousedy
2. Chorvatsku, tři, koupali, pláže, ubytování, autem
3. Španělsku, smůla, bazénu, slunci, specialitu, chatu

7. lekce

3. 1b, 2c, 3a, 4b

4. 1. ne, 2. ano, 3. ano, 4. ano, 5. ne, 6. ano, 7. ne, 8. ano, 9. ne, 10. ano

6.
1. Když bude zítra hezky, půjdeme se koupat.
2. Až napadne hodně sněhu, pojedeme lyžovat na hory.
3. Protože fouká silný vítr, nemůžeme sedět na terase.
4. Venku je náledí, a proto musíš jet opatrně.
5. Teple se oblékni, aby ti nebyla zima.
6. Přes den je ještě chladno, i když venku svítí slunce.
7. Když je hezky a teplo, mám hned lepší náladu
8. Mám ráda všechna roční období, ale musí tomu odpovídat počasí.
9. Líbí se mi, že všude padá barevné listí.
10. Vezmu si deštník, protože nechci zmoknout.

8.
1. Okno do rána úplně zamrzlo, protože v noci bylo 20 stupňů pod nulou.
2. Syn si zapomněl čepici, a proto mu trochu omrzly uši.
3. Promrzl jsem až na kost.
4. Protože se oteplilo, led na rybníku rychle rozmrzl.
5. Na horách umrzli dva turisté.
6. V zimě napadlo přes půl metru sněhu.
7. První sněhové vločky dopadaly k zemi.
8. Slunce zapadlo už před hodinou.
9. Upadl jsem na zledovatělém chodníku.
10. Listí ze stromů pomalu opadávalo.

11.

#								
1	m	l	h	**a**				
2	r	a	m	**p**	o	u	ch	y
3			m	**r**	á	z		
4	s	n	**í**	h				
5	n	á	**l**	e	d	í		
6	j	i	n	**o**	v	a	t	k	a
7		v	**í**	t	r			
8	d	**é**	š	ť				
9	k	r	o	u	**p**	y		
10	l	**o**	u	ž	e			
11	v	l	o	**č**	k	y		
12	d	u	h	**a**				
13	**s**	l	u	n	c	e		
14	p	o	č	a	s	**í**		

12.
1. Heleno, šla bys se mnou do kina?
2. V tomhle počasí? Blázníš? Podívej se z okna. Leje jako z konve.
3. Ty toho naděláš. Přeci nejsi z cukru. Můžeš si vzít deštník.
4. Deštník mi nepomůže, protože fouká i vítr. Za pět minut budu mokrá jako myš.
5. Podle předpovědi počasí dneska nemělo vůbec pršet. Myslím si, že za hodinu je po dešti.
6. Předpovědi počasí moc nevěřím. Zůstanu raději doma. Nezlob se, Honzo, ale dneska se mi fakt nikam nechce.
7. A co chceš celý večer dělat?
8. Budu si číst nebo se dívat na televizi.
9. Klasika. To není nic pro mě. Půjdu do kina sám.

14. polojasno, mlhy, oblačnosti, jihozápadní vítr
oblačno, mlhavo, –4 až 2 °C, závěje
jasno, 20 a 24, zataženo, přeháňky, srážek

15. 1c, 2a, 3c, 4b, 5b, 6c, 7a

16. 1. ne, 2. ne, 3. ano, 4. ne, 5. ne, 6. ano, 7. ano, 8. ne, 9. ne, 10. ano

8. lekce

4. 1. Je velmi skleslý.
2. Je s ním zábava.
3. Autobus odjížděl při příchodu.
4. To ho velmi rozzlobilo.
5. Stál tam ohromený.
6. V práci byl zmatek.
7. Vyhrál dvacet pět milionů korun.
8. Najednou to pochopil.
9. Měl velkou radost.
10. Hledal svoji sázenku.

5. 1. aby, 2. ale, 3. Když, 4. že, 5. proto, 6. a, 7. jestli, 8. protože

6. 1. se probudil, 2. si uvařil, 3. čekal, 4. zaplatil, 5. ohlásil, 6. zapomněl, 7. odcházel, 8. si koupil,
9. přišel, 10. vyhrál

7.

	Michal	**Karel**	**Johana**
Kde byl/-a o víkendu?	na návštěvě doma	na diskotéce v baru na výletě	na chatě v lese
S kým mluvil/-a?	s přítelkyní s policií	s novou přítelkyní	se sousedy s doktorem
Co bylo pro něho/ni nové, nečekané?	Ukradli mu auto.	Seznámil se s Katkou.	Otrávila se houbami.

8. Michal jel k přítelkyni na návštěvu v sobotu dopoledne.
Michal musí jezdit do práce vlakem.

Karel byl v pátek večer na diskotéce.
Karel pozval novou přítelkyni na rande.

Johana pracovala v sobotu na zahradě.
Večer seděla Johana se sousedy u táboráku.
Johana byla v nemocnici, protože se otrávila houbami.

9. 1a, 2b, 3c, 4a, 5b, 6c

10. 1. Vstávám v půl osmé.
2. Asi deset minut se myju a čistím si zuby.
3. Oblékám se.
4. Rychle snídám housku s máslem a piju kakao.
5. Jdu do práce.
6. Celé dopoledne pracuju v kanceláři.
7. Obědvám v poledne v restauraci.
8. Pracuju do pěti hodin.
9. Odpoledne po práci jdu nakoupit něco k večeři.
10. Během cesty domů telefonuju s přáteli.
11. Ve čtvrt na sedm se vracím z práce domů.
12. Večeřím v šest hodin zeleninový salát a chleba se šunkou.
13. Po večeři se dvě hodiny dívám na televizi.
14. Před spaním asi dvacet minut čtu nějakou zajímavou knihu.
15. O půlnoci už spím.

12. 1. V pondělí jde na koncert.
    2. V úterý se vrací pozdě z práce domů.
    3. Ve středu má trénink.
    4. Ve čtvrtek jede na služební cestu.
    5. V pátek oslavuje narozeniny.
    6. V sobotu jede na vodu.
    7. V neděli jde s přáteli do hospody.

17. 1. Včera jsem nešel do práce, protože jsem měl dovolenou.
    2. O víkendu jsem nemusel brzo vstávat a mohl jsem déle spát.
    3. Ve středu jsme jeli na výlet do Brna.
    4. Odpoledne jsem zavolal přítelkyni a pozval ji na večeři.
    5. Petr se nedíval na televizi, protože tam nebyl zajímavý program.
    6. Koupil jsi jí k narozeninám květiny?
    7. Sešli jsme se v sauně a popovídali jsme si.
    8. Četl jsi noviny, nebo jsi psal e-mail?
    9. Nejedl koláč, ale vzal si kousek dortu.
    10. Myslel jsem, že na to zapomněl.

19. 1. ne, 2. ano, 3. ne, 4. ne, 5. ano, 6. ano, 7. ano

20. Za pět půl sedmý, pět minut
Je 16.30
zítra, ve tři odpoledne, na minutu
Dopoledne, nebo odpoledne? Dopoledne. Ve čtvrt na jedenáct a pět minut.
Tři čtvrtě, dost času, čtvrt

9. lekce

3. 1c, 2b, 3b, 4b, 5a, 6c

4. 1. ano, 2. ne, 3. ano, 4. ano, 5. ano, 6. ano, 7. ano, 8. ne, 9. ano, 10. ano

6. televizního programu, deset minut, na zprávy, oblíbený seriál, mistrovství světa, další díl seriálu, nějaký film, dobrodružný film, kriminálku, komedii

9. 1. Když mám čas, jdu do kina.
    2. Když mám čas, čtu knihu.
    3. Když mám čas, dívám se na televizi.
    4. Když mám čas, jezdím na koni.
    5. Když mám čas, hraju na kytaru.
    6. Když mám čas, maluju obraz.
    7. Když mám čas, fotografuju přírodu.
    8. Když mám čas, jezdím na kole.
    9. Když mám čas, plavu v bazénu.
    10. Když mám čas, pracuju na zahradě.

10. 1. na, 2. k, 3. v, na, 4. na, 5. O, do, 6. na, 7. na, 8. O, na, 9. v, 10. do

12.

Léto	Zima
koupat se v rybníce	jezdit na lyžích
plavat v moři	stavět sněhuláka
opalovat se	sáňkovat
jít na procházku	jít na procházku
jít na diskotéku	jít na diskotéku
plavat v bazénu	plavat v bazénu
hrát golf	bruslit
hrát fotbal	číst knihu

jezdit na kole
číst knihu
jít na koncert
hrát tenis
hrát na kytaru
hrát karty
hrát bowling
hrát squash
běhat
jezdit na kolečkových bruslích
surfovat

jít na koncert
jezdit na snowboardu
jezdit na běžkách
jít na ples
hrát lední hokej
hrát karty
hrát bowling
hrát squash
běhat

14. 1. Ahoj, Lucie!
2. Ahoj, Markéto! To je ale náhoda! Jak se máš?
3. Mám se dobře. A ty?
4. Jde to. Dlouho jsme se neviděly. Nemám teď moc času, ale chtěla bych si s tebou popovídat. Co děláš dneska večer?
5. Jdu s Lenkou do kina. Nemůžu to odříct, už jsem jí to slíbila. Nechceš jít s námi?
6. Já nevím. Je to tak narychlo. A co hrají v kině?
7. Myslím, že nějakou českou komedii. Snad dokonce premiéru. Lenka slyšela, že je to sranda.
8. Tak to půjdu ráda. Potřebuju vidět a slyšet něco legračního, abych měla lepší náladu. Máte už lístky?
9. Ještě ne, koupíme je až večer.
10. Kde se tedy setkáme?
11. Setkáme se před kinem Alfa.
12. A v kolik hodin?
13. V půl osmé.
14. Dobře, budu tam přesně. Potom můžeme jít ještě do vinárny.
15. Domluvíme se později. Zatím ahoj.
16. Ahoj.

15. o víkendu, divadla, nápad, koncert, vstupenky, diskotéku, doma

18. 1. To jsem zvědavá, co to bude.
Blázníš, fotbal mě absolutně nezajímá.

2. Ne, Hana má narozeniny.
Vyřídím, ahoj.

3. Jo, mám moc práce.
Dneska to bohužel nejde.

19. a) ano, b) ano, c) ano
a) ano, b) ne, c) ano
a) ano, b) ano, c) ne

10. lekce

3. 1. ne, 2. ne, 3. ne, 4. ne, 5. ne, 6. ano, 7. ano, 8. ano, 9. ne, 10. ano

6. 1. Radčiných narozenin, 2. Radčiny narozeniny, 3. Radčiných narozeninách,
4. Radčiných narozenin, 5. Radčiny narozeniny, 6. Radčiných narozenin,
7. Radčinými narozeninami, 8. Radčiny narozeniny, 9. Radčiným narozeninám,
10. Radčiných narozeninách

7. 1. Pavlovou přítelkyní, 2. Pavlovu přítelkyni, 3. Pavlovy přítelkyně, 4. Pavlově přítelkyni,
5. Pavlova přítelkyně, 6. Pavlově přítelkyni, 7. Pavlovu přítelkyni, 8. Pavlově přítelkyni,
9. Pavlovy přítelkyně, 10. Pavlově přítelkyni

8. 1. bratrově večírku, 2. bratrův večírek, 3. bratrovým večírkem, 4. bratrův večírek, 5. bratrově večírku, 6. bratrova večírku, 7. bratrův večírek, 8. bratrově večírku, 9. bratrově večírku, 10. bratrovým večírkem

9.

1. Jak se máš?	*Díky, dobře.*
2. Bav se dobře!	*Nápodobně.*
3. Přeju ti hezký víkend.	*Tobě taky.*
4. Přijdu o něco později.	*To nevadí.*
5. Bohužel nemůžu v pátek přijít.	*To je škoda.*
6. Už musím jít.	*Zůstaň ještě chvilku.*
7. Moc se mi tady líbilo.	*To jsem ráda.*
8. Děkujeme za hezký večer.	*Jsme rádi, že se vám tady líbilo.*
9. Ty růže jsou pro tebe.	*Děkuju, jsou nádherné.*
10. Chtěli bychom se s vámi rozloučit.	*Děkujeme, že jste přišli a brzy na shledanou.*

12. 1. B, 2. A, 3. F, 4. C, 5. E, 6. D

15. Renatu, večírek, dárek, Amandu, studentka, Anglie, divadla, představení, pátek, oslavu, šest hodin

23.

	Důvod	Radčina reakce
Jana	služební cesta	zlobí se
Lucie	nemoc	chápající
Honza	odvézt rodiče na letiště	smutná, zklamaná

17. 1. a, c; 2. a, b; 3. a, b, c; 4. a, c

18. 1. b, 2. a, 3. c, 4. b

11. lekce

3. 1. c, 2. b, 3. b, 4. a

4. 1. ano, 2. ne, 3. ne, 4. ne, 5. ne, 6. ne, 7. ano, 8. ano, 9. ne, 10. ano

6. 1. rukou, 2. ruce, 3. rukou/rukách, 4. rukou/rukách, 5. ruce, 6. rukama, 7. rukou/rukách, 8. rukama, 9. ruce, 10. ruce

7. 1. oka, 2. očima, 3. očím, 4. očích, 5. očima, 6. očí, očí, 7. očí, 8. oči, 9. očima, 10. oka

8. 1. nohou, 2. nohou, 3. nohama, 4. nohy, 5. nohama, 6. nohy, 7. noh, 8. nohama, 9. nohami, 10. nohy

10. 1. hlavy, 2. krkem, 3. patu, 4. uši, 5. okem, 6. nos, 7. pusu, 8. noze, 9. ruky, 10. prstu

11.

1. Vůbec mi to nejde do hlavy.	*Nechápu to.*
2. Pořád mám hodně práce. Už mi to leze krkem.	*Je mi to protivné.*
3. Co říkáš, nemá hlavu ani patu.	*Je to nesmysl.*
4. Slyšel jsem to na vlastní uši.	*Slyšel jsem to osobně.*
5. Pavel o mě ani okem nezavadí.	*Vůbec si mě nevšímá.*
6. Celou dobu mě vodil za nos.	*Klamal a podváděl mě.*
7. Dej si před ní pozor na pusu.	*Buď opatrný ve vyjadřování.*
8. Přítel žije na volné noze.	*Nemá trvalé zaměstnání.*
9. Všechno jí padá z ruky.	*Nic se jí nedaří.*
10. Otočila si ho kolem prstu.	*Úplně ho ovládla.*

12.

	onemocnění	zranění
obezita	x	
angína	x	
zlomená noha		x
chřipka	x	
infarkt	x	
vysoký krevní tlak	x	
popáleniny		x
omrzliny		x
cukrovka	x	
průjem	x	
rakovina	x	
žloutenka	x	
vyvrtnutý kotník		x

15. 1. u zubaře, 2. v porodnici, 3. v lékárně, 4. u lékaře

16.

	Proč?	Výsledek?
Pan Kratochvíl	bolí ho zub	plomba
Pan Čanda	manželka rodí	narozený syn
Zákazník	chce léky	oční kapky, Aspirin, Endiaron
Paní Šejnohová	slzení očí, rýma, vyrážka	alergologické vyšetření, nosní sprej, oční kapky, mast

17. 1. ano, 2. ano, 3. ne, 4. ano, 5. ne
1. ne, 2. ne, 3. ano, 4. ne
1. ne, 2. ano, 3. ano, 4. ne

12. lekce

3. 1. b, 2. a, 3. b, 4. c, 5. c, 6. b

4. 1. ne, 2. ano, 3. ano, 4. ne, 5. ano, 6. ano, 7. ano, 8. ne, 9. ano, 10. ano

6.
1. Bydlel bych v rodinném domku na venkově.
2. Museli by se spoléhat na pomoc sousedů.
3. V paneláku byste neměli soukromí.
4. Jirka by si najal byt v centru města.
5. Děti by byly každý den na čerstvém vzduchu.
6. Líbilo by se nám okolí domu.
7. Milan by neměl vlastní střechu nad hlavou.
8. Milan by musel přespávat v parku na lavičce.

7. 1. na, 2. na, 3. u, 4. nad, 5. mezi, 6. vedle, 7. za, 8. doprostřed, 9. pod, 10. v

8.
1. Pověs obraz doleva vedle okna!
2. Přijď za mnou nahoru do ložnice!
3. Polož je opět dolů do poličky!
4. Sedni si také doprostřed!
5. Postav ji zase doprava do rohu!
6. Pojď také ven!
7. Postav ho zase dozadu!
8. Běž také dovnitř do pokoje!

12. *3+kk* – tři pokoje + kuchyňský kout, *OV* – osobní vlastnictví, *tram* – tramvaj, *WC* – toaleta, *kabelová TV* – kabelová televize, *tel.* – telefon, *cca.* – cirka, asi, *vč.* – včetně

13.	Mirek	Kamila	Erik
Kde bydlí?	na samotě u lese	v podnájmu, ve vile v centru města	v rodinném domě na okraji města
Jak dlouho bydlí?	čtyři roky	tři roky	jeden rok
Jsou s bydlením spokojeni?	ano	ne	ano
Jak vycházejí se sousedy?	nemají sousedy	dobře	špatně, mají problémy se sousedy

14. 1. a) ne, b) ne, c) ne, d) ne, e) ano
    2. a) ano, b) ano, c) ne, d) ne, e) ano
    3. a) ne), b) ano, c) ne, d) ano, e) ano

16. 1c, 2b, 3c, 4a, 5c

13. lekce

3. 1. ano, 2. ne, 3. ano, 4. ano, 5. ne, 6. ano, 7. ne, 8. ne, 9. ano, 10. ano

5. potrpět si na — *značkové oblečení*
    vybírat si — *boty a kabelky*
    nosit — *krátké sukně*
    cítit se dobře v — *přiléhavém tričku*
    kombinovat — *různé pruhy a puntíky*
    obléknout si — *růžové šaty*
    mít rád/-a — *bílou barvu*
    vzít si na sebe — *černou mikinu*
    vypadat elegantně v — *tmavém obleku*
    popadnout — *džíny*

6. 1. kvalitní materiály; 2. zajímavých modelů; 3. společenským šatům; 4. černých kalhot; 5. červené svetry; 6. květovaným halenkám; 7. módní doplňky; 8. oblíbených věcí; 9. modrých triček; 10. pastelovými barvami

7. 1. večerním šatům, 2. nových kalhotách, 3. dvojdílné plavky, 4. společenských šatech, 5. černé kalhoty, 6. krátkých květovaných šatů, 7. modrých šatů, 8. nových plavkách, 9. letních šatů, 10. jednodílných plavek

8. 1. tlustší, 2. starší, mladší, 3. štíhlejší, 4. kulatější, 5. kratší, 6. hezčí, atraktivnější, 7. menší, 8. levnější, 9. světlejšímu, 10. delší

18. 1. ne, 2. ne, 3. ano, 4. ano, 5. ano, 6. ne, 7. ano, 8. ne, 9. ano, 10. ano

19. a) minisukním, sukének, dekoltem, kalhoty, halenky, kabelky, boty, třešně, zelené, khaki, pistáciové, tyrkysová
    b) móda, klobouk, oděv, barva, odstín
    c) konzervativní, spolehlivá, seriózní, barevnými, ozdobnými

21.	Lucie	Marta	Pavel
Postava	štíhlá hezká jako obrázek	malá, silnější, není tlustá postava není ideální	sportovní vysoký štíhlý
Vlasy	dlouhé černé	světlé kudrnaté	krátké hnědé
Obličej	oválný	kulatý	
Oči	hnědé	modré	zelené
Uši			odstávající

	Lucie	Marta	Pavel
Nos	malý		velký
Ústa		malá	
Vlastnosti	chytrá, inteligentní, veselá, milá, přátelská, stále se směje	veselá, smutná, má dobré nápady	zábavný, aktivní, pohodář, dokáže vyřešit každý problém

14. lekce

3. 1a, 2c, 3a, 4b

4. 1. ano, 2. ne, 3. ano, 4. ano, 5. ano, 6. ne, 7. ne, 8. ne, 9. ne, 10. ne

6. 1. témata, 2. tématech, 3. tématům, 4. tématy, 5. témat, 6. témata, 7. tématům, 8. témat, 9. témat, 10. témata

7. 1. lidech, 2. lidmi, 3. lidí, 4. lidech, 5. lidmi, 6. lidem, 7. lidí, 8. lidí, 9. lidi, 10. lidem

8. 1. rodičů, 2. rodiče, 3. rodiči, 4. rodičů, 5. rodičům, 6. rodiče, 7. rodiče, 8. rodičích, 9. rodičů, 10. rodičům

16.

	Povolání	Kde pracuje?	Co dělá?
1. osoba	zedník	na stavbě	Staví rodinné domy.
2. osoba	číšník	v restauraci	Roznáší jídlo a pití.
3. osoba	spisovatelka	doma	Píše knížky pro děti.
4. osoba	automechanik	v autoservisu	Opravuje rozbitá auta.
5. osoba	kadeřnice	v kadeřnickém salónu	Myje, stříhá a barví zákazníkům vlasy.
6. osoba	modelka	po celém světě	Předvádí nové oblečení na módních přehlídkách.

17. 1b, 2c, 3a, b, c, 4b, 5a, 6b

15. lekce

3. 1. b, 2. a, 3. b, 4. c

4. 1. ne, 2. ne, 3. ne, 4. ano, 5. ano, 6. ano, 7. ne, 8. ano, 9. ne, 10. ne

6. 1. Vltava, 2. Sněžka, 3. Rožmberk, 4. na Šumavě, 5. Hranická propast, 6. Lipno, 7. Říp, 8. v Českých Budějovicích, 9. v Českém Krumlově, 10. na Kleti

7. Brno, Kutná Hora, Karlovy Vary, Český Krumlov, Olomouc

8. *Arthut* – knedlíky, křišťál, škodovka
Gabriele – významné hudební středisko, klavír značky Petrof, Praha
Lasse – Smetana, pivo, knedlíky, přátelé, služby na úrovni
Johannes – Budvar, Plzeň, Václavské náměstí, české pohádky, filmové umění

9. 1905, automobil, Škoda, Octavia
kámen, 1868, sbírkami, balet, Nové scény
Česká filharmonie, Japonsku, Antonín Dvořák, 1896
výroby piva, Plzni, chmel, ječmen, originálu, Slovensku
hokejisté, 1998, oštěpař, desetibojař, tenistek

10. 1. c, 2. a, 3. b, 4. c, 5. c, 6. b, 7. b, 8. a, 9. c

Stručný přehled české gramatiky

Skloňování podstatných jmen

rod mužský

Číslo	Pád	Tvrdé vzory		Měkké vzory	
		životný	neživotný	životný	neživotný
jednotné	1. p.	pán	hrad	muž	stroj
	2. p.	pána	hradu, lesa	muže	stroje
	3. p.	pánu/-ovi	hradu	muži/-ovi	stroji
	4. p.	pána	hrad	muže	stroj
	5. p.	pane! hochu!	hrade!	muži! otče!	stroji!
	6. p.	o pánu/-ovi	o hradě/-u, o lese/-u	o muži/-ovi	o stroji
	7. p.	pánem	hradem	mužem	strojem
množné	1. p.	páni, synové, manželé	hrady	muži/-ové, ředitelé	stroje
	2. p.	pánů	hradů	mužů	strojů
	3. p.	pánům	hradům	mužům	strojům
	4. p.	pány	hrady	muže	stroje
	5. p.	páni!/-ové!	hrady!	muži!/-ové!	stroje!
	6. p.	o pánech	o hradech, o lesích	o mužích	o strojích
	7. p.	pány	hrady	muži	stroji

rod ženský

Číslo	Pád	Vzor			
jednotné	1. p.	žena	růže	píseň	kost
	2. p.	ženy	růže	písně	kosti
	3. p.	ženě	růži	písni	kosti
	4. p.	ženu	růži	píseň	kost
	5. p.	ženo!	růže!	písni!	kosti!
	6. p.	o ženě	o růži	o písni	o kosti
	7. p.	ženou	růží	písní	kostí
množné	1. p.	ženy	růže	písně	kosti
	2. p.	žen	růží, přítelkyň	písní	kostí
	3. p.	ženám	růžím	písním	kostem
	4. p.	ženy	růže	písně	kosti
	5. p.	ženy!	růže!	písně!	kosti!
	6. p.	o ženách	o růžích	o písních	o kostech
	7. p.	ženami	růžemi	písněmi	kostmi

rod střední

Číslo	Pád	Vzor			
jednotné	1. p.	město	moře	kuře	stavení
	2. p.	města	moře	kuřete	stavení
	3. p.	městu	moři	kuřeti	stavení
	4. p.	město	moře	kuře	stavení
	5. p.	město!	moře!	kuře!	stavení!
	6. p.	o městě	o moři	o kuřeti	o stavení
	7. p.	městem	mořem	kuřetem	stavením
množné	1. p.	města	moře	kuřata	stavení
	2. p.	měst	moří	kuřat	stavení
	3. p.	městům	mořím	kuřatům	stavením
	4. p.	města	moře	kuřata	stavení
	5. p.	města!	moře!	kuřata!	stavení!
	6. p.	o městech	o mořích	o kuřatech	o staveních
	7. p.	městy	moři	kuřaty	staveními

Skloňování podstatných jmen – výjimky

	téma	lidé
1. p.	téma	lidé, lidi
2. p.	tématu	lidí
3. p.	tématu	lidem
4. p.	téma	lidi
6. p.	o tématu	o lidech
7. p.	tématem	lidmi

	ruce	oči	nohy
1. p.	ruce	oči	nohy
2. p.	rukou	očí	nohou, noh
3. p.	rukám	očím	nohám
4. p.	ruce	oči	nohy
6. p.	o rukou, rukách	o očích	o nohou, nohách
7. p.	rukama	očima	nohama

Skloňování přídavných jmen

vzor mladý

Číslo	Pád	Vzor			
		rod mužský živ.	rod mužský než.	rod ženský	rod střední
jednotné	1. p.	mladý	mladý	mladá	mladé
	2. p.	mladého	mladého	mladé	mladého
	3. p.	mladému	mladému	mladé	mladému
	4. p.	mladého	mladý	mladou	mladé
	6. p.	mladém	mladém	mladé	mladém
	7. p.	mladým	mladým	mladou	mladým
množné	1. p.	mladí	mladé	mladé	mladá
	2. p.	mladých	mladých	mladých	mladých
	3. p.	mladým	mladým	mladým	mladým
	4. p.	mladé	mladé	mladé	mladá
	6. p.	mladých	mladých	mladých	mladých
	7. p.	mladými	mladými	mladými	mladými

vzor jarní

Pád	Vzor			
	rod mužský	rod ženský	rod střední	množné číslo
1. p.	jarní	jarní	jarní	jarní
2. p.	jarního	jarní	jarního	jarních
3. p.	jarnímu	jarní	jarnímu	jarním
4. p.	jarního (živ.)	jarní	jarní	jarní
	jarní (než.)			
6. p.	jarním	jarní	jarním	jarních
7. p.	jarním	jarní	jarním	jarními

vzor otcův

Číslo	Pád	Vzor		
		rod mužský	rod ženský	rod střední
jednotné	1. p.	otcův	otcova	otcovo
	2. p.	otcova	otcovy	otcova
	3. p.	otcovu	otcově	otcovu
	4. p.	otcova/otcův	otcovu	otcovo
	6. p.	o otcově/-u	o otcově	o otcově/-u
	7. p.	otcovým	otcovou	otcovým
množné	1. p.	otcovi/otcovy	otcovy	otcova
	2. p.		otcových	
	3. p.		otcovým	
	4. p.	otcovy	otcovy	otcova
	6. p.		o otcových	
	7. p.		otcovými	

vzor matčin

Číslo	Pád	Vzor		
		rod mužský	rod ženský	rod střední
jednotné	1. p.	matčin	matčina	matčino
	2. p.	matčina	matčiny	matčina
	3. p.	matčinu	matčině	matčinu
	4. p.	matčina/matčin	matčinu	matčino
	6. p.	o matčině/-u	o matčině	o matčině/-u
	7. p.	matčiným	matčinou	matčiným
množné	1. p.	matčini/matčiny	matčiny	matčina
	2. p.		matčiných	
	3. p.		matčiným	
	4. p.	matčiny	matčiny	matčina
	6. p.		o matčiných	
	7. p.		matčinými	

Stupňování přídavných jmen

Komparativ	**-ejší, -ější**		krásný – krásnější
		-ský → -štější	přátelský – přátelštější
		-cký → -čtější	demokratický – demokratičtější
	-ší		starý – starší
		-ký → -ší	sladký – sladší
		-chý → -šší	tichý – tišší
		-hý → -žší	drahý – dražší
		-dý → -dší	mladý – mladší
	-í	-ký → -čí	hezký – hezčí
Superlativ	**nej-**		nejkrásnější, nejstarší

Nepravidelné stupňování	pozitiv	komparativ	superlativ
	dobrý	lepší	nejlepší
	zlý	horší	nejhorší
	malý	menší	nejmenší
	velký	větší	největší
	dlouhý	delší	nejdelší

Skloňování zájmen

osobní

	já	**ty**	**on**	**ono**	**ona**
1. p.	já	ty	on	ono	ona
2. p.	mě, mne	tebe, tě	jeho, ho, něho, něj	jeho, ho, něho, něj	jí, ní
3. p.	mně, mi	tobě, ti	jemu, mu, němu	jemu, mu, němu	jí, ní
4. p.	mě, mne	tebe, tě	jeho, ho, něho	ho, je	ji, ni
6. p.	mně	tobě	něm	něm	ní
7. p.	mnou	tebou	jím, ním	jím, ním	jí, ní

	my	**vy**	**oni, ony**	**se**
1. p.	my	vy	oni, ony	
2. p.	nás	vás	jich, nich	sebe
3. p.	nám	vám	jim, nim	sobě, si
4. p.	nás	vás	je, ně	sebe, se
6. p.	nás	vás	nich	sobě
7. p.	námi	vámi	jimi, nimi	sebou

přivlastňovací

	můj	**má, moje**	**moje, mé**	**mí, moji**
1. p.	můj	má, moje	moje, mé	mí, moji
2. p.	mého	mé	mého	mých
3. p.	mému	mé	mému	mým
4. p.	mého (živ.) můj (než.)	mou, moji	moje, mé	mé, moje
6. p.	mém	mé	mém	mých
7. p.	mým	mou	mým	mými

	náš	**naše**	**naše (N.)**	**naši, naše**
1. p.	náš	naše	naše	naši
2. p.	našeho	naší	našeho	našich
3. p.	našemu	naší	našemu	našim
4. p.	našeho (živ.) náš (než.)	naši	naše	naše
6. p.	našem	naší	našem	našich
7. p.	naším	naší	naším	našimi

ukazovací

	ten	**ta**	**to**	**ti, ty, ta**
1. p.	ten	ta	to	ti, ty, ta
2. p.	toho	té	toho	těch
3. p.	tomu	té	tomu	těm
4. p.	toho (živ.) /ten (než.)	tu	to	ty, ta
6. p.	tom	té	tom	těch
7. p.	tím	tou	tím	těmi

tázací

	kdo	co	jaký	jaká	jaké
1. p.	kdo	co	jaký	jaká	jaké
2. p.	koho	čeho	jakého	jaké	jakého
3. p.	komu	čemu	jakému	jaké	jakému
4. p.	koho	co	jakého (živ.)	jakou	jaké
			/jaký (než.)		
6. p.	kom	čem	jakém	jaké	jakém
7. p.	kým	čím	jakým	jakou	jakým

neurčitá a záporná

	někdo	nikdo	něco	nic
1. p.	někdo	nikdo	něco	nic
2. p.	někoho	nikoho	něčeho	ničeho
3. p.	někomu	nikomu	něčemu	ničemu
4. p.	někoho	nikoho	něco	nic
6. p.	o někom	o nikom	o něčem	o ničem
7. p.	někým	nikým	něčím	ničím

Skloňování číslovek

jeden, jedna, jedno

	rod mužský		rod střední	rod ženský
	životný	neživotný		
1. p.	jeden	jeden	jedno	jedna
2. p.	jednoho	jednoho	jednoho	jedné
3. p.	jednomu	jednomu	jednomu	jedné
4. p.	jednoho	jeden	jedno	jednu
6. p.	jednom	jednom	jednom	jedné
7. p.	jedním	jedním	jedním	jednou

dva, tři, čtyři, pět

	rod mužský	rod ženský / střední			
1. p.	dva	dvě	tři	čtyři	pět
2. p.	dvou	dvou	tří	čtyř	pěti
3. p.	dvěma	dvěma	třem	čtyřem	pěti
4. p.	dva	dvě	tři	čtyři	pět
6. p.	dvou	dvou	třech	čtyřech	pěti
7. p.	dvěma	dvěma	třemi	čtyřmi	pěti

Časování sloves

I. třída	infinitiv	přítomnost	minulost
	nést	nese	nesl
	brát	bere	bral
	mazat	maže	mazal
	péct	peče	pekl
	umřít	umře	umřel
II. třída	tisknout	tiskne	tiskl
	minout	mine	minul
	začít	začne	začal
III. třída	krýt	kryje	kryl
	kupovat	kupuje	kupoval
IV. třída	prosit	prosí	prosil
	trpět	trpí	trpěl
	sázet	sází	sázel
V. třída	dělat	dělá	dělal

čas přítomný

jednotné	1. os.	piju	bydlím	dělám
číslo	2. os.	piješ	bydlíš	děláš
	3. os	pije	bydlí	dělá
množné	1. os.	pijeme	bydlíme	děláme
číslo	2. os.	pijete	bydlíte	děláte
	3. os.	pijou/-í	bydlí/-ejí	dělají

čas minulý

jednotné	1. os.	pil/-a/-o jsem	bydlel jsem	dělal jsem
číslo	2. os.	pil jsi	bydlel jsi	dělal jsi
	3. os.	pil	bydlel	dělal
množné	1. os.	pili/-y/-a jsme	bydleli jsme	dělali jsme
číslo	2. os.	pili jste	bydleli jste	dělali jste
	3. os.	pili	bydleli	dělali

kondicionál

jednotné	1. os.	pil/-a/-o bych	bydlel bych	dělal bych
číslo	2. os.	pil bys	bydlel bys	dělal bys
	3. os.	pil by	bydlel by	dělal by
množné	1. os.	pili/-y/-a bychom	bydleli bychom	dělali bychom
číslo	2. os.	pili byste	bydleli byste	dělali byste
	3. os.	pili by	bydleli by	dělali by

čas budoucí

jednotné	1. os.	budu	
číslo	2. os.	budeš	pít, bydlet, dělat
	3. os.	bude	

množné	1. os.	budeme	
číslo	2. os.	budete	pít, bydlet, dělat
	3. os.	budou	

sloveso být

		čas přítomný	čas minulý	čas budoucí	kondicionál
jednotné	1. os.	jsem	byl/-a/-o jsem	budu	byl/-a/-o bych
číslo	2. os.	jsi	byl jsi	budeš	byl bys
	3. os.	je	byl	bude	byl by
množné	1. os.	jsme	byli/-y/-a jsme	budeme	byli/-y/-a bychom
číslo	2. os.	jste	byli jste	budete	byli byste
	3. os.	jsou	byli	budou	byli by

Předložky

předložky s 2. pádem	bez, do, od, u, vedle, z/ze
předložky s 3. pádem	k/ke, proti
předložky s 4. pádem	na, mezi, nad, o, po, pod, pro, před, přes, skrz, za
předložky s 6. pádem	o, v/ve, na, při, po
předložky se 7. pádem	nad, pod, před, s/se, za, mezi

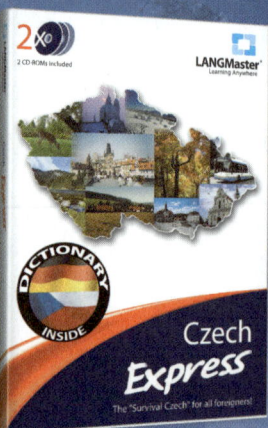